I0346491

www.ingramcontent.com/pod-product-compliance
Lightning Source LLC
Chambersburg PA
CBHW070046080526
44586CB00013B/939

* 9 7 8 1 5 9 5 8 4 7 2 8 7 *

با پتو یا بی پتو

نوشته
شیدخت انصاری

درآمد حاصل از این کتاب را، که با همت شما هموطنانم حاصل خواهد شد،
تقدیم به فرزندان کارتن‌خواب کشور عزیزم، ایران، می‌کنم.

With blanket or without blanket
Subject: Memoirs
Authors: Shidokht Ansari

Copyright © 2025 by: Shidokht Ansari
All right reserved.

2nd Edition: 2025

با پتو، یا بی‌پتو
موضوع: خاطرات و زندگینامه
نویسنده: شیدخت انصاری
چاپ دوم: ۱٤۰٤ خورشیدی - ۲۰۲۵ میلادی

No part of this book may be reproduced in any manner without the express written consent of the author, except in the case of brief excerpts in critical reviews or articles.
For information about permission to reproduce selections from this book, write to Permissions @ Ketab Corporation

The Library of Congress Cataloging-in-publishing Data is available upon request.

ISBN: 978-1-59584-728-7
Ketab Corporation:
12701 Van Nuys Blvd., Suite H,
Pacoima, CA, 91331, USA
www.ketab.com

2 2 3 4 5 6 7 8 25

فهرست

مقدمه ۱
با پتو یا بی پتو ۵
دوران نوجوانی و بلوغ ۲۷
بازگشت به اصفهان ۷۵
ازدواج و آغاز عشقی پر شور ۱۱۹
دوران تلخ و شیرین زندگی مشترک ۱۶۱
سقوط حکومت پهلوی ۲۲۹
دربدری در هندوستان ۲۹۹
مهاجرت، و اقامت در آمریکا ۳۲۵

مقدمه

دوستی گفت: «با نوشتن خاطراتت و بازگو کردن آنچه بر روح و روانت گذشت، ثابت می‌کنی که اگر لذت زندگی کردن در کشورت را از تو گرفته‌اند و به تبعید خودخواسته مجبورت کرده‌اند، صدایت را نتوانسته‌اند از تو بگیرند و خفه‌ات کنند چون قلم به دست گرفته‌ای و گفتنی‌ها را گفته‌ای. شاید دیکتاتورها بتوانند مچ دست نویسنده را بشکنند، ولی قلم را هرگز نه. وقتی از دست تو افتاد، دیگری برش می‌دارد و قشنگ‌تر می‌نویسد.» راست می‌گوید. من اگر از جنایات این رژیم نگویم، و سکوت کنم، این سکوت خیانت به وطنم است. از آنجائی‌که هر دردی را به چشم نمی‌شود دید، گاهی از دردها باید نوشت.

اگر به زندگی من نگاه کنید، شاید تنها ببینید که کودکی‌ام را با یک عروسک چشم آبی فرنگی، و مراقبت مادرانهٔ یک پرستار مهربان و زیبای لهستانی و بوسه‌های پر مهر پدری بر روی پیشانی‌ام گذراندم. امّا درد بی‌مادری‌ام را نمی‌بینید.

دوران جوانی‌ام هم زرق و برقی داشت. در یک خانواده اشرافی و مهم، ازدواج و هیجان مادر شدن را تجربه کردم، که بهترین خاطرات جوانی‌ام بود. شاید نگاه کنید و فکر کنید که زندگی بی‌دردی داشتم امّا درد جدا بودن از همسر، طلاق و خیانت را هم در دل داشتم.

میان‌سالی هم آمد و خداحافظی کرد و رفت و خاطراتی را از انقلاب و دربدری برایم بر جای گذاشت، که آرزو می‌کنم ای کاش نگذاشته بود. شاید سطرهای کتاب را بخوانید و با خود فکر کنید: «حتماً در خارج از

کشور چقدر خوشبخت است»، امّا درد آوارگی، دوری از فرزند، و دوری از وطنم را نمی‌بینید.

پس از سالیان دراز، حال که آردها را بیخته‌ام و غربال را هم آویخته‌ام، و در غربت غریبانه‌ام، قلم را به دست گرفته‌ام، حکایت واقعی زندگی‌ام را از زوایای روح و جانم بیرون می‌کشم، و برایتان بازگو می‌کنم.

یادآوری آنچه گذشت، گاهی لبخند بر لبانم می‌آورد و گاهی اشکم را روان می‌سازد. چارلی چاپلین گفته بود من قدم زدن توی باران را دوست دارم چون کسی نمی‌تواند اشکم را ببیند. من هم از او یاد گرفته‌ام، و چون همیشه باران را در دسترس ندارم، زیر دوش آب، در حمام گریه می‌کنم. در آنجا کسی نمی‌تواند اشکم را ببیند و نمی‌خواهم که ببیند.

در این کتاب، خاطرات زندگی‌ام در کشور عزیزم، ایران، را بدون یک ذره اغراق نوشته‌ام تا خواننده خود بتواند تصمیم بگیرد که آیا ایران و ایرانی امروز سربلندتر از دوران قبل از انقلاب است؟ آیا چنان که انقلابیون وعده داده بودند، زندگی ایرانی‌ها با آمدن جمهوری اسلامی بهتر شده است؟

با اشک چشم، به یاد سروده‌ای از رضا جمشیدی می‌افتم که می‌گوید:

در حسرت یک نعرۀ مستانه بمردیم

ویران شود این شهر که میخانه ندارد

میخانه نداشت، ولی تا چشم کار می‌کرد، لبریز از دود، آتش، ترس، و وحشت بود. نفرت آدمی از آدمی بود، و بی‌اعتمادی دوست به دوست. جوخه‌های اعدام و چوبه‌های دار در شهر بود و تیرباران سلحشوران

ایرانی. درست مثل اینکه آن زمان، آخرالزمان بود.

این کتاب داستان زندگی من و دلنوشته غم‌ها و خوشی‌های من است و به اطرافیانم جز در مواقع لزوم اشاره‌ای نخواهم داشت. بد یا خوب، تلخ یا شیرین، بدون روتوش و پنهان کاری همه را در طبق اخلاص می‌گذارم و در مقابل دیده‌تان قرار می‌دهم. باشد که قضاوت عادلانه‌ای داشته باشید. داستان من، داستان استقامت و پایداری یک زن در مقابل مشکلاتی طاقت‌فرسا است. داستان زنی است که هرگز تسلیم نشد. زنی که به مشکلات زیادی برخورد، ولی ناامید نشد. خم شد امّا زمین نخورد. گویی نیرویی نامرئی از درونم می‌جوشید و به من قدرت می‌داد که در مقابل هیچ مشکلی خود را نبازم.

در پایان سپاس فراوانی از نازنین پسرم دارم که مشوّق خستگی‌ناپذیری در نوشتن و تمام کردن این دلنوشته‌های من بود، و در این راه از هیچ مهری فروگذاری نکرد، و مادر را مدیون گذشت، حوصله، و سخاوت بی‌دریغش نمود.

از انتشار این کتاب، هیچ ترسی در دل ندارم. هر زمان تصمیم به کاری می‌گیرم که ریسکی به همراه دارد، به یاد بابا تقی نازنین که در این کتاب با او آشنا خواهید شد، می‌افتم که همیشه می‌گفت: «وقتی به گرمابه می‌روید منتظر عرق کردن هم باشید». نیست که ببیند، ما به گرمابه نرفته، عرق کرده‌ایم. روحش شاد.

پائیز ۹۸،
شیدخت انصاری

با پتو یا بی پتو

عکسی از من به همراه پدر، زمانی که حدوداً هشت سال داشتم

اتّفاقی در زمان هشت سالگی‌ام روی داد که برایم جذابیت خاصی دارد، و تأثیرش بر زندگی من غیرقابل انکار است. این اتفاق، یک پتوی ساده را برای من، که کودکی نازپرورده بودم، تبدیل به صدای وجدانی بیدارکرد و برایم سرنوشت ساز شد.

من، در اصفهان، در یک خانواده سنتی به دنیا آمدم. پدرم یک افسر ژاندارمری بود و درجه سروانی داشت. بسیار آدم مهربان و پاک نیّتی بود، امّا سخت‌گیر و سخت‌کوش بود و در زندگی‌اش برای راحتی و آسودگی من فداکاری‌های بسیاری کرد. او در مورد کارش جدیت و حساسیت و لیاقت خاصی از خود نشان می‌داد و به این دلیل مدام به او مأموریت‌ها و مسئولیت‌های جدی و مهمی از طرف دولت ابلاغ می‌شد که او را به سفر به اقصی نقاط ایران مجبور می‌کرد.

از مادرم امّا خاطره‌ای ندارم. زمانی که کودکی بیش نبودم، از دیدن اینکه کودکان دیگر مادر داشتند تعجّب می‌کردم، امّا چون کسی هرگز چیزی از مادرم به زبان نمی‌آورد، من هم فکر می‌کردم که زندگی دو نفره من و پدر بسیار عادی است. از آنجائی که پدر نمی‌خواست مرا در اصفهان پیش فامیل تنها بگذارد، همیشه مرا همسفر خود می‌کرد که در این سفرها معمولاً پرستاری هم با ما می‌آمد که مواظب من باشد. خوب به یاد دارم به هر کجا می‌رفتیم، اولین چیزی که با خود بر می‌داشتم یک پتوی قرمز مخملی بود، که خیلی دوستش داشتم و زمانی که آنرا به تن خود می‌پیچیدم

احساس امنیت خاصی می‌کردم. بعد از این پتو، دو عروسک فرنگی‌ام که یکی چشمانی آبی و دیگری چشمانی قهوه‌ای داشت را بار سفر خود می‌کردم. در آن زمان این نوع عروسک‌های پلاستیکی فرنگی معمول نبود و بیشتر دختر بچه‌ها با عروسک‌هایی پنبه‌ای و پارچه‌ای که مادران و یا مادر بزرگ‌ها برایشان می‌دوختند بازی می‌کردند. من خودم از زمانی که به یاد دارم، عروسک چشم آبی‌ام را به تمامی عروسک‌های خود ترجیح می‌دادم و او را فرزند خود می‌دانستم.

زمانی که هشت سال داشتم، پست فرمانداری شهر بیجار کردستان موقتاً خالی بود، و پدرم برای ایفای مسؤلیت و تصدی فرمانداری شهر در کنار شغل افسری‌اش، مأموریت یافت که به بیجار سفر کند. از این رو برای مسافرت به کردستان بار سفر بستیم، و من طبق معمول اولین چیزی که با خود برداشتم، پتوی قرمزم بود. پرستاری که در آن دوران نگاهدار من بود، زنی زیبا و جوان لهستانی بود به نام مری، که از خوش‌شانسی من سر راه ما قرار گرفته بود. ما همه او را میس مری خطاب می‌کردیم ولی عمّه جانم او را خواهر مری صدا می‌کرد و بعدها فهمیدم که چندان هم از استخدام ایشان راضی نبود، چرا که عمّه جانم هم مسلمان بود و هم اهل سنت، و عقیده داشت که پرستار من هم باید فردی مسلمان باشد و نه مسیحی. میس مری مادرانه متوجّه وضع روحی و جسمی من بود، و در مدّتی که پیش ما بود، من به او خیلی وابسته شده بودم، و او را خیلی دوست داشتم، و از اینکه همراه ما بود، بسیار خرسند بودم.

پس از تکمیل مقدمات سفر، همگی ما سوار بر ماشین جیپ پدر به طرف شهر بیجار به راه افتادیم. زمانی که به مقصد رسیدیم، برف تمام شهر

را فرا گرفته بود و ارتفاعش از قد کوتاه من بیشتر بود. سوز سرما تا مغز استخوانمان رسوخ کرده بود. چنان سرد بود، که هنوز که هنوز است، پس از گذشت چندین دهه من به خوبی می‌توانم آن سرما را در عمق وجودم احساس کنم و به یاد بیاورم.

البته من در اصفهان بارها ریزش برف را دیده بودم، و برف بازی کرده بودم، و حتّی برف و شیره خورده بودم که برایم مزۀ همین بستنی‌های امروزی را می‌داد و بسیار دلچسب بود، امّا سرمای بیجار فراتر از سرمای اصفهان بود و به نظر من سوزنده‌تر و شدیدتر از آنچه به آن عادت کرده بودم می‌آمد.

بالاخره پس از مدّتی رانندگی، به ساختمان فرمانداری شهر رسیدیم که قرار بود برای مدّتی محل اقامت ما باشد. قسمت اصلی ساختمان، بزرگ و مرتب بود و دارای اتاق‌هایی برای زندگی فرماندار و خانواده‌اش بود. در کنار اتاق‌های مسکونی این ساختمان، اتاق‌های رسمی دیگری هم برای انجام کارهای اداری قرار گرفته بود. این ساختمان، علاوه بر اتاق‌های مسکونی و اداری، شامل آشپزخانه‌ای مرتب و حیاطی بزرگ پر از درخت، و یک حوض آب هم بود. در آن سوی حیاط، ساختمانی کوچک تر وجود داشت که شامل چند اتاق و یک آشپزخانه بود و برای زندگی خدمتکاران و گماشتگان دولتی مورد نظر قرار گرفته شده بود.

در شب ورود ما، تمامی ساختمان، با حیاط و درختان و حوضش، کاملاً زیر برف مدفون شده، و نمایی افسانه‌ای پیدا کرده بود. دیدن این صحنه رویایی، مرا چنان به شعف آورده بود، که آن شب اول با وجود خستگی سفر، شوق برف بازی و بابا برفی درست کردن خواب را از

چشمانم ربوده بود. برای بازی در آن حیاط خفته در آغوش برف، لحظه‌شماری می‌کردم و نگران بودم که مبادا تا فردا صبح برف‌ها آب شود. چه زود به آرزوی خود رسیدم. صبح روز بعد وقتی با هیجان برای برف بازی به بیرون رفتم تازه متوجّه ساختمان فرعی پائین حیاط شدم. همانگونه که قبلاً ذکر کرده‌ام، این ساختمان‌های فرعی را برای زندگی خدمتکاران در کنار ساختمان‌های اصلی درست می‌کردند. این ساختمان فرعی، کوچک بود و دارای دو اتاق و یک آشپزخانه. در آن زمان، مسئولیت رسیدگی به کارهای افسران بلندپایه ژاندارمری، به عهده ژاندارم‌ها و یا سربازان وظیفه بود. در بیجار هم ژاندارمی که برای رانندگی و دیگر خدمات، و یاری رسانی به ما در نظر گرفته شده بود، مرد مهربان و مؤدبی بود به نام آقای رحیمی.

فردای آن روز با دختر آقای رحیمی آشنا شدم که فاطمه نام داشت و او هم مثل من مشغول بازی در میان برف‌ها بود. از اینکه می‌توانستم با فاطمه دوست شوم، و از تنهائی در بیایم شادمان شدم. کمی که با هم حرف زدیم فهمیدیم که هم سن هستیم، و طولی نکشید که ما برای یکدیگر دوستان خوبی شدیم. فاطمه مثل من موهایی تیره، امّا قدی بلند تر از من داشت، و از نظر خودم، در مقایسه با من، خوشگل‌تر هم بود. خداوند محبّت را در مورد خانواده او کاملاً به جای آورده بود. همسر آقای رحیمی، زن زیبائی به نام عذرا خانم بود که دو چال بر روی گونه‌هایش جذابیت چشمگیری به او داده بود. عذرا خانم بسیار با محبّت بود، و در حد خودش هر کاری که از دستش بر می‌آمد برای فاطمه و برادر کوچکترش انجام می‌داد. برادر کوچک فاطمه، امّا، با ما تفاوت سنی زیادی داشت، و پسر

هم بود و عروسک بازی بلد نبود، و به همین دلیل خیلی مورد توجّه من نبود.

در شهر بیجار تنها یک مدرسه دخترانه وجود داشت و از آنجائی که قرار بود چند مدّتی را در بیجار بگذرانیم، نام من را در همان مدرسه نوشتند، و به این ترتیب، من و فاطمه با هم همکلاسی شدیم، و در کنار هم شروع به درس خواندن کردیم. . فاطمه در مدرسه از من موفق‌تر، و نمراتش از من بهتر بود، و به همین خاطر بیشتر مورد تشویق خانم معلّم ما قرار می‌گرفت. در نتیجه تعداد ستاره‌ها و آفرین‌ها و صد آفرین‌های دفترش هم بیشتر از من بود. در اوائل، من کمابیش در مورد برتری درسی فاطمه نسبت به خودم بی‌تفاوت بودم امّا این بی‌تفاوتی دوام چندانی نداشت، و کم کم جایش را به احساسات دیگری داد.

همانطور که از قبل گفتم، پدرم مردی بسیار مهربان امّا سخت گیر بود و از روزی که من شروع به مدرسه رفتن کرده بودم، این سختگیری شامل رسیدگی به دروس و نمرات من هم می‌شد. کار و مشغله بسیار هم هرگز مانع توجّه او به پیشرفت درسی من نشد، و از وقتی به بیجار آمده بودیم، پدر به دروس دوست جدیدم هم توجّه می‌کرد، و از آنجائی که فاطمه دختر بسیار باهوشی بود و درسش هم خوب بود، بیشتر مواقع، مورد تشویق پدرم هم قرار می‌گرفت. این موضوع در من آرام، آرام حس جدیدی را بیدار کرده بود که قبلاً با آن آشنایی نداشتم.

قبلاً با حس گرسنگی، تشنگی، خستگی، و خواب آلودگی آشنایی پیدا کرده بودم، امّا این حس فرق داشت. حس خوبی نبود. مثل موریانه به جانم افتاده بود و گویی از درون داشت مرا می‌خورد. البته پدرم هرگز مرا

مورد سرزنش و یا تحقیر قرار نمی‌داد، و مرا کم تشویق نمی‌کرد، با این حال وقتی آفرین گفتن پدر را به فاطمه می‌شنیدم، یا می‌دیدم که دست نوازشی به سر او هم کشیده می‌شود، موریانه‌های حسادت چنان به جانم می‌افتادند که از درون گُر می‌گرفتم. دوست نداشتم که پدرم غیر از من کس دیگری را تشویق کند.

این حس جدید در اوائل تنها کمی مرا آزار می‌داد و از آنجائی که هنوز به اوج خود نرسیده بود، پس از چند دقیقه از بین می‌رفت و ما دوباره مشغول بازی می‌شدیم و من کاملاً احساسات ناخوشایندم را فراموش می‌کردم. امّا رفته رفته، شدّت این احساست افزایش یافت و آرام آرام می‌رفت تا بین من و دوستم قرار بگیرد و دوستی ما را خدشه دار، و حتّی تبدیل به یک دشمنی نسبی کند.

در آن زمان، مدارس ساعاتی طولانی داشتند. ما از صبح تا ساعت دوازده ظهر در مدرسه بودیم، سپس ساعت دوازده تا دو بعد از ظهر برای صرف ناهار و استراحت به خانه می‌آمدیم، و از ساعت دو بعد از ظهر تا چهار عصر دوباره در کلاس درس حاضر می‌شدیم. این برنامهٔ هر روزهٔ ما بود، به غیر از روزهای پنجشنبه و جمعه که روزهای پنجشنبه از ظهر که برای صرف ناهار به خانه برمی‌گشتیم، دیگر تعطیل بودیم تا صبح روز شنبه.

من همان قدر که روزهای تعطیلی جمعه را دوست داشتم، از روزهای پنجشنبه بیزار بودم. دلیل این بیزاری هم این بود که هر پنجشنبه، پدر نمراتم و نظرات خانم معلّم را که در طول آن هفته در دفتر مشق من ثبت شده بود، با موشکافی مورد رسیدگی قرار می‌داد، و این رسیدگی شامل

فاطمه هم می‌شد. هر هفته هم، جایزه‌ای از طرف پدرم نصیب یکی از ما دو نفر می‌شد که با یکدیگر در آن شریک می‌شدیم و با هم از آن لذت می‌بردیم.

در یکی از همین روزهای پنجشنبه، پدر چهار شکلات فرنگی را، دو عدد برای من و دو عدد برای فاطمه، به عنوان جایزه ما در نظر گرفته بود. در آن زمان این نوع شکلات‌ها کمیاب بود و خیلی برای ما خواستنی و شیرین بود. پس از اینکه پدر با دقّت دفتر مشق‌های ما را بازدید کرد، و متوجّه شد که نمرات فاطمه طبق روال معمول بهتر و بیشتر از من شده است، روی به من کرد و گفت: «تو حق داری یک دانه از این شکلات‌ها را امشب و دیگری را فردا شب بخوری» سپس روی به فاطمه کرده و ادامه داد: «تو چون درس‌هایت این هفته بهتر از شیدخت بوده، می‌توانی هر دو را همین امشب بخوری». با شنیدن این حرف گل از گل فاطمه شکفت، و با تشکر هر دو شکلاتش را از پدرم تحویل گرفت. من ناباورانه یک عدد شکلاتم را از دست پدر گرفتم و مأیوسانه نگاه کردم که چگونه شکلات دوم مرا روی طاقچه گذاشت و اتاق را ترک کرد. دنیای به این بزرگی بر روی سر کوچک من به یکباره خراب شد. یعنی به خاطر یکی دو نمره بیشتر و کمتر من باید بیست و چهار ساعت برای خوردن یک شکلات کوچک صبر می‌کردم در حالی که فاطمه می‌توانست بنشیند و همانجا شکلات‌هایش را با ذوق و شوق در مقابل من بخورد؟ من که همیشه از این نوع شکلات‌ها گیرم نمی‌آمد! اصلاً مگر می‌توانستم طاقت بیاورم؟

در حالی که در افکار خود غرق بودم، شکلاتم را به آرامی مزه، مزه می‌کردم و مواظب بودم سریع نخورم تا تمام نشود. دیگر در فکر نمرات

و دروسم نبودم. در واقع به جای اینکه فکر کنم که اگر نمراتم بهتر شده بود، من هم می‌توانستم هر دو شکلاتم را با لذّت همان شب بخورم، به این فکر می‌کردم که اگر فاطمه‌ای وجود نداشت و من تنها بودم، حتماً هر چهار شکلات از آن خودم می‌شد. با خود فکر می‌کردم که چقدر پدر بدی دارم که با فاطمه مهربان تر از دختر خودش است. خیلی از دستش آزرده شده بودم. آخر یک شکلات کجا و دو شکلات کجا! یک دانه کوچک که به درد نمی‌خورد. تا بتوانم مزه‌اش را بفهمم تمام شده و رفته است. گریه‌ام گرفته بود. تنها مسأله این نبود که من باید به خوردن یک شکلات کوچک بسنده می‌کردم، ناراحتی‌ام از این بود که پدر می‌دانست من چقدر عاشق شکلات هستم و اگر ده تا هم باشد همه را می‌خورم، و آنقدر می‌خورم که احتیاج به شام نداشته باشم، و با این حال نه تنها خوردن هر دو شکلاتم را از من دریغ کرده بود، بلکه درست در مقابل چشمان دختر دردانه‌اش شکلاتی را که باید حقّ من باشد، داده بود فاطمه بخورد، و ناراحتی مرا هم نادیده گرفته بود.

خلاصه به خاطر چند آفرین و چند ستاره و یکی دو نمره کمتر، از حقّ خوردن شکلات دوّمم در همان شب محروم شده بودم، و این ظلم بزرگی به نظرم می‌آمد. نگران بودم که شاید پدرم دیگر من را دوست ندارد. دلواپسی من از این بود که نکند فاطمه جای من را پیش پدرم بگیرد. از آنجائی که فاطمه را مقصّر می‌دانستم، از او کمی بدم آمده بود چون با خود فکر می‌کردم که نه تنها حقّ خوردن و لذّت بردن از شکلاتم را از من گرفته بود، بلکه حالا سعی در این داشت که توجّه پدر را هم از من بگیرد.

پس از آشنایی من و فاطمه، متوجّه شده بودم که او شروع به تقلید از من کرده و از من یاد گرفته بود جوراب سفید کوتاه بپوشد و مادرش هم موهای فاطمه را دقیقاً با روشی که میس مری موهای مرا درست می‌کرد، برایش درست می‌کرد و با روبان می‌بست. در آن زمان نمی‌فهمیدم که دلیل اینکه فاطمه این کارها را می‌کند این است که او هم به من غبطه می‌خورد، و دلش می‌خواهد مثل من باشد. متوجّه نبودم که شاید پدرم به این دلیل به فاطمه محبّت می‌کند که خانواده فاطمه مثل ما وضعشان خوب نیست. حتّی به ذهنم هم خطور نمی‌کرد که شاید این بار اولی بود که فاطمه شکلات فرنگی دیده بود. تمام فکر و ذکرم شده بود اینکه من به جای دو شکلات تنها یک شکلات در آن شب گیرم آمده بود.

چنان باورم شده بود که فاطمه می‌خواهد جای مرا پیش پدرم بگیرد، که در یک لحظه پیش چشم خود دیدم که روزی فاطمه بر تخت من خواهد خوابید، و با عروسک‌های من بازی خواهد کرد، و من باید بروم و زیر کرسی آنها بخوابم. به اینجا که رسیدم، افکارم طغیان کرد. با تمام وجود بر ضد پدر و فاطمه شوریدم. پیش از این، عادت داشتم خواست پدر را بدون کم و کاست انجام دهم، امّا احساس می‌کردم که باید تا دیر نشده است، کاری کنم، و به همین دلیل پاورچین، پاورچین به طرف طاقچه رفتم و روی نوک پاهایم بلند شدم و به هر سختی که بود آن یک دانه شکلات دیگر را هم از روی طاقچه برداشتم و سریع آن را در دهانم گذاشتم و به محض اینکه دهانم آن شکلات شیرین را در خود جای داد، تمامی نگرانی‌هایم برطرف شد. آنقدر سریع شکلات دوّمم را خوردم که اصلاً مزه‌اش را نفهمیدم، ولی از اینکه چنین جرأتی از خود به خرج داده بودم،

قند در دلم آب می‌شد. دیگر برای خواب دلهره‌ای نداشتم. به رختخوابم پناه بردم، با خیال راحت پتوی قرمز همیشه گرم و نرمم را بر روی خود کشیدم. با خود گفتم: «شکلاتم را خوردم که خوردم! خیلی هم خوب کردم؛ نوش جانم. پدر که هرگز مرا کتک نمی‌زند، و تازه وقتی که دید شکلات دوّمم را خورده‌ام خوب می‌فهمد که فاطمه هرگز جای مرا نخواهد گرفت!». با فکر اینکه جایم در پیش پدرم امن و امان است، قلبم آرام گرفت. احساس می‌کردم با این حرکت به حقّ خود رسیده‌ام و با دلی آسوده و راحت تا دیر وقت صبح جمعه، در حالی که عروسکم را در آغوش گرفته بودم، در خوابی خوش و عمیق فرو رفتم. صبح روز بعد، در آغاز کمی نگران بودم ولی وقتی کسی در مورد ناپدید شدن شکلات حرفی نزد و بوسه صبحگاهی پدر را بر صورتم حس کردم، و لبخندش را هم دیدم، خیالم راحت شد و نتیجه گرفتم که کار خوبی کردم که از حرفش سرپیچی کردم برای اینکه یا پدر اصلاً نفهمیده است که من هر دو شکلاتم را همان شب قبل خورده‌ام، و فکر کرده است که تا صبح صبر کرده‌ام، و یا اینکه خودش متوجّه شده است که آن دستورش چه ظلم عظیمی در حق من بود، و به همین دلیل عقب نشینی کرده است. سال‌ها گذشت تا فهمیدم که پدرم کاملاً متوجّه کار من شده بود امّا با خود تصمیم گرفته بود که به روی خود نیاورد.

با وجودی که قضیه را خاتمه یافته می‌دیدم، با خود تصمیم گرفته بودم که چند روزی با فاطمه قهر کنم و با او حرف نزنم و هیچکدام از دو عروسکم را هم با او به اشتراک نگذارم. در واقع پدر را بخشیده بودم، امّا موریانه حسادت نمی‌گذاشت ببینم که فاطمه گناهی نکرده است که سزاوار

قهر من باشد. به هر صورت، تصمیم خود را گرفته بودم و به همین دلیل هر بار فاطمه را در اطراف می‌دیدم سعی می‌کردم نگاهش نکنم هرچند که زیرچشمی حواسم به او بود.

پس از گذشت یکی دو ساعت، کم کم نا آرام شدم و طاقتم تمام شد. امّا با این حال نمی‌خواستم از خود ضعف نشان دهم و برای بازی به سراغ فاطمه بروم. میس مری که خوب می‌دانست چقدر به فاطمه برای بازی احتیاج دارم، با دیدن سردرگمی من تصمیم به میانجه‌گری گرفت، و پیش من آمد و گفت: «فاطمه را صدا کن، یا اگر هم بخواهی من صدایش می‌کنم که بتوانید با هم بازی کنید». من در حالی که سعی می‌کردم خوشحالی خود را نشان ندهم، و حفظ ظاهر کنم، گفتم: «من که با فاطمه قهر هستم ولی حالا اگر خودت دلت تنگ شده و می‌خواهی، خودت برای دل خودت صدایش کن. به نظرم بهتر است برای ناهار هم نگذاری به خانه خودشان برود. البته برای من که فرقی نمی‌کند و برای خودت می‌گویم، وگرنه من که خیلی هم خوب بلدم تنهایی بازی کنم». در تمام مدّتی که این حرف‌ها را به میس مری می‌زدم، در دل خدا، خدا می‌کردم که او از حرفش برنگردد و فاطمه را هر چه زودتر به اتاقم بیاورد.

میس مری که زن عاقل و خوبی بود، برای اینکه از این پس بیشتر قدر دوست و همبازی خود را بدانم، کمی مرا منتظر و مشتاق نگاه داشت، که البته برای من گذشت هر لحظه‌اش زمانی طولانی به نظر می‌آمد. وقتی که بالاخره فاطمه وارد اتاقم شد، از شدّت ذوق زدگی بی‌اختیار دو عروسکم را در بغل گرفتم و گفتم: «هر کدام را می‌خواهی انتخاب کن!» در حالی که در روزهای دیگر من هرگز اجازه نمی‌دادم او با عروسک چشم آبی من

بازی کند. فاطمه هم که حتماً متوجّه قهر من شده بود، با اینکه آن عروسک چشم آبی را بیشتر دوست داشت، برای راضی نگاه داشتنم، همان عروسک چشم قهوه‌ای هر روزه‌اش را برداشت و بدین ترتیب بین ما آتش بس برقرار شد و آشتی کردیم و دوباره آسمان دوستی ما آبی بود و پر از رنگین کمان.

چند هفته‌ای اتفاق تازه‌ای نیفتاد و زندگی آرام و شیرین با حال و هوای مدرسه و بازی در جریان بود، تا اینکه باز در یکی از همان پنجشنبه‌های لعنتی اتفاق دیگری افتاد که دیگر تحملش برای من ممکن نبود و حسادت و خشم مرا به مرز دیوانگی رساند. برای آن پنجشنبه به خصوص، پدر یک جعبه مداد رنگی را به عنوان جایزه در نظر گرفته بود. هرگز پیش نیامده بود که پدر جایزه‌ای را به فاطمه بدهد و برای من چیزی در نظر نگیرد. امّا آن روز پس از دیدن نمرات برتر فاطمه، این جعبه مداد رنگی را همراه با یک «آفرین دختر خوب» به فاطمه هدیه داد. این جایزه هر جایزه‌ای نبود! یک جعبه مداد رنگی زیبا بود که در آن زمان، آرزوی هر شاگرد مدرسه‌ای بود.

در آن زمان معمول نبود که هر کودکی یک بسته مداد رنگی به آن زیبایی را از آن خود داشته باشد، و این مدادها تا حدی کمیاب بودند که در شنبه بعد که ما به مدرسه رفتیم، همکلاسی‌هایمان دور فاطمه جمع شده بودند تا بتوانند مدادهای رنگی‌اش را ببینند. در هر صورت، دادن این هدیه به فاطمه از طرف پدر، در نظر من بی‌انصافی بزرگی بود و در مغز من نمی‌گنجید. فاطمه مثل اینکه فکر می‌کرد که شاید این تنها یک خواب خوش است، چون نمی‌گذاشت حتّی مدادهایش را نگاه کنم، چه برسد به

اینکه بخواهم لمسشان کنم. خودش هم به آنها دست نمی‌زد و فقط نشسته بود و نگاهشان می‌کرد، گویی تصور می‌کرد که اگر مدادهایش را از جعبه‌شان بیرون بیاورد چیزی از آنها کم می‌شود، رنگشان می‌پرد، و یا اینکه از جلا و زیبایی‌شان کاسته می‌شود.

گیج و مبهوت و ناباورانه به پدر که بی تفاوت به رنجش من، داشت به فاطمه لبخند می‌زد، به جعبهٔ مداد رنگی که اگر فاطمه نبود مطمئناً از آن من می‌شد، و به فاطمه که از شادی نمی‌دانست چه کند نگاه می‌کردم. از شدّت ناراحتی می‌لرزیدم. ای کاش به اصفهان برمی‌گشتیم و همان دو دوست دیوار به دیوار خانه عمو جان دوستانم بودند، و احتیاجی به فاطمه نداشتم. دیگر به اینکه فاطمه در صدد این است که به زودی جای مرا در خانه بگیرد اطمینان داشتم. برایم جای شکّی باقی نمانده بود که این نقشه پلید فاطمه است که کاری کند تا پدرم او را از من بیشتر دوست داشته باشد و حالا به نظر می‌آمد که او دارد موفق می‌شود.

هرگز در خود حسی چنین تیره احساس نکرده بودم. آماده جنگ بودم و از آنجائی که فاطمه را مقصر می‌دانستم، از او به شدّت بدم آمده بود.

از خانه ما تا محل اقامت فاطمه و خانواده‌اش مسیری نسبتاً طولانی بود، و من هر شب فاطمه را تا دالان همراهی می‌کردم و در آنجا پدرش می‌آمد و او را با خود به خانه می‌برد. در آن شب تاریک هم، مثل هر شب، وقتی که فاطمه تصمیم به رفتن گرفت، برای بدرقه‌اش با هم وارد یک دالان تاریک شدیم که یک چراغ توری تنها منشاء نورش بود. من که چشم پدر را دور دیده بودم، شروع به یکه به دو و بحث با فاطمه کردم، و با اینکه آقای رحیمی را که برای بردن دخترش در میان برف و یخبندان را

در چند متری خود دیدم، سکوت نکردم و به گفتگوی پر از خشمم با فاطمه ادامه دادم. هنوز تنم از ناراحتی و عصبانیت لرزان و پر از درد بود. حسادت در بدنم می‌جوشید و هیچ چیزی نمی‌توانست آرامم کند. در این میان، فاطمه چیزی گفت و یا جوابی به من داد که مرا چنان برآشفته کرد که کنترل احساس از دستم خارج شد و در یک آن، ناگهان و بی‌اختیار دفتر مشق فاطمه را به زور از دستش گرفتم و مشقش را پاره کردم ورق پاره‌ها را به روی زمین ریختم. با دیدن دفتر پاره شده‌اش، داد و فریاد دوستم به آسمان بلند شد که در همین لحظه یک سیلی هم به گوش آن دختر بی‌گناه زدم که باعث جیغ زدن هر چه بیشترش شد. آقای رحیمی که در ورودی دالان، در چند قدمی ما بود، و پدرم هم از درون اتاق به طرف ما دوید. زمانی که پدرم به ما رسید، دید که پدر فاطمه دارد کاغذهای پاره شده را از روی زمین جمع‌آوری می‌کند، و سعی در آرام کردن دخترش دارد و دخترش صورت سرخ شده خود را در دست گرفته است و هنوز دارد جیغ می‌زند و گریه می‌کند. پدر که با دیدن این صحنه به کل ماجرا پی برده بود، با خونسردی و به آرامی گفت: «هیچ کس جائی نرود تا من برگردم». دقایقی بعد، با دفتر مشق من برگشت و آن را به دست آن دختر لرزان و گریان داد و به او گفت: «این دفتر مشق دختر من است. تو هم حق داری مشق دوستت را به خاطر کار بدی که انجام داده است پاره کنی». پدر فاطمه نگران و ناراحت به التماس افتاده بود که اشکالی ندارد، نکنید، دوباره می‌نویسد. امّا پدر محکم و نسبتاً بلند به او جواب داد: «تو دخالت نکن. این بین من و دخترم است و باید برای همیشه حل و فصل شود». پس از لحظه‌ای شک، فاطمه مشق مرا از دفترم پاره کرد. سپس پدرم دوباره

رو به فاطمه کرد و پرسید: «شیدخت کجای صورتت را سیلی زد؟» فاطمه هم معصومانه گونه‌اش را به پدرم نشان داد. پدر دستور عمل متقابل به مثل را صادر کرد و فاطمه هم سیلی محکمی به گونه من نواخت. من که از این کار پدر و فاطمه شوکه شده بودم، با گریه به طرف اتاقم دویدم، و خود را در اتاقم پنهان کردم. تا به حال کسی دستش را بر روی من بلند نکرده بود. من هرگز کتک نخورده بودم، و درد تنبیه بدنی را هرگز نچشیده بودم. با هق هق برای میس مری جریان را گفتم و با گریه و اعتراض مدام تکرار می‌کردم که فاطمه محکم‌تر زد و من بیشتر دردم آمده است تا فاطمه. احساس می‌کردم که این ناحقی بود که اول فاطمه جایزه‌ای نصیبش شده بود، و بعد توانسته بود به گوش من هم سیلی محکمی بزند. امّا مثل اینکه نه پدر و نه میس مری به اشک‌های من اهمیتی نمی‌دادند. هیچ کدام محبّتی در چشم و کلامی در پاسخ نداشتند. عروسکم را برداشتم و به آغوش کشیدم، و هنوز در حال گریه بودم که میس مری طبق معمول هر شب با یک لگن آب نیمه گرم و یک حوله وارد شد و گفت: «برای حمام حاضر شو».

ما در خانه حمّام نداشتیم و میس مری هر شب آب گرم می‌کرد و در لگنی مرا می‌شست و تمیز می‌کرد، و مواظب بود که هر شب مسواک بزنم و علاوه بر این، هفته‌ای یک بار من را با خودش برای حمّام به گرمابه می‌برد. چقدر خوب بود با کف بازی کردن، خندیدن، انار خوردن در میان بخار آب. امّا آن شب، حمّام لذتی نداشت. با آب و صابون و لیف به جان تن کوچکم افتاد و بدون یک «شب به خیر» گفتن و یا لبخند مرا به رختخواب فرستاد. جویای درد صورتم هم نشد، و بعد از آن همه درد و

ناراحتی، حتّی یک لیوان آب و یا یک شکلات ناقابل هم تعارفم نکرد. علاوه بر تمام اینها، پدر هم برای بوسه آخر شب، و گفتن «شب به خیر عزیزم»، به سراغم نیامد.

من فقط خودم می‌توانستم مرهم درد قلب شکسته خودم شوم. عروسک به بغل به زیر پتوی مخمل قرمزم رفتم و سرم را بر بالشت کوچک پر قو و یک ملافه آبی لاجوردی که همه جایش هم لک و پیس بود و من اصلاً دوستش نداشتم گذاشتم و چشمانم را بستم و سعی کردم که بخوابم. پتویم به من آرامش می‌داد. میس مری همیشه به من می‌گفت: «با این پتو هیچ خطری تو و عروسکت را تهدید نمی‌کند چون آن پلنگ روی پتو همیشه بیدار است و از تو مواظبت می‌کند». من هم کودک بودم و حرفش را باور می‌کردم و بدون آن پتو خواب راحت نداشتم.

زمانی که زیر پتو با خود خلوت کردم، هر چه فکر می‌کردم نمی‌فهمیدم چرا پدرم طرف فاطمه را گرفت. پیش خود احساس می‌کردم که من در واقع فقط داشتم از حق خودم دفاع می‌کردم، و اصلاً احساس پشیمانی و ندامت نمی‌کردم. اشک چشمانم تازه خشک شده بود، و هنوز خواب و بیدار بودم که چند ضربه آرام به درب اتاق زده شد. صدای پدر را شنیدم که از پشت در پرسید: «بیدار هستید؟» میس مری جواب داد: «شیدخت با گریه خوابید، من هم دارم کتاب می‌خوانم». خواب از سرم پرید و با شنیدن صدای پدرم خوشحال شدم. با خود فکر کردم که حتماً پدر پشیمان شده است و می‌خواهد مرا ببوسد و یک جعبه مداد رنگی که برای من هم از قبل خریده بوده است را، با خود آورده است تا با هم آشتی کنیم. خودم را به خواب زدم، و آماده شدم تا پدرم با بوسه‌ای مرا بیدار

کند، که یکباره متوجّه شدم او پتوی نرم ومخملی قرمزم را برداشته، و در جایش یک پتوی زبر و سنگین زیتونی رنگی را به رویم کشیده است. یک پتوی سربازی حقیقی و کامل پشمی که تنم را می‌خورد، و بدنم را به خارش می‌انداخت. وحشت زده دوباره شروع به گریه کردم. اعتراض و خواهش و تمنا کارساز نبود. دو شوک در یک شب برایم خیلی زیاد بود. اول یک جایزهٔ خیلی خوب را از دست داده بودم، و بعد یک سیلی به صورتم نواخته شده بود و حالا با ارزش‌ترین سرمایه‌ام، پتویی که زیر آن احساس امنیت کامل می‌کردم را پدر از من گرفته بود. با ناراحتی و اشک و دلی سنگین آن شب را به صبح رساندم.

صبح که از خواب بیدار شدم، فوری پتوی زبرم را به طرفی زدم و دست به صورتم بردم تا جای سیلی شب قبل را لمس کنم. با به یاد آوردن وقایع شب قبل، باز درد زیادی را بر گونهٔ خود احساس کردم. پیش خود اطمینان داشتم که زخم، یا سیاه و کبود شده است. سراسیمه به طرف آئینه دویدم ولی هیچ تغییری در صورتم ندیدم. با خود گفتم: «خب درد که می‌کند، حتماً از توی صورت زخم شده که دردش تا این حد زیاد است. درد را که نمی‌شود با چشم دید». تمام صبح جمعه از مهر پدری خبری نبود. فاطمه هم از ترس از اتاقش بیرون نیامده بود، و راستش من هم رغبتی به دیدارش نداشتم. نفرت همدم موریانه حسادت شده و با هم در جان و روان من جای گرفته بودند. بعد از اینکه ناهارم را تنها در اتاق خودم خوردم، میس مری آمد و گفت: «آماده شو که پدرت منتظرت هستند». گفتم: «حتماً می‌خواهند با من آشتی کنند. من عمراً با پدرم دیگر حرف بزنم. تازه به مدرسه هم نمی‌روم. چه فایده؟ من با اون فاطمه به

مدرسه بروم و او مداد رنگی جایزه بگیرد و من تا صبح زیر پتوی زبر بخوابم؟ صورتم که کبود شده، اصلاً تاول هم زده است، و تمام بدنم هم که زخم و زیلی شده!» میس مری نگاهی به صورت و بدنم انداخت و گفت: «من که چیزی نمی‌بینم. حتّی سرخ هم نشده». گفتم: «چون عینک نداری. عمّه خانم هر وقت می‌خواهد چیزی بخواند و یا خوب ببیند عینک می‌زند. تو هم اگر داشتی زخم‌ها و تاول‌ها را به وضوح می‌دیدی». خندید و گفت: «امان از دست آن زبان تو!» با دیدن خنده میس مری، کمی حالم بهتر شد. اگر هوا خیلی پس بود او هم جرأت خندیدن نداشت.

وقتی که به پیش پدر رفتم، دیدم که کمی آرامتر و مهربانتر از شب قبل شده بود ولی هنوز از یک بوسه و یا آغوش پدرانه خبری نبود. آرام جواب سلامم را داد و پرسید: «شب را چطور گذراندی؟» بدون جواب دادن، پرسیدم: «پتویم کجاست؟» جوابی نداد. چشم به چشمانم دوخت و با لحنی جدی گفت: «دیگر بزرگ شده‌ای و از این به بعد باید یاد بگیری که خودت مسئول کارهایت باشی. اگر خطا کردی باید منتظر تنبیه هم باشی. من این پتوی زبر سربازی را برای مجازات هر کار خطایی که بکنی انتخاب کرده‌ام». گفتم: «خیلی بد و زبر است! اصلاً دوستش ندارم!». پاسخ داد: «از این بدتر هم می‌شود. از این به بعد باید سرت را هم زیر پتو بکنی». گفتم: «دوستم می‌گوید هر وقت کار بدی می‌کند از شام محروم می‌شود و باید گرسنه بخوابد، بهتر نیست برای من هم فقط از شام خبری نباشد؟». پدر با حوصله و به آرامی جواب داد: «هر پدری برای تربیت فرزند خود، روش خودش را دارد. من تنها می‌خواهم یک چیز را یاد بگیری: اینکه از این به بعد باید وجدانی بیدار داشته باشی». دیگر جوابی

ندادم ولی تا مدّتها به این کلمه وجدان که برای اولین بار بود که می‌شنیدم فکر می‌کردم و با آن کلنجار می‌رفتم. نمی‌دانستم این کلمه‌ای که پدر گفت به چه معنی است، و چه ربطی به فاطمه و سیلی زدن من به او، و او به من، و مداد رنگی، و پاره کردن دفتر مشق‌هایمان دارد. جای بوسه نکردن پدرم بر صورتم بیشتر از سیلی فاطمه درد گرفته بود. ای کاش خدمتکار خوب و مهربان عمو جانم، بابا تقی، و همسرش فاطمه خانم اینجا بودند. شاید او می‌توانست برایم بگوید مقصود پدر از اینکه «باید وجدان بیدار داشته باشی» یعنی چه؟

❋ ❋ ❋ ❋ ❋

یک شب سرد و یخبندان، گرمی و امنیت یک پتوی نرم مخملی جای خود را به اذیت و آزار یک پتوی سربازی تیره رنگ و زبر داده بود که باعث اشک ریختن من شده بود. احساس کردن آن پتوی زبر بر پوست لطیف کودکانه‌ام مثل این بود که هزاران هزار خارهای ریز و تیز در بدن و پوست من فرو می‌رفت و مثل نیش سوزن آزارم می‌داد و تنم را می‌سوزاند. ولی همین درد باعث شد که یاد بگیرم که محبّت پدر فقط در بوسه‌هایش نیست. یاد گرفتم وجدانی بیدار داشته باشم که در خوبی و بدی، همیشه راهنمای من بوده، و خواهد بود.

مشکلات و دردهای ایام کودکی شیرینی خاص خودش را دارد و هرگز فراموش نمی‌شود و یادآوری‌شان لبخند را به لب‌هایم هدیه می‌کند.

با این حال، هنوز هم پنجشنبه‌ها را دوست ندارم. یک جورهائی دلم می‌گیرد و یاد آن دوران در کنار پدر، غمگینم می‌کند. آن زمان پنجشنبه‌ها را دوست نداشتم چون نمی‌خواستم پدرم مشق‌هایم را نگاه کند و امروز

دلم می‌گیرد چون دیگر پدرم نیست که بخواهد کارهای هفتگی‌ام را مورد بررسی قرار دهد. خیلی دلم برای پدرم تنگ شده است. هنوز هم درست نمی‌دانم چرا او، برای تنبیه دختر عزیز دردانه‌اش این نوع گوشمالی را انتخاب کرده بود. شاید به علت خوی سربازی‌اش بود. ولی راستش را بگویم، از کودکی و نوجوانی چنان به این نوع تنبیه گاه و بیگاه عادت کرده بودم که هنوز با وجود موهای سفید فراوان سرم و چین و چروک‌های ریز و درشت صورتم، خودم به این روش تنبیه روی می‌آورم و در صورت خطا و اشتباه، به زیر پتویم می‌روم و با وجدانم خلوت می‌کنم.

این نوع مجازات، بین پدر و دختر به صورت یک قانون نانوشته درآمده بود و بدون چون و چرا، قابل اجرا بود و هیچگونه عفو و گذشت هم در کار نبود. بحث و اعتراض و التماس هم کارساز نبود. به قول پدر، باید یاد می‌گرفتم که وجدانی بیدار داشته باشم.

از آن شب اول که با آن پتوی سربازی آشنایی پیدا کردم به بعد، هر وقت پدر می‌گفت: «به اتاقت برو و در را هم ببند»، مظلومانه از او می‌پرسیدم: «با پتو یا بی پتو؟» او هم آرام و با صلابت پاسخ می‌داد: «فعلاً برو تا تصمیم بگیرم».

دوران نوجوانی و بلوغ

عکسی از من در خانهٔ یکی از دختر خاله‌هایم

من خاطره‌ای از مادرم ندارم. همانطور که قبلاً اشاره کردم، هیچ کس از افراد فامیل هم هرگز برای من توضیحی نداده بود که چرا من مادری در کنار خود ندارم، و یا اینکه چه بر سر مادرم آمده است. فکر می‌کنم به همین دلیل، در تمام طول عمرم همیشه دنبال فرد و یا افرادی بوده‌ام که برایم جای خالی مادر را پر کنند، و افسوس که هرگز هیچ کس نتوانست به راستی احساس کمبودی را که از نبودش در سینه داشتم، به طور کامل از بین ببرد.

زمانی که کودک بودم، پرستارهایی که به استخدام خانواده ما در می‌آمدند برخی از وظایفی که معمولاً بر عهده مادران بود، برای من به عهده می‌گرفتند. محبوب‌ترین این پرستارها برای من همان میس مری بود که متأسفانه بعد از مدّتی به لهستان بازگشت و من دیگر هرگز ندیدمش. میس مری، مهربانی و سختگیری خاص خودش را داشت. فکر می‌کنم مدّت زمانی که میس مری در کنارم بود، زندگی بسیار شیرین‌تر و جذاب‌تر بود. شاید از من، منی ساخت که حالا هستم. ریشه خرافات را از ذهنم پاک می‌کرد، و نمی‌گذاشت خرافاتی را که از اطرافیانم می‌شنوم تکرار کنم. مثلاً یک بار کلاغ سیاهی را بر شاخه‌ای دیدم و صدای غار غارش را شنیدم و گفتم: «حتماً به زودی خبر بدی می‌رسد». میس مری با مهربانی از من پرسید: «برای چه این را می‌گویی؟ کلاغ تنها یک پرنده است و از آینده هم خبری ندارد». به علاوه دوری از خرافه‌گویی، او مرا تشویق می‌کرد که

بیشتر کارهای خودم را، خودم انجام دهم و به خود متکی باشم. به من می‌گفت که خودم باید رختخواب خودم را مرتب کنم، و مرا راهنمایی می‌کرد که چگونه در انجام کارهای شخصی‌ام استقلال پیدا کنم و با این روش، بیشتر سعی در قوی کردن روح و ذهن من داشت.

البته مواظب ظاهر و سلامتی جسمی من هم بود. در آن دوران مسواک زدن و لباس خواب پوشیدن خیلی رسم نبود به خصوص برای کودکان؛ ولی میس مری برای من لباس خواب می‌دوخت، و مواظب بود که هر شب مسواک بزنم، موهایم را به زیبایی برایم درست می‌کرد و به من، اهمیت حفظ ظاهر و مرتب و تمیز بودن را هم می‌آموخت. امّا اینکه به من دوری از خرافات و ایستادن بر روی دو پای خود را آموخت، بهترین هدیه‌ای بود که یک کودک می‌توانست دریافت کند. بعدها و در مشکلات متوجّه شدم او چه نوع پایه گذاری خوبی را، در زندگی‌ام به من هدیه داده است، که تا به امروز توانسته‌ام به خوبی از خود محافظت کنم، و راهم را با قدرت زنانه‌ام ادامه دهم، هرچند که افتان و خیزان باشد. بعد از دوری از میس مری خودم را در مسافرت‌ها تنها حس می‌کردم، و حتّی زمانی که در اصفهان بودم و عمّه جانم را در کنار خود داشتم باز هم بعضی اوقات دلم برای میس مری تنگ می‌شد.

عمّه جانم بسیار سنتی و مقرراتی بود و با اینکه عمّه من بود و یک زن بود، من هرگز نتوانستم آنقدرها به او از لحاظ عاطفی نزدیک شوم. به تصویر کشیدن و نوشتن درباره عمّه خانم برای من کار آسانی نیست. نه تنها من، بلکه شک دارم حتّی کسی از افراد بسیار نزدیک به عمّه خانم هم توانسته باشد سری به درون و باطن و دل این بانوی متکبّر و کمی غمگین

زده باشد و دست پر برگشته باشد.

عمّه جان اندامی کشیده و لاغر داشت و صورتی محزون و پریده رنگ که در آن صورت دو چشم زیبا و گیرا خودنمایی می‌کردند. باید بگویم که چشمان و صورت عمّه خانم غم عجیبی را در خود پنهان کرده بودند، که هر از گاهی به خوبی می‌شد این غم را در چهره او دید.

در زمان پدربزرگ و مادر بزرگ من، دختر خانواده را به غیر از فامیل به خانه بخت نمی‌فرستادند ولی در انتخاب دختر از خانواده‌های دیگر برای ازدواج با پسرانشان اشکالی نمی‌دیدند. عمّه خانم من هم در سن پانزده سالگی بنا به عرف و سنت خانوادگی به عقد پسر عموی چند سال بزرگتر از خود در آمده بود، ولی تنها برای دو شب به خانه بخت رفته بود، و روز سوم برای همیشه به خانه پدری باز گشته بود. در نتیجه این وصلت نافرخنده و نافرجام فامیلی، یک پسر برای هر دو خاواده به ارمغان آورده شده بود. تعجّب آور اینکه نه ایشان طلاق گرفت، و نه پسر عمو طلاق داد. هیچکدام در تمام مدّت عمرشان مجددا ازدواج نکردند، و عمّه جان باقی عمرش را در خانه یکی از عموهایم سپری کرد.

عمّه خانم بی‌نهایت مبادی آداب، مرتّب و منظم بود و چنان سختگیر و مدیر و مدبر بود که کسی جرأت نمی‌کرد در حضورش دست از پا خطا کند. حرف و کلام عمّه خانم برای هر سه برادر حجّت بود و تصمیمات و درخواست و کلامش مثل صد سکه اشرفی خریدار داشت. کمتر دیده بودم لب به خنده باز کند، و در حد خودش شیک پوش بود، و بسیار علاقمند به جواهرات اصیل و قدیمی، و اصرار داشت که مرا هم با همان آداب و رسوم سنتی و اصیل خانوادگی خود، با وسواس بزرگ کند. فکر

می‌کنم به دلیل همین سختگیری بیش از حد بود که من هر گز نمی‌توانستم در کنار عمّه جانم به طور کامل احساس آرامش کنم و بسیاری از اوقات که حرفی برای گفتن داشتم، به جای اینکه به عمّه جانم رجوع کنم، می‌رفتم پیش بابا تقی.

بابا تقی سرپرست سه خانهٔ ما، خانهٔ حاج عمو، و خانهٔ عمو جانم بود. باطنی پاک و پرمهر داشت که در زیر قیافه جدی و بد اخلاقش پنهان شده بود. سخت به خانواده ما وفادار بود. شاید امثال بابا تقی در خانواده‌های بسیاری وجود داشته باشد، ولی برای من شخصاً، تنها یک نفر چون بابا تقی وجود داشت، و آنهم کسی جز خودش نبود. خودش بود و خودش. همانندی نداشت. مهربان و مؤدب بود، ولی باید به خدا پناه می‌برد اگر زمانی خشمگین می‌شد. وای به حال کسی که نگاهی بد به خانواده پدری‌ام می‌انداخت. بابا دمار از روزگار هر بدخواهی در می‌آورد. گذشت و بخشش هم در کارش نبود. روی خانواده ما غیرت عجیبی داشت، و در بین همه خانواده، مرا از همه بیشتر دوست داشت.

با وجود گذشتن این همه سال، تنها کافی است که چشمانم را ببندم تا او را با آن اندام لاغرش در جلوی خود مجسم کنم. فرز و چابک بود، و خوش حرف و مردم‌دار. همیشه شلواری تیره رنگ به پا داشت، و پیراهنی راه راه، با رنگ‌های نسبتاً پررنگ، بر تن، که چه در زمستان و چه در گرمای تابستان، جلیقه‌ای هم همراه آن پیراهن به تن می‌کرد. یک ساعت جیبی هم داشت که همیشه در جیب جلیقه‌اش نگاه می‌داشت. در زمستان‌ها هم یک کلاه پشمی دست بافت همسرش، فاطمه خانم، را به سر می‌گذاشت.

بابا یکی از افراد بسیار نزدیک به من بود که نقش بزرگی در زندگی‌ام ایفا کرد. حتّی دعواهایش هم با من خیلی جدی نبود. قهرش که اصلاً طولانی نبود و بیشتر اشتباهات من را هم به دوش می‌گرفت و مانع از ریزش اشک چشم من می‌شد. در حقیقت مرا مثل دختر خودش دوست داشت. گاهی آرام و نجوا کنان به من می‌گفت: «تو بَبَم، عزیزترین من در این خانواده، که با آب و نان و نمکشان سر از تخم در آوردم و پیر شدم، هستی». در زمان کودکی قصه‌هایی را که برایم می‌گفت، به عنوان داستان‌هایی سرگرم کننده دوست داشتم، ولی بعدها که در بزرگی این داستان‌ها را به یاد می‌آوردم، متوجّه حکمتی که در پشت حرف‌های این مرد بیسواد ولی دانا پنهان بود، می‌شدم.

من اینگونه در پیش پدر و عمّه جان و عموهایم، و در خانه‌ای که بابا تقی همه کاره آن بود، آرام آرام بزرگ شده بودم. امّا هر چه بزرگتر می‌شدم، بیشتر غیبت مادر و کمبودش را در زندگی خود احساس می‌کردم. درست است که از لحاظ تربیت و یادگیری آداب، عمّه جان را در کنار خود داشتم و هر گاه درد دلی داشتم با بابا تقی در میان می‌گذاشتم، امّا این‌ها جای نبود مادر را برایم پر نمی‌کرد. گم شده‌ای داشتم که هر چه بزرگتر می‌شدم، نبودنش برایم پررنگ می‌شد. می‌دانستم علاوه بر پدر، باید مادری هم در خانۀ پرمهرمان باشد. با گذشت زمان درک کرده بودم این مهر و علاقه خانوادگی ما، بدون مادرم کامل نیست و یک جای این رابطه لنگ است. در حقیقت یک پای این خانواده سه نفری ما شکسته، و به دو نفر تبدیلمان کرده بود، و خانواده من نمی‌توانست با وجود ظاهر قشنگش با یک پای شکسته درست راه برود و تعادلش را حفظ کند.

کنجکاو بودم که بدانم مادرم کجا است، و برای چه در کنار ما نیست. آنقدر به این طرف و آن طرف سرک کشیدم گاه و بیگاه بهانه‌گیری‌های جور و واجور به راه انداختم تا اینکه زمانی که حدود دوازده سال داشتم، به حقیقت ماجرا پی بردم.

البته به این آسانی هم نبود. مگر می‌شد از زبان عمّه خانم، آن زن متکبر و مبادی آداب، یا زن عمو جانم، و یا خدمتکاران خانه کلمه‌ای بیرون کشید؟ همگی مهر سکوت بر لب زده بودند و من را از صحبت با پدر درباره این موضوع منع می‌کردند و گوشزد همگی این بود که: «مبادا پیش پدرت حرفی بزنی. وقتی بزرگ شدی، وقت این صحبت‌ها هم می‌رسد و همه چیز را میفهمی. فعلاً وقتش نیست. به دنبال درس و مشقت باش» و اینگونه مرا ساکت می‌کردند و به دنبال نخود سیاه می‌فرستادند. با تمام این احوال، من هم دست بردار نبودم و از همان بچگی هم به این زودی‌ها تسلیم زورگوئی نمی‌شدم. اگر با راه رفتن به خواسته‌ام نمی‌رسیدم، می‌دویدم. اگر با صحبت کردن، حرفم را نمی‌توانستم به کرسی بنشانم، فریاد می‌کشیدم. از همان زمان فهمیده بودم که من زن هستم و در فرهنگ اسلامی کشورم، در درجه دوّم، بعد از جنس مرد قرار دارم. یاد گرفته بودم که برای گرفتن حق خود، باید بجنگم. اصلاً خود بزرگ بین نبودم: نمی‌خواستم نفر اول باشم؛ می‌خواستم مساوی مرد باشم. فریاد زدن و دویدنم دلیل وقاحت نبود، بلکه گرفتن آنچه حق خود می‌دانستم، بود. مشکل ما زنان، این نیست که واقعاً کمتر از مرد هستیم. مشکل ما این است که با اینکه از جنس مرد ظریفتر، زیباتر، عاقلتر، صبورتر، و فداکارتر هستیم، جامعه ما به ما اجازه هم طراز بودن با مردان را نمی‌دهد. مشکل

ما، ریشه‌ای فرهنگی دارد و از آداب و رسوم خود ما سرچشمه می‌گیرد. در حقیقت مشکل ما زنان ایرانی از بی‌بارانی نیست، از بی‌ناودانی است.

من سرکش و یاغی نبودم بلکه می‌خواستم به خواسته‌هایم جامه عمل بپوشانم و رنگ و رو دهم و نگذارم بازیچه دست بزرگترانم باشم. امّا حتّی همین پافشاری برای آگاه شدن از سرنوشت مادرم، از چشم اطرافیان آن زمان شاید، یاغیگری بود. با این حال، از هر در و دریچه‌ای مرا بیرون می‌کردند، از در دیگری برمی‌گشتم و پس از پرس و جو و تلاش بسیار، سرانجام حقیقتی را یافتم که به جان و قلب جوانم آتش زد. پی بردم که نه تنها مادرم دیگر در قید حیات نبود، بلکه مادر جوان، زیبا، و بسیار سخاوتمند من، به علّت مرگ طبیعی مرا ترک نکرده بود. مادرم خودش، با دست خودش، در حالی که مرا که کودکی دو ساله بودم در آغوش داشت، نافش را از دنیا بریده بود. مادرم با باور حرف‌های دروغ و صد من یک غاز مردم، به زندگی تازه شروع شده‌اش پایان داده بود و فقط به خاطر یک شایعه، که از یک زن بدخواه شنیده بود، تنها جگرگوشه‌اش را گذاشته و رفته بود.

قضیه از این قرار بود که او روزی از زنی از افراد فامیل داستانی می‌شنود حاکی بر اینکه همسرش با زن دیگری رابطه‌ای دارد. مادر بیست و یک ساله‌ام که عاشقانه پدرم را دوست داشت، طاقتش طاق می‌شود، و آتش حسادت نفس‌هایش را می‌برد. شاید توان باور این قضیه را نداشت و نتوانسته بود متوجّه حسادت و بدجنسی نزدیک‌ترین فرد فامیلش شود. شاید به خاطر جوانی و نادانی و بی‌تجربگی، خودش را، زندگی‌اش را، دردهایش را، و کودکش را رها کرده بود. شاید فکر می‌کرد که تنها مرگ

می‌تواند از غم، از رنج، و از نیش حسادت نجاتش دهد. شاید قلب پر مهرش بیشتر از مغزش عاشق بود. نمی‌دانم. تنها می‌دانم که در آن سن نوجوانی، بعد از شنیدن داستان زندگی مادرم از زبان یک پیرزن خدمتکار خانه عمویم، من هم به مرز دیوانگی رسیده بودم. برای اولین بار به معنای واقعی درد و آتش گرفتن در قلبم پی برده و یکباره بزرگ شده بودم. دیگر خودم نبودم. خوشحالی در وجودم مرده بود و دیگر هیچ چیز برایم زیبا نبود.

نمی‌دانستم چگونه می‌توانم خودم را از این درد نجات دهم. ساکت و آرام شده بودم. با خود فکر می‌کردم که برای چه ممکن است یکی از افراد فامیل مادرم به او دروغ بگوید. پدر را لایق سرزنش می‌دانستم. پیش خود می‌پنداشتم اینکه می‌گویند داستان خیانتش به مادرم دروغ است تنها برای حفظ آبروی او بود. از او فاصله گرفته بودم، و کمتر می‌گذاشتم که مرا در آغوش بگیرد، و یا حتّی بوسه‌ای بر سر و پیشانی‌ام بزند. یک شب به طور اتّفاقی حرف‌های پدر را که متوجّه این تغییر ناگهانی رفتارم شده و با عمّه جانم به مشورت نشسته بود، شنیدم. او نگران اوضاع روحی من بود، و از عمّه جان درباره دگرگونی احوال من نظرش را می‌پرسید. عمّه جان در جواب به او گفت: «دیگر بزرگ و بالغ شده و دارد از بچگی بیرون می‌آید. این دوران سختی برای یک دختر است. این تغییر رفتار طبیعی است و جای نگرانی هم نیست». ولی عمّه جان نمی‌دانست من از موضوع مادرم خبر دارم، و در این رویا به سر می‌بَرم که شاید تمام این داستان‌ها دروغ باشند، و شاید مادرم زنده باشد. شاید از بس ما سفر می‌کنیم نمی‌تواند مرا پیدا کند، و روزی بالاخره پیدایش می‌شود.

می‌دانستم که این تنها یک آرزو است. به قول بابا تقی، «آرزو که عیب نیست. کسی که از دل تو و آرزوی تو خبر ندارد، فقط اگر آرزوی خوبی داری، برایش تلاش کن». من هم مدّت‌ها بود که تلاشم را، برای پیدا کردن مادرم، یک تنه شروع کرده بودم.

پس از اینکه چند روزی را در سردرگمی و درد گذراندم، بالاخره به سراغ سنگ صبور همیشگی خود، بابا تقی، رفتم. صحبت از مادرم را پیش کشیدم. سعی کرد مثل همیشه سرم را به دیوار حاشا و بی‌خبری بکوبد که مهلتش ندادم و به او گفتم: «من می‌دانم مادرم خودکشی کرده است، و می‌خواهم برایم کل داستان را بگویی». رنگ از رویش پرید. به وضوح پریدگی رنگ و لرزش دستانش را به چشم خود دیدم. یک باره شکست و فرو ریخت. مدّتی همان جایی که بود، نشست و مات و مبهوت به صورتم خیره شد. بابا تقی که همیشه حرفی برای گفتن داشت، در آن لحظه قدرت سخن گفتن نداشت. با اینکه اشکهایم داشتند در چشمانم حلقه می‌بستند، قاطعانه به او گفتم: «اگر نمی‌خواهی برایم بگویی، اشکالی ندارد. خودم می‌روم و از پدرم می‌پرسم. اگر ده شب هم مجبورم کند زیر پتو بروم، روز یازدهم دوباره می‌روم و از پدرم سؤال می‌کنم. اصلاً آیا واقعاً مادرم مرده است؟ شاید زنده باشد». به اینجای حرف که رسیدم اشکم جاری شد، و بغض قدرت کلام را از گلویم ربود. بابا تقی سرم را روی شانه مهربانش گذاشت و در حالی که خودش هم اشک می‌ریخت گفت: «ببم آرام باش و به آقا چیزی نگو. من خودم همه چیز را برایت تعریف می‌کنم ولی دمار از روزگار آن فضول که نان این خانواده را خورد و نمک دان را شکست در می‌آورم». وقتی که حرفش را شنیدم، فهمیدم

که داستانی که از آن زن خدمتکار شنیده بودم راست بوده است و مادرم به راستی دیگر زنده نیست. با هق هق گفتم: «روزی می‌روم و آن خانم بدجنس را پیدا می‌کنم و تلافی‌اش را سرش در می‌آورم. اصلاً بلائی به سرش می‌آورم که برود پیش مادرم. اگر هم نتوانستم، شکایتم را می‌بَرم پیش خدا، که پدرش را در بیاورد. مگر تو نمی‌گوئی خدا از ظلم احدی نمی‌گذرد؟ مگر از این ظلم بدتـر هم داریم؟ تو که می‌گـوئی خدا از سر تقصیر هیچکس نمی‌گذرد چرا گذاشت که من بی مادر شوم؟». بابا تقی مرا در آغوش کشید، و گفت:«خدا از سر تقصیر هیچکس نمی‌گذرد. گاهی طول می‌کشد، امّا به وقتش سزای اعمال هرکسی را کف دستش می‌گذارد. دیر و زود دارد، امّا سوخت و سوز ندارد.»

وقتی که کمی آرامتر شدم بار دیگر از او خواستم که تمامی قضیه را برایم بگوید. می‌خواستم از مادرم بدانم. می‌خواستم بدانم که چگونه زنی بود، و به چه دلیل مرگ را بر زندگی در کنار دختر کوچکش ترجیح داده بود. بازگو کردن برایش بسیار دشوار بود ولی اشک‌های چشمم را هم نمی‌توانست تحمل کند. بیتابی مرا دید و خودش هم بیتاب شد و لب به سخن گشود، و در حالی که با تاسف سرش را تکان می‌داد، گفت: «مادرت، افتخارالملوک نام داشت، و در زیبائی کسی به پایش نمی‌رسید. در چشم‌های سیاه و درشت مادرت کسی قادر به نگاه کردن نبود. همیشه آراسته و خوب و برازنده بود. خیلی قشنگ صحبت می‌کرد و خیلی زود جایش را در دل همه باز کرده بود. خیلی پر احساس بود. معمولاً ساکت و آرام بود. این مهربانو آنچنان با خدمتکاران با محبّت رفتار می‌کرد که بقیه هم رفتارشان نسبت به خدمتکاران کمی تغییر کرده بود.».

لحظه‌ای سکوت کرد، و بعد ادامه داد: «پدرت را خیلی دوست داشت، امّا دلش هم بسیار برای خانواده خودش تنگ می‌شد. بیشتر مواقع می‌دیدم در اینجا احساس غریبی و بیگانگی می‌کند. دل کندن از فامیل، و آمدن به شهری غریب برای هر کسی مشکل است، ولی شکایتی هم نمی‌کرد. کاری به کار کسی نداشت. بیشتر ساکت و آرام به کتاب خواندن و نامه نوشتن می‌پرداخت. در اواخر دوران بارداری با اصرار تمام برای زایمان خواستار بازگشت به فسا[۱] بود و سرانجام با بدرقه بسیار پرمهر خانواده پدرت عازم سفر با پدر شد...»

اینطور که بابا تقی می‌گفت، بعد از رفتن مادرم، خانه سوت و کور شده بود. مادرم به نوعی، شادی را، در این خانواده سنتی و تشریفاتی، با خود به ارمغان آورده بود و نوآوری‌هائی را هدیه آنها کرده بود، و تمامی فامیل پدری‌ام را تحت تأثیر محبّت و سادگی‌اش قرار داده بود. چند ماه بعد از تولد من در فسا، و پیش خانواده پر مهر خودش، مادرم مجدداً به اتفاق پدر به خانهٔ خانوادگی شوهرش برگشته بود، و با شادی و نشاط، تولد من که فرزند اول بودم را، همگی در اصفهان جشن مفصلی گرفته بودند. گویا من همه، به خصوص مادر بزرگ پدری را عاشق خود کرده بودم، و خانه بیش از پیش سرشار از شادی و محبّت شده بود.

---

[۱] فسا شهری است در استان فارس

دوران نوجوانی و بلوغ ۳۹

از چپ به راست: مادرم در حالی که مرا در بغل دارد، عمو جان و عمه جانم

البته پدر در آن زمان هم به خاطر مأموریت‌های کاری‌اش بسیاری از مواقع مجبور بود دور از همسر و فرزندش، اوقاتش را در سفر بگذراند. امّا با وجود این دوری‌ها، مادر و پدرم زندگی عاشقانه و آرامی را با همدیگر برای خود ساخته بودند، و مادرم چشم و چراغ خانواده شوهر شده بود. تا اینکه روزی، بار دیگر یاد خانواده به سراغ مادرم می‌آید، و دوباره می‌رود که از خانواده خود دیداری کند و زود برگردد که دست تقدیر دیگر او را به کاشانه‌اش برنمی‌گرداند و تا سال‌ها همه را سیاه‌پوش و ماتم زده می‌کند.

در این سفر شوم، زنی از افراد فامیل به مادرم می‌گوید که پدرم عاشق زن دیگری است و با زن دیگری رابطه دارد، که این باعث غم و دل شکستگی بیش از حد مادرم می‌شود. زمانی که پدرم برای دیدن مادرم به شیراز می‌رود، مادرم با او جر و بحث می‌کند که باعث می‌شود پدر برای مدّتی خانه را ترک کند تا بتواند کمی آرام شود. زمانی که به خانه برمی‌گردد، می‌بیند عروس نازنینش در حالیکه دختر کوچکش را در آغوش کشیده است، بیحال افتاده است. زمانی که بابا تقی به اینجای داستان رسید، به او گفتم: «راستش را بگو، آیا حقیقت دارد؟ آیا پدرم با زن دیگری بود؟» بابا تقی قسم خورد که آن داستان حقیقت ندارد و در زندگی پدرم، به غیر از مادرم هیچ زن دیگری وجود نداشته است. برایم گفت که پدرم دلش را تنها به مادرم داده بود و به جز او کسی را در زندگی نداشت. از او خواستم برایم از بچگی‌ام تعریف کند. می‌خواستم بدانم که کجا بوده‌ام، و بی‌مادر چگونه بزرگ شده‌ام. بابا هم ادامه داد، و برایم گفت که بعد از مرگ مادر گویا پدر تاب تحمل نیاورده و به اصفهان بازگشته بود و سال‌ها را در این

شهر با رنج و عذاب به سر برده بود.

برای چند سالی خانواده مادری‌ام نگاهداری از من را به عهده داشتند، و از آنجائی که پدرم را گناهکار می‌دانستند، اجازه دیدار را به پدر نمی‌دادند و تا کمی بیش از چهار سالگی‌ام پدرم من را نتوانسته بود ببیند. امّا از آنجائیکه مردم فارس مردمانی بسیار مهربان و باگذشت هستند، آرام، آرام یخ‌های بین خودشان و پدرم را آب کرده و اجازه دیدار من را به پدر داده بودند. در عرض یک سال، پدرم چندین بار برای دیدنم به شیراز آمده بود و گویا در این مدّت من هم بسیار به پدر ناشناسم دلبستگی پیدا کرده بودم، و جدا کردنم از او مشکل شده بود، و هر بار که دوباره بار سفر می‌بست و از پیش ما می‌رفت، چند روزی را بهانه گیری می‌کردم و به دنبال پدر به اتاق‌ها سرک می‌کشیدم. دوری بین من و پدر تنها برای من که کودکی خردسال بودم سخت نبود، بلکه برای پدر هم بسیار مشکل بود. به همین دلیل پدر می‌خواست هر طور که شده است، مرا با خود به اصفهان برگرداند. به هر صورت من تنها فرزند او، و جگر گوشه او بودم.

در آخرین باری که پدر به دیدارم آمده بود، بابا تقی را هم به عنوان راننده با خود آورده بود و یک دست لباس یونیفورم ژاندارمی هم به او پوشانیده بود. شب را در یک پشه بند در کنار پدر در خواب خوش بودم و یک عروسک چشم آبی که چشمانش حرکت میکرد و هنوز خاطره‌اش در ذهنم زنده است، در بغل داشتم. امّا پدرم بیدار مانده بود و منتظر علامت. بابا تقی خود را به خواب زده و، در انتظار به خواب رفتن تمامی اهالی خانه، بیدار مانده بود.

درِ خانۀ مادر بزرگ، یک در چوبی بسیار بزرگ بود که شب‌ها از داخل

با یک قفل چوبی که به آن کُلون[۲] می‌گفتند، محکم بسته می‌شد.

وقتی بابا تقی همه را در خواب می‌بیند، آرام و آهسته درب را باز می‌کند و با روشن کردن کبریت به پدر علامت می‌دهد و پدر هم در یک فرصت مناسب در حالیکه من را در آغوش داشته، سوار بر جیپ شده و مسافت بین راه فسا تا اصفهان را با سرعت طی می‌کند و به این ترتیب در حقیقت من توسط پدرم از خانواده مادری‌ام دزدیده شده بودم و تا سن دوازده یا سیزده سالگی‌ام هم دست کسی به دامان من و پدرم نرسیده بود. جستجوی خانواده مادری‌ام برای پیدا کردن ما در اصفهان هم که مسلماً بی نتیجه بود و کسی لب تر نکرده بود که از ما به آنها خبری بدهد.

از زمانی که بابا تقی تمامی ماجرا را برای من تعریف کرد، دیگر تنها او بود که هر از گاهی میتوانستم پیشش بنشینم و از او در باره مادرم بپرسم. محرم رازم شده بود. بابا تقی با من بسیار صبور و مهربان بود. با دیگران امّا، رفتاری متفاوت داشت. به یاد دارم که عادت داشت در حالی که در حیاط خانه راه می‌رفت، و به کارهای خدمتکاران نظارت میکرد، دست-هایش را پشتش گره میزد، و با صورتی پر از غرور و نگاهی جدی به آنها در مورد کارشان فرمان میداد. دستوراتش برای دیگر همکارانش آمرانه بود ولی در مواقع لزوم یار و مددکارشان هم بود. وقتی خوشحال و سرحال بود، پرمهر و بذله گو می‌شد. برای هر اتفاق و مطلبی یک ضرب المثل ناب ایرانی، یک بیت شعر، و یا یک داستان کوتاه هم چاشنی گفتارش می‌کرد که بر شیرینی و جذابیت و تأثیر کلامش می‌افزود. او در طول زمان حیاتش برای من یک درخت پر شاخ و برگ و سایه افکن بود، که زیر

[۲] کلون: کلان. قید چوبی که پشت در نصب کنند و در را به آن بندند. (لغت نامه دهخدا)

سایه این درخت پربار، خنکی و آرامش حقیقی را از درون روحم احساس می‌کردم. بابا کسی بود که در حقیقت نقشی اساسی و بنیادی را در خانواده ما ایفا می‌کرد. او در خانواده پدری‌ام خانه‌زاد پدربزرگ و مادربزرگم بود و مورد توجّه و علاقه و احترام تمام افراد خانواده دور و نزدیک بود و اگر کسی کاری با این خانواده که از سه برادر و یک خواهر تشکیل شده بود، داشت، اول باید دم بابا تقی را می‌دید؛ مصلحت اگر ایجاب می‌کرد و به ضرر آبروی خانواده نبود، بابا کارش را رواج می‌داد. او به دنبال پول و رشوه نبود، بلکه چنان در مورد حفظ آبرو و حیثیت خانواده ما حساس و دقیق بود، که تمامی خانواده هم به او اعتماد خاصی داشتند. در حقیقت در تمام امور داخلی چشم و گوش همه بود. عمّه خانم می‌گفت: «بابا تقی آچار فرانسه ما است. هرکدام در هر خانه‌ای به مسئله بغرنجی برخورد کنیم بابا مشکل گشا است». محرم راز، پرمهر، صادق، وفادار، و با جان و دل خدمتگزار بود. ازدواج کرده بود ولی صاحب فرزند نشده بود. عاشقانه همسرش را دوست داشت، و با هم در صلح و صفای خاصی در قسمتی از خانهٔ بزرگ یکی از عموهایم، زندگی می‌کردند. گاهی هم به شدّت دعوا می‌کردند، امّا این دعواها آنقدرها هم طولانی نبود، و هر بار بعد از هر دعوا، با محبّتی هر چه بیشتر با هم صلح می‌کردند. مهر بابا تقی ریشه‌ای عمیق در قلب همه داشت، و همه او را با عشق، احترام گذار بودند. من هم هر چه بزرگتر و داناتر می‌شدم مثل بقیه خانواده، علاقه‌ام به بابا تقی بیشتر می‌شد.

بعد از اینکه قضیهٔ زندگی مادرم را از دهان بابا تقی شنیده بودم، و قسم خوردنش در مورد بی‌گناهی پدرم را شنیده بودم، دوباره کم کم

توانستم به حالت عادی خود بازگردم و دوباره با پدر رابطه‌ای خوب داشته باشم. با این حال مدّت‌ها در فکر و خیال خود سعی می‌کردم مادرم را در ذهن مجسم کنم. خانهٔ مادربزرگ مادری‌ام، که همه او را بی‌بی بزرگ صدا می‌کردند، را کمی به یاد داشتم ولی سال‌های بعد کنجکاوانه به دیدار آن خانه بزرگ و قدیمی رفتم و جای جای آن خانه‌ای را که هم من و هم مادرم در آن متولد شده بودیم، زیر و رو کردم و پیش خود می‌پرسیدم: زمانی که کودکی دوساله بوده‌ام، در کجای این خانه بازی می‌کرده‌ام؟ آیا مادرم در کنارم، به من لبخند می‌زد و نوازشم می‌کرد یا نه؟ چطور راه رفتن را یاد گرفته بودم؟ اولین کلمه‌ای که به زبان آورده بودم، چه بوده است؟

آیا شما هرگز طعم شیرین خیال را تجربه کرده‌اید؟ من در آن خانه بارها تجربه‌اش کردم و واقعاً آن فضای پر از انرژی و عشق را، در اعماق وجودم احساس کرده‌ام و ترک کردنش برایم دردناک بود. مثل یک رویا در بیداری، در خانهٔ مادر بزرگ حضور داشتم. می‌گویند هیچ کجا خانهٔ مادر بزرگ نمی‌شود. این گفته واقعاً در مورد من صدق می‌کند.

خانه مادر بزرگم بسیار بزرگ بود و باغی در خانه داشت که مثل یک نخلستان، پر از درخت خرما بود. حوض بسیار بزرگی هم در نزدیکی ساختمان اصلی داشت که دور و برش گلدان‌های گل و گلکاری بود. ساختمان اصلی، بزرگ و قدیمی بود که اصالت و زیبایی معماری آن زمان را داشت. اتاق‌های متعدّدش و سالن بزرگش که به آن تالار، یا پنج دری می‌گفتند، و از آن برای پذیرایی از مهمانان استفاده می‌کردند، جلوه یک اثر هنری قدیمی را در ذهن من تداعی می‌کرد. به خصوص آن اُرُسی[۳] ها

---

[۳] اُرُسی:اتاق بزرگ و رسمی در بناهای سنتی

و شیشه‌های رنگارنگ زرد و قرمز و سبزش، جلوهٔ چشمگیری به خود می‌داد. تا آنجائی که به یاد می‌آورم یک طویله مخصوص هم برای اسب‌ها و الاغ‌ها در ورودی باغ داشتند، که در این اواخر دیگر استفاده چندانی از آن نمی‌شد. اطراف خانه چند اتاق برای تعداد زیادی مستخدم هم وجود داشت که قیافهٔ یکی از آنها، به نام مشهدی قاسم، را هنوز می‌توانم به خوبی در مقابل چشمانم مجسم کنم. او اذان‌گوی آن خانه بود و موقع اذان، صدای روحانی‌اش تا چندین خانه اطراف هم شنیده میشد. در آن زمان رسم بود که هر کدام از خانواده‌های اسم و رسم دار سنتی، به خصوص در شهرهای کوچک، اذان گوی خاص خود را داشته باشند.

فرد دیگری را که به یاد می‌آورم، دایهٔ مادرم بود که چون پسری به نام اسماعیل داشت، او را ننهٔ اسماعیل صدا می‌کردند. به شدّت مرا دوست داشت، و بعدها، وقتی مرا که دیگر برای خود خانمی شده بودم دید، مرتّب برای من اسپند دود می‌کرد، مبادا که چشم بخورم. در آن زمان بود که به من گفت در تمام آن سال‌ها، پدرم ماهیانه‌ای برایش مقرّر کرده بود و ارسال می‌داشت، که البته شنیدنش از زبان خود آن مرحوم، برای من دلچسب و خوشحال کننده بود. یکی دیگر از خدمتکارانی را که از خانه بی‌بی بزرگ به یاد دارم، بابا نصرالله بود که سرآمد بقیه خدمتکاران آن خانه بود. بعدها که او را شناختم، دیدم که برای خودش سری توی سرها دارد، و کمک بزرگی به خانواده بی‌بی بزرگ بود.

پس از این همه سال، هنگامی که به آن زمان‌ها فکر می‌کنم، رنجی که از بی‌مادری در آن دوران تحمل کردم، در سینه‌ام تازه می‌شود. زخم‌های التیام نیافتهٔ روح و قلبم، مهمان همیشگی‌ام هستند. بارها سعی کرده‌ام برای

خود، درد مادرم را پیش خودم مجسم کنم. آخر مادرم هم یک زن بود. شاید غروری مثل من داشت و مرگ را به زندگی توأم با سرکوفت و تحقیر، ترجیح داده بود، و نخواسته بود عشقش به مردش را با یک زن دیگر تقسیم کند. او آزاده بود. ولی راهش را اشتباه رفت. شاید به غیر از این راه، راه دیگری را سراغ نداشت. شاید نبودش را، تنها راه دفاع از خود می‌دانست. نمی‌شود بدون اینکه جای او، و در قلب و افکار و ذهن او بود، کارش را قضاوت کرد، و فهمید به چه دلیل امیدش را از زندگی برید. شاید مادرم برای اولین بار این ضربه را در خانواده تجربه کرده بود. نه دیده بود و نه شنیده بود. نمی‌دانم.

به هر صورت، مادرم به خوابی ابدی فرو رفته بود، و من و پدرم را تنها گذاشته بود. من مرتب در سفر و مأموریت‌های کاری گوناگون، همسفر پدر بودم و از دنیا بی خبر. فکر می‌کردم زندگی همین است که ما داریم. کوچ کردن از این شهر، به آن شهر، و از این مدرسه، به مدرسه دیگر. هرچه بود، خوب بود. و من و پدر به این زندگی عادت کرده بودیم و زندگی مخصوص به خود داشتیم، که خالی از لطف هم نبود. در این مدّت چند پرستار خوب و بد را هم تجربه کردم، که بهترین آنها همان میس مری بود که او هم زمانی که سیزده سالگی داشتم، به کشورش بازگشته بود. تنها کمبود من در این سفرها، بابا تقی بود. بعضی مواقع بسیار دلتنگ آن مرد دریا دل و یگانه می‌شدم، امّا چاره‌ای هم نبود به غیر از تحمّل.

سرانجام، زمانی که من حدود چهارده سال داشتم، حکم مأموریتی رسید که پدر را ناراحت و سردرگم کرد. مأموریت بعدی پدر، در شهر شیراز بود که او هرگز آرزوی برگشتن به آن شهر را نداشت. شیراز شهری

بود که در خاکش، یک فرشته پاک، بیگناه، و زیباروی را جای داده بود. شیراز، قبله‌گاه قلب من، مادرم را در قلب خود نگاهدار بود و من روحم هم خبر نداشت. به هر صورت، پدر عازم شیراز شد، و من در طول تابستان در کنار خانواده پدری‌ام ماندم. امّا در پایان تابستان و شروع مدارس، من هم در شیراز به پدر ملحق شدم، و در مدرسه‌ای در شیراز نام نویسی کردم. شیراز برای من شهری بود مثل بقیه شهرهایی که قبلاً در آنجا به مدرسه رفته بودم، و من که به جابجا شدن عادت کرده بودم، احساس غریبی و غربت نداشتم.

بدین ترتیب من و پدر، در خانه‌ای که جوی آبی از وسط آن می‌گذشت، و در بهار بوی نارنج و ترنجش، آمیخته با عطر گل یاس سفید، آدم را سرمست میکرد، سکنی گزیدیم. نام من را در مدرسه‌ای ثبت کردند، و من شروع به تحصیل در شیراز کردم. از آنجائی که برخورد بچه‌های شیرازی خیلی صمیمانه‌تر از دیگر شهرهایی بود که در آنجا به مدرسه رفته بودم، خیلی زود در مدرسه دوست پیدا کردم، و توانستم در جمع آنها احساس راحتی کنم. چند روزی را با خوشی و آرامش در این شهر زیبا گذراندیم تا اینکه پس از مدّتی، روزها وقتی از مدرسه به خانه برمی‌گشتم متوجّه چند خانم شدم، که با نگاهشان مرا تعقیب می‌کردند. از نگاه این خانم‌ها متعجّب بودم، و نمی‌دانستم از من چه می‌خواهند. گویا پس از گذشت یک ماه از اقامت پدرم در شیراز، خانواده مادری‌ام متوجّه شده بودند که فرمانده گروهان شیراز همان جناب سرگرد انصاری، داماد سابقشان است، و با شروع مدارس، خاله‌هایم داشتند می‌گشتند تا مرا پیدا کنند. حال که مرا پیدا کرده بودند، با پدر به هر طریقی بود، تماس گرفتند،

و با وجود اکراه پدر، قرار ملاقات گذاشته شد. هرگز تا زنده هستم نمی‌توانم قیافه مادربزرگم را از یاد ببرم. خانمی کوچک اندام، مسن و برازنده بود، که چارقدی سفید بر سر داشت، و با گذاشتن چند گل یاس در کنار چارقدش، تمام وجودش را معطّر از این گل کرده بود. زمان مرگ مادرم، بی‌بی بزرگ آنقدر گریه کرده بود، که یکی از چشم‌هایش کور شده بود و سپید سپید بود.

هنگامی که مرا در مقابل خود دید، برای چند ثانیه، مرا سر تا پا برانداز کرد، و یکباره مرا در آغوش گرفت، و ناگهان با صدایی نسبتاً بلند شروع به گریستن کرد. گریه‌اش تمام اهالی خانه را به گریه واداشت. مدام مرا بو می‌کرد، و نجوا کنان می‌گفت: «خدا را شکر که دختر افتخارم را دیدم». من گیج و مبهوت ایستاده بودم، و مرتّب با چشمانم، به دنبال پدر می‌گشتم، ولی او ما را تنها گذاشته بود، تا خانواده مادرم در خلوت خودشان و با خیال راحت، بتوانند مرا به جمعشان خوش‌آمد گویند. چند خانم جوان، و دو مرد هم بی‌بی بزرگ را همراهی می‌کردند. پس از چندین دیدار متوجّه شدم خاله‌ها و دائی‌هایم بودند. یواش یواش، با تک تک این خاله‌ها و دائی‌هایم که بسیار مهربان و دوست داشتنی بودند، آشنا شدم. یک احساس تازه، امّا آشنا در درونم بیدار شده بود، که باعث شده بود مهری عجیب را نسبت به افراد خانواده مادری‌ام احساس کنم. به خصوص دائی کوچکم که عزیز خان نامیده می‌شد و واقعاً عزیز همه بود، در دلم جای خاصی برای خود باز کرده بود. دائی عزیز، مردی با صفا، با سخاوت، فامیل دوست و مسئول بود. حیف که دست روزگار زود او را از بین ما برد. روحش شاد.

خاله‌هایم هم برای من شیرینی‌های مخصوص محلی خودشان را

می‌پختند، که از نظر من از تمام شیرینی‌های جهان خوشمزه تر بودند، و اصلاً آن شیرینی‌ها با تمام خوردنی‌های خوشمزه دنیا فرق داشت. این شیرینی‌ها نمادی از عشق و محبّتی بودند که خواهران مادرم به من داشتند. خانواده مادرم نسبت به من مهر و محبّت بسیاری از خود نشان می‌دادند، و به طور کل، رفتار و عملشان بسیار با خانواده پدری‌ام متفاوت بود. با اینکه هر دو خانواده بسیار اصیل و خوشنام بودند، امّا خانواده پدری به نظر مقرّراتی‌تر، جدّی‌تر، و بیشتر مبادی آداب بود. خانواده مادری‌ام هم سنتی و مبادی آداب بودند، امّا با هم رفتاری صمیمانه‌تر داشتند، و از بودن من در میانشان بسیار خوشنود بودند، و من هم هر چه بیشتر آنها را می‌دیدم و می‌شناختم به آنها دلبستگی بیشتری پیدا می‌کردم.

از راست و چپ و بالا و پائین هدیه باران می‌شدم. بچّه‌های آنها هم به من حسادتی نداشتند. حتّی بهترین کتاب‌هایشان، و یا خودنویس و آلبوم عکس خود را، برایم به هدیه می‌آوردند. یکی از آنها عروسک دوران بچگی‌اش را، و دیگری قلک پولش را به من هدیه داد، که البته هر دو با تشکر پس داده شدند. چه دوران به یاد ماندنی و شیرینی را در آن روزها گذراندم. تا آن زمان، فامیلی به این بزرگی دور و بر خود نداشتم که بدانم بودن با بچه‌های فامیل که همسن و سال من بودند، و می‌توانستند با من همکلام باشند، و داشتن خاله‌ها و دائی‌هایی آنقدر مهربان در کنارم، چقدر شیرین است. در آسمان ها پرواز می‌کردم. به راستی فکر می‌کنم دورانی را که در نوجوانی در کنار خانوادهٔ مادری‌ام گذراندم یکی از شادترین دوران زندگی من بود.

دل پدر امّا، کمی رنجیده بود. شاید با دیدن دلبستگی من به خانواده

مادرم می‌ترسید زمانی که هنگام جدائی فرا رسد، من آسیب ببینم. با این حال، خوشی و لذّت در کنار مادربزرگ را هم از من دریغ نمی‌کرد. با اینکه غم در صورتش کاملاً محسوس بود، ذره‌ای تمایل به دور کردن من از فامیل مادری‌ام، در او ندیدم. با بزرگواری سرپوشی روی غم‌هایش می‌گذاشت تا من شاد باشم. شاید او هم احساس حسادت می‌کرد که می‌دید من تا چه حد خانواده مادری‌ام را دوست دارم. به هر صورت، چیزی نمی‌گفت و می‌گذاشت من روزگار شادی را در شیراز بگذرانم.

زندگی ما به همین روال ادامه داشت، تا اینکه در اوائل زمستان، پدر حکم مأموریتی دریافت کرد که خبر از انتقال او به تهران میداد. به خاطر لیاقت و جدّیتی که همیشه از خود نشان داده بود، مسئولیت بسیار سنگین و مهمی را به او واگذار کرده بودند و او باید هر چه زودتر شیراز را به قصد تهران ترک می‌کرد.

وقتی دستور انتقال پدر از شیراز به تهران ارسال شد، خوشحالی را در چشمانش می‌شد دید. برعکس پدر، من بسیار غمگین و افسرده شده بودم چراکه دوری از این انسان‌های مهربان که در محبّت کردن به من با یکدیگر رقابت می‌کردند، برایم بسیار دشوار بود. به خصوص درد دوباره دور بودن از دائی عزیز، از همهٔ دردهای من، بیشتر مرا آزار می‌داد. هر شب دعا میکردم اتّفاقی بیافتد، معجزه‌ای رخ دهد، تا من بمانم؛ ولی در ته دل می‌دانستم غیر ممکن است و امیدی نداشتم که آرزویم برآورده شود. ولی گوئی خدا صدایم را شنید و دعایم را مستجاب کرد. چند روز بیشتر به روز موعود برای رفتنمان از شیراز نمانده بود، که یک روز مادربزرگم و دائی بزرگترم به دیدن ما آمدند و به پدر گفتند: «آمده‌ایم صحبت کنیم».

پدر پرسید: «در چه مورد؟» مادربزرگ از پدر خواست که من مدّتی بیشتر در شیراز بمانم، و شش ماهی که از سال تحصیلی باقی مانده بود را در همان شیراز به پایان برسانم. وقار و متانت همیشگی مادربزرگ پدر را تحت تأثیر قرار داد و معجزه‌ای رخ داد. پدر موافقت کرد که من بتوانم چند ماه بیشتر، در منزل دائی بزرگم که همسری بسیار زیبا، مهربان، و خوش قلب داشت، و در کنار مادربزرگ بمانم. و پس از آن پدر، برای بردن من کسی را بفرستد. دائی عزیزم گفت: «نگران نباشید. خودم شیدخت را می‌آورم و سالم تحویل می‌دهم و برمی‌گردم». با شنیدن این حرف من بسیار خوشحال شدم، و واقعاً خوشحالی دیگران هم کمتر از خوشحالی من نبود.

تنها پدرم بود که در این خوشحالی شریک ما نبود. چشمانش را افسردگی در بر گرفته بود و پدر کمی کم حرف و بی‌حوصله شده بود. فکر اینکه مرا در کنار خانواده مادری‌ام رها کند، و به تنهایی به تهران برود او را نگران می‌کرد. البته برای من هم دوری پدر سخت بود و رنجم میداد ولی خب قابل تحمل بود. راستش را بگویم خدا دنیا را به من داده بود. من از داشتن خانواده‌ای چنان صمیمی و مهربان واقعاً شادمان بودم و اصلاً دلم نمی‌خواست از پیش این مهربانان به جای دیگری بروم. در واقع آنقدر از خبر ماندنم خوشحال بودم، که تا زمان بدرقهٔ پدر، متوجّه نشدم که تا چه حد از دوری پدر دلتنگ خواهم شد.

بالاخره روز موعود برای رفتن پدر به تهران فرا رسید، و ما همگی در زیر دروازه قرآن که محلی بود برای پیشواز و بدرقهٔ مسافران، که در موقع ورود با خوشحالی و بوسه بود، ولی موقع بدرقه با غم و گریه، با بوسه و

گریه پدر را بدرقه کردیم. تا ماشین وی پیدا بود، ایستادم و نگاه کردم و به یکباره قلبم لرزید. ای وای که حالا نه مادری با خود داشتم نه پدری. نکند یتیم شده‌ام و خودم نمی‌دانم؟ اگر رفت و زیر قول سربازی زد، و زن گرفت، تکلیف من چه می‌شود؟ نکند اشتباه کرده‌ام که اینجا مانده‌ام، و پدر را تنها گذاشته‌ام؟ چه بد کردم که نرفتم.

دیگر کار از کار گذشته بود، و من در شیراز مانده بودم، و پدرم برای انجام مأموریت رفته بود به تهران. اینگونه بود که در کنار خانواده مادری‌ام زندگی کاملاً جدیدی را شروع کردم. بعد از رفتن پدر برای چند روزی حال خوبی نداشتم و به شدّت دلتنگش بودم. ولی از آنجائی که حضور من در جمع خانواده مادری، چون شمعی روشنی بخش شده بود، و آنها هم در محبّت به من سنگ تمام می‌گذاشتند، کم کم به حالت عادی برگشتم. به طوری در لذت مهربانی دیدن و عزیز بودن غرق شده بودم که در طول روز، خیلی به دوری از پدر فکر نمی‌کردم. ولی شب‌ها که تنها بودم، و از بوسه آخر شب پدر خبری نبود، دلم برای پدرم لک می‌زد. دلم می‌خواست هم او را در کنار خود داشتم، هم این خانواده تازه یافته ام را. امّا با این حال، هر بار که پدر برای برگشت من به ما نامه یا تلگراف میزد، از او درخواست می‌کردم که کمی بیشتر در شیراز بمانم. نشان به همان نشان که به جای شش ماه، حدود دو سال را در شیراز طی کردم. به خانواده مادری‌ام عادت کرده بودم، و جزئی از این فامیل بسیار بزرگ و پرمهر شده بودم. حتّی این روزها که مهاجر کشوری دیگر هستم هم، به هر کجای این دنیا نگاه می‌اندازم و با هر کجا که تماس می‌گیرم، می‌بینم نوه‌ها، نتیجه‌ها، نبیره‌ها و ندیده‌ها، و ایل و تبار بی‌بی بزرگ و پدربزرگ، پراکنده‌اند و همه

بدون استثنا قلبی پر از مهر دارند، که از بی‌بی بزرگمان به ارث برده‌اند، که البته من هم سهمی از آن خوش‌شانسی را دارم.

در مدّتی که در شیراز بودم، سن خطرناک بلوغ هم به سراغم آمده بود، و به ندرت، متوجّه تغییراتی در احساسات و دید خود نسبت به جهان اطرافم می‌شدم. در خانوادهٔ مادری‌ام، هر شب بساط دور هم بودن و خنده و شادی در خانهٔ کسی برقرار بود. یکی از خانه‌هایی که بسیاری از شب‌ها مهماندار دوستان و افراد فامیل بود، خانهٔ دائی بزرگم و دائی عزیز بود. در میان جوانانی که در خانه جمع می‌شدند، جذابیت، شیک‌پوشی، متانت، و وقار یک پسر جوان با دو چشم سیاه درشت، در یک صورت رنگ پریده مردانه و جذاب، که یک خال گوشتی هم در گوشه لبش و نزدیک به دماغش، جذابیت صورتش را چند برابر می‌کرد، نظرم را به خودش جلب کرده بود. چند سالی از من بزرگتر بود. دیدنش احساس خاصی به من می‌داد که من این احساس را نمی‌شناختم. فقط دیدن او بیشتر از دیگر مهمانان دائی عزیزم خوشحالم می‌کرد. نمی‌دانستم چرا برای من، او با دیگران فرق دارد. شاید به خاطر آن خال سیاهش باشد که دیگران ندارند و یا شاید به خاطر چشمانی باشد که تا من را می‌بینند، فرار می‌کنند و یا آن نگاه‌های دزدانه‌ای که هر گاه فکر میکند من حواسم نیست، به طرفم می‌اندازد.

به مرور متوجّه حضور دوباره آن موریانهٔ آشنای حسادت در وجودم شدم. اگر این جوان با دختر دیگری در جمع صحبت می‌کرد، به ناگهان من به شدّت از آن دختر متنفّر می‌شدم. با خود نجوا می‌کردم خدایا این چه دردی است که به جانم افتاده است؟ این چه بیماری است؟ ای کاش

بابا تقی اینجا بود. او حتماً مـی‌فهمید که من چه مرضی گرفته‌ام. آن جوان مدام فکرم را به خودش مشغول می‌کرد، و حتّی خواب را از چشمانم می‌ربود.

مادر بزرگم گاهی چای گل گاوزبان می‌خورد و اظهار میکرد که برای هر دردی خوب است. من هم که مطمئن بودم به یک بیماری دچار شده‌ام، یکی دوبار یواشکی برای خود اندکی از این چای ریختم و خوردم. بو و طعم نامطبوئی داشت و دردی هم از من دوا نکرد که نکرد، بلکه روز به روز دردم بدتر و بدتر هم شد.

دیگر هر شب چشمانم در میان جمع فقط به دنبال او می‌گشتند، و زمانی که او را می‌دیدم، تمام سعی خود را می‌کردم که در موقع نگاه کردن به من، مچش را بگیرم، و چند بار هم موفق شدم، ولی هر بار، زود رویش را برگرداند و خود را به کوچه علی چپ زد. رابطهٔ ما تنها از طریق نگاهمان به یکدیگر برقرار شده بود، و دیگر هیچ. هرگز کلمه‌ای با هم رد و بدل نکرده بودیم و بدون یک کلمه حرف و یا اینکه بدانم او کیست، با نگاه او را دنبال می‌کردم و او هم مرا. مدّتی گذشت تا بالاخره از یکی از افراد فامیل شنیدم، که او پسردائی مادرم اسـت. با خود فکر کردم که چه بهتر. بیشـتر می‌شود او را دید. و شاید روزی هم با یکدیگر همکلام شویم.

اینکه هیچکدام نسبت به یکدیگر بی‌تفاوت نبودیم را، خیلی راحت می‌شد از حرکات او و از سرخ شدن صورت من فهمید. امّا با این حال، گاهی اینکه آیا این علاقه یک طرفه است یا اینکه او هم به من علاقه دارد، برایم سؤال می‌شد. زمانی که شب‌ها از شدّت فکرش نمی‌توانستم بخوابم، با خود فکر می‌کردم که شاید این رابطه فامیلی ما که از طریق پدر بزرگ

ما در خون ما جریان دارد موجب علاقهٔ من به این جوان شده است. ولی نمی‌فهمیدم چرا این پدر بزرگ مرحوم فقط زورش به من رسیده است. شاید آن جوان اصلاً موضوع رابطهٔ فامیلی ما را، که من از زبان خاله جان شنیده‌ام، نشنیده است، و نمی‌داند ما به هم نسبت خونی داریم. با خود فکر می‌کردم: «آیا او هم شب‌ها با فکر من بیدار می‌ماند؟» نمی‌دانستم.

چه دوران قشنگی بود آن دوران. دوران قشنگ کم‌خواهی و بیتابی. دوران خلوص و عشق پاک نوجوانی. روزها، هفته‌ها، ماه‌ها، آمدند، و رفتند، و دیدارها گاه به گاه تازه می‌شد، و دلبستگی بیشتر و بیشتر. با دیدارش خوشحال می‌شدم، و ندیدنش دلتنگ و بداخلاقم می‌کرد. تا اینکه به ناگهان و غیر معمول، چند روزی سر و کله‌اش در اطراف خانه دائی عزیز پیدا نشد. رفت، و نشانی هم از خود به جای نگذاشت. کسی هم در موردش صحبتی نمی‌کرد. من هم از ترس اینکه ممکن است کسی به رازم پی ببرد، سؤالی نمی‌کردم. تنها ساکت و مبهوت چشم به در می‌دوختم و منتظر می‌ماندم. رفته، رفته ناامیدی به سراغم می‌آمد و با خود می‌گفتم که از فردا دیگر فکرم را مشغولش نمی‌کنم. سرم را به زیر می‌اندازم و تنها با درس و مشق و مدرسه خود را مشغول می‌کنم. شاید آن نگاه‌های دزدکی را هم که من دیده بودم، معنای خاصی نداشته است. از کجا معلوم که او هم به من علاقه‌ای داشت؟ او که تا کنون اسم مرا هم به زبان نیاورده، و حتّی کلمه‌ای با من سخن نگفته است.

طاقتم طاق شده بود. با خود فکر می‌کردم که اصلاً بعد از تمام شدن مدرسه به نزد خانواده پدری‌ام برگشته، و آنجا دوباره به حال معمول خود باز خواهم گشت. در شیراز همه مهربان بودند ولی من در آنجا چرخ پنجم

درشکه هم نبودم. شاید خوش می‌گذشت، ولی مدام چشم به راه پسر دائی مادرم بودم، که در صورت خوش تراش رنگ پریده‌اش، دو چشم سیاه گریزان و یک خال سیاه در کنار لبش داشت. با خود می‌گفتم که اگر به خانه پدری‌ام برگردم، دیگر منتظر کوبیدن در خانه، و صدای پایش نمی‌مانم و راحت به زندگی معمولی خود برمی‌گردم. چقدر دلم برای پدر تنگ شده بود، و تصور بوسهٔ آخر شب و نوازش موهایم لذت بخش بود. فکر برگشت به زندگی آشنای قبلی، آرامم می‌کرد، و رنگ آن جوان پریده رنگ، باز هم برایم کمرنگ تر می‌شد. دلم برای بابا تقی عزیزم و به قول خودش «عیالش»، فاطمه خانم، تنگ شده بود. هرگاه من و پدر از سفری به اصفهان برمی‌گشتیم، چشمان بابا تقی می‌رقصیدند، و درخشان می‌شدند. بابا همیشه با دیدن من می‌گفت: «ببم چشم دلم روشن!» و آنچه در توان داشت برای خوشحال کردنم انجام می‌داد.

بعد از سپری شدن چند روز و ندیدن پسر دائی مادرم، کم کم داشتم آرام می‌گرفتم و دلم کمتر بهانه‌اش را می‌گرفت که ناگهان روزی کمی دورتر از مسیر راهم به سوی مدرسه، آن قد و بالای آشنا را دیدم و قلبم پائین ریخت و بدنم سرد و گرم شد. امّا او تا مرا دید راهش را گرفت و رفت. مدّتی طول کشید تا به حال خود برگشتم. از دیدن دوباره‌اش خوشحال شده بودم، ولی در عین حال از رفتارش، گیج و مبهوت و نسبت به او مشکوک بودم.

از آن روز به بعد چند باری او را دور و بر مدرسه‌ام دیدم. هر بار احساسی مثل برق گرفتگی به من دست می‌داد. امّا او راهش را می‌گرفت و می‌رفت و وانمود می‌کرد که من را ندیده است. در دلم می‌گفتم: «من

اینجا هستم چرا من را نمیبینند؟» و ناراحت و پکر به خانه می‌رفتم. و دوباره روز از نو روزی از نو. این دیدارها در خانه و در نزدیکی مدرسه تکرار می‌شد. فهمیدم که او برای دیدن دختر ارمک پوشی[۴] می‌آید، وگرنه دور و بر یک مدرسه دخترانه که کار دیگری ندارد. با خود فکر می‌کردم: «شاید برای من نباشد». موریانهٔ حسادت درونم دوباره شروع کرد به زمزمه کردن. دیگر کمتر در خانهٔ دائی عزیز او را می‌دیدم و بیشتر سر و کله‌اش دور و بر مدرسه‌ام پیدا می‌شد. چه حال و هوای خوبی داشت... آن دوران و آن احساسِ من، که در آن حال و هوا تجربه‌اش کردم، و بعدها در جائی و مکانی دیگر، هرگز پیدا نکردم که نکردم.

کم کم هر بار که در دور و بر مدرسه می‌دیدمش، قبل از اینکه به راه خودش برود، لحظه‌ای بیشتر صبر می‌کرد، و این پا و آن پا می‌کرد تا اینکه بالاخره روزی او را قدم زنان در کنار خود احساس کردم. صورتم گر گرفته بود. قلبم با صدایی بلند از سینه‌ام بیرون می‌زد و صدایش را اگر رهگذری نمی‌شنید، خودم به وضوح می‌شنیدم. به آرامی سلامی کرد و کاغذی را در دستم گذاشت و بعد سریع راهش را گرفت و رفت. تا زمانی که به خانه نرسیده بودم، جرأت باز کردن آن کاغذ را نداشتم. وقتی که در خانه آرام گرفتم، مخفیانه به گوشهٔ دنجی پناه بردم و بازش کردم. درون کاغذ، شعری را یافتم که با خط بسیار زیبائی نوشته شده بود:

«بحریست بحر عشق، که هیچش کناره نیست

آنجا جز آنکه جان سپارند چاره نیست»[۵]

---

[۴] ارمک پوش: یونیفرم‌های دخترانه آن زمان

[۵] بیتی از غزل ۷۲ حضرت حافظ

بدون اغراق شاید بیشتر از صد بار آن را خواندم. برای فکر نوجوان، و سواد کم من، درک آن سروده مشکل بود، ولی با این وجود، آن شعر، آن خط، و آن کاغذ، برای من یک گنج شده بود که آن را با وسواس در آستین پالتوی خود، پنهانش می‌کردم و هر از گاهی، دزدانه دوباره باز کرده و می‌خواندمش. چند روز بعد، باز کاغذ دیگری را در دستم گذاشت. این‌بار، کاغذ تا شده، چند گلبرگ گل یاس هم دربر داشت. این اولین گلی بود که از دست یک مرد برایم چیده شده بود و از آن روز تا به امروز، گل یاس سپید ایرانی، برای من قشنگترین و خوش بو ترین گل گلستان خدا است.

می‌گویند گل، هدیه خداوند به بندگانش است. من فکر می‌کنم خداوند هم گل یاس را به عنوان یک هدیه، مخصوصا برای من انتخاب کرده است. هر کجا زندگی کرده‌ام بدون داشتن یک یا چند گلدان از این گل نبوده است. اصلاً بویش با بوی تن من سازگار است. گل‌های یاس درون نامه را بارها بوئیدم، و نامه دوّم را هم دوباره در اولین فرصت در خلوت و تنهائی خود باز کردم و شعری دیگر در آن یافتم:

«پری رخی به شکر خند قتل مردم کـــرد

چو گفتمش که مرا هم بکش، تبسم کرد»

گل‌ها را آرام در کتابی پنهان کردم و این نوشته دوم را هم در آستین دیگر پالتویم پنهانش کردم. حالا من ثروتمند ترین دختر مدرسه و فامیل بودم و صاحب دو گنجینهٔ گران‌بها.

البته بیشتر از پنج دهه از آن دوران گذشته است و من دیگر آن نوشته‌هایی که از دید نوجوانی من، «زرنوشته» بودند، را ندارم ولی خاطره

آنها را مثل دو دانه مروارید سفید، اصیل، و غلطان در گوشهٔ قلبم حفظ کرده‌ام.

در بین همه جواهرات و سنگ‌های قیمتی، من دلبسته مروارید هستم و همیشه یک یا دو رشته زینت بخش گردن و لباس‌های من است، و برای اینکه خواهر و دخترم را هم به این جواهر پراصالت علاقمند کنم، به هر کدام رشته‌ای هدیه کرده‌ام و دو رشته هم برای نوه‌های زیبایم نگهداری کرده‌ام، و به آنها یادآوری می‌کنم که مروارید سپید، ملکه جواهرات است و زینت بخش تاج و گردن شهبانوهای جهان. برای من خاطرات آن عشق نوجوانی و آن اشعار، همانند مرواریدهای زیبایی، ملکهٔ خاطراتم هستند.

پس از آن نامهٔ دوم، هر بار که در دور و بر مدرسه به دیدارم می‌آمد، مدّتی با من راه می‌رفت. آرام، آرام بین ما قدم‌ها سست‌تر ، و فاصله‌ها کمتر و کمتر می‌شد و سرانجام روزی آمد که دوش به دوش هم، راه می‌رفتیم و خیلی ساکت و آرام مسافتی را در سکوت طی می‌کردیم. صادقانه بگویم، هرگز نتوانسته‌ام آن خاطرات اولین حس عشق را فراموش کنم. برای فراموش کردن اولین جرقهٔ بلوغ، یک عمر هم کم است. درست مثل چسب سریش وارد سیستم جسمی و روحی و روان و قلب می‌شود. کندنی و جدا شدنی هم نیست.

دیدارهای ما در بین راه مدرسه، و گاه به گاه در خانهٔ دائی جانم بدون یک کلام، تکرار می‌شد. نگاه‌های ما پر معناتر از صد کلام بود و حرف‌های یکدیگر را به خوبی می‌فهمیدیم و اشارت چشم میان ما به خودی خود زبان عشق شده بود. یک شب که همگی به طور فامیلی در اطراف دروازه قرآن، در میان ازدحام مردم قدم میزدیم تا جائی برای نشستن و پهن کردن

قالیچه، و بساط کاهو سرکه[۶]، چای، شیرینی و آجیل، پیدا شود، که بتوانیم بنشینیم و مثل دیگر شیرازی‌ها از هوای خوب، و در کنار هم سرشار از لذت شویم، ناگهان برخورد دستش را به دست خود احساس کردم. گویی یک رشته برق از زمین و آسمان مرا لرزاند. چگونه قلبم از کار نایستاد، و زنده ماندم، در شگفتم. در یک آن، برخورد یک دست به دست من، رخوت و بیحسی را به بدن ظریف و نازک نوجوان من هدیه داده بود. زبانم به طور کامل بند آمده بود، و احتمال می‌دهم که رنگم هم پریده بود. شاید لمس دستانمان تنها لحظه‌ای بیشتر طول نکشیده بود، امّا همان یک لحظه، منجر به انفجار یک کوه آتش‌فشان در قلب من شده بود و احساسی زنانه را در تک تک سلول‌های بدنم شکوفا کرده بود، و دنیای کودکی‌ام به یکباره به دنیای جوانی تبدیل شده بود. حسی بود که برای اولین بار تجربه‌اش کرده بودم. نگاهش در تمام شب به طور دزدانه به صورت و دست‌های من بود. شاید برای او هم تجربه‌ای جدید بود. آن شب دستم را با آب هم خیس نکردم چون بوی خوشی داشت. بوی عشق و شمیم خوش گل یاس.

دلبستگی هر دو ما شدید شده بود. به خاطر آن تماس دستانمان، تصور می‌کردم همه به رازم پی برده‌اند، و رسوا شده‌ام. برای چند روزی او را ندیدم. به مدرسه می‌رفتم ولی فقط جسمم در کلاس درس حاضر بود و روحم در کوچه پس کوچه‌های اطراف مدرسه پرسه میزد. روز سوم دوری و بیتابی من بود که در زنگ آخر دل به دریا زدم و با پای پیاده مسافتی طولانی را طی کردم و به آرامگاه مادرم رفتم.

[۶] کاهو سرکه: خوراکی سالم و خوشمزه که در استان فارس بسیار معمول است، و در مجالس غیر رسمی صرف می‌شود.

من رابطه خوبی با مادرم، و خاطره مادرم نداشتم و حتّی برایش گریه هم نمی‌کردم. از او دلخور و عصبانی بودم و نمی‌توانستم او را به خاطر کاری که کرده بود ببخشم. ولی از آنجائی که در آن روزها کسی را نداشتم که محرم رازم باشد، و واقعاً احتیاج داشتم با کسی صحبت کنم و به این گناه که پسری دستم را گرفت و من هم اعتراضی نکردم، اعتراف کنم. کسی به جز مادر به فکرم نرسید. می‌رفتم تا آنچه در سینه داشتم برایش بیرون بریزم و به او بگویم: «من این پسر دائی‌ات را مثل بقیهٔ دوستان دائی عزیز، و جوان‌های فامیل نمی‌بینم. او برای من تافته جدا بافته‌ای شده است».

هوا گرم بود و من تنها و دل شکسته. تازه به سر خاک رسیده بودم که به ناگهان صدای پائی شنیدم و پسر دائی مادرم را در کنارم نشسته دیدم. هنوز آن لحظهٔ معجزه‌آسا را به یاد دارم. او از دل من خبر نداشت، که برای صحبت در مورد او با یک سنگ و چند نوشته بر رویش، و همدم شدن با آرامگاه افتخارالملوک بیست و یک ساله بدین جا آمده‌ام. شاید او هم دلش برای من تنگ شده بود، و آمده بود از مادرم مرا خواستگاری کند، و بگوید من دخترت را دوست دارم و میخواهم دامادت شوم. من که در دل او نبودم، ولی به طور ناخودآگاه سرم را برای اولین بار بر روی شانه‌اش دیدم. دیدار ما این بار طولانی‌تر شد. تازه متوجّه شده بودم که لبخند قشنگی دارد، و موقع حرف زدن، گاهی با زبانش لب پائینی‌اش را کمی خیس می‌کند. و با اینکه این عادت همیشگی او بود، انگار بار اولی بود که می‌دیدم.

برای اولین بار توانستم چشمان درشتش که مثل دو الماس درخشان بودند را، درست و حسابی ببینم. برای مدّتی طولانی همان دستی را که چند شب پیش لمس کرده بود، در دست گرفت و سپس دست دیگرم را هم در

میان دو دستش گرفت. شاید می‌خواست تلافی آن شب را در آورد و دست دیگرم را هم از مهرش و بوی عطر یاسش بی‌نصیب نگذارد. آرام همانطور که روبرویم ایستاده بود و دو دستم در میان هر دو دستش بود گفت: «تو تنها نیستی که مادر نداری. من هم مادر ندارم». صامت و مبهوت نگاهش کردم. تازه به راز غمش، در چشمان سیاهش، و چهرهٔ رنگ پریدهٔ جذابش پی می‌بردم. سرم را بر روی شانه مردانه و پرمهرش گذاشت و من به خوبی ضربان تند قلبش را حس می‌کردم. در آنجا عشقش را به من اعتراف کرد، و اظهار کرد که بالاخره روزی با من ازدواج خواهد کرد. دانستن این موضوع از زبان خودش برایم بسیار شیرین بود. تمام مدّتی را که در کنار آرامگاه مادر، که غرق در نرگس خودرو بود، با آن جوان گذراندم، و دیگر فرصت درد دل کردن با مادرم را پیدا نکردم. فقط در آخرین لحظه به مادرم گفتم: «من روزی با پسر دائی‌ات ازدواج می‌کنم و برایش دو پسر و یک دختر به دنیا می‌آورم. ولی حیف که تو نیستی که کمکم کنی آنها را بزرگ کنیم. تازه پسردائی‌ات هم که مادر ندارد. بیچاره بچه‌های ما که مادربزرگی نخواهند داشت که آنها را لوس کند. آنها خیلی تنها خواهند بود. مثل خود من. باز خوب است که پدرشان خواهر و برادری دارد که برایشان عمو و عمّه بشوند. از طرف من که بی کس و کار هستند». و سپس با پسر دائی مادرم به طرف خانه به راه افتادیم، و او پس از مدّتی، پس از خداحافظی از من، راهش را به سوی دیگری کج کرد و رفت. این حس دوست داشتن، هم به من احساس سبکی و بال در آوردن می‌داد، و هم برای قلب و تن نوجوان من بسیار سنگین بود. با این حال، خیالبافی در مورد آینده‌ام در کنار او، در تمام طول راه خانه فکرم را مشغول کرده بود.

افکاری که من در آن روز مهم زندگی‌ام داشتم این بود که روزی همه چیز به خوبی و خوشی همانطور که من می‌خواهم انجام خواهد یافت. چیز دیگری به عقلم نمی‌رسید. فکر می‌کردم دنیا هم مثل پدرم رفتار پدرانه‌ای با من دارد و هرچه میخواهم بر یک سینی نقره‌ای می‌گذارد و دودستی تقدیمم می‌کند. امّا همانطور که بابا تقی همیشه می‌گفت: «وقتی یک سیب از درخت می‌افتد، هزار چرخ می‌خورد تا به زمین برسد».

به هر حال پیش خود فکر می‌کردم که مرحله جدیدی از زندگی‌ام شروع شده است، و در همین خیال بودم که سیلی بسیار سنگین دائی عزیز به صورتم، هوش از سرم پراند. گویا یک فرد فضول مرا با پسر دائی با هم دیده بود، و به دائی عزیز اطلاع رسانی کرده بود، و به همین دلیل او هم به محض ورودم به خانه، با یک سیلی محکم به استقبالم آمد.

این اولین باری نبود که درد تو گوشی خوردن را تجربه می‌کردم. اگر به یاد داشته باشید، قبلاً در کودکی، دوست کوچکم، فاطمه هم صورتم را به یک سیلی آراسته بود ولی اینبار شخصی بدون اجازهٔ پدر مرا زده بود. دفعهٔ قبل سیلی اول را من به فاطمه زده بودم، و او به دستور پدرم تلافی کرده بود. اینبار خیلی فرق داشت. تنها احساس درد صورتم نبود که مرا آزار می‌داد. احساس می‌کردم به من بی‌احترامی شده است، و کوچک شده‌ام. دیگر حتّی با وجود بودن پسر دائی هم دلم می‌خواست هرچه زودتر به پیش خانواده پدری‌ام برگردم. من در شیراز چرخ پنجم درشکه هم نبودم ولی در اصفهان و پیش خانواده پدرم اصلاً خود درشکه بودم. در کنار پدر و خانوادهٔ پدری، کسی به خود اجازه نمی‌داد که هرگز دستی بر روی من بلند کند. برعکس بابا تقی همیشه خودش را سپر بلای من

می‌کرد. وقتی با چون و چراهای عمّه خانم روبرو می‌شدم، که چرا تند حرف می‌زنی، و یا خوراکت را آرام نمی‌خوری، و یا چرا اتاقت را مرتب نکرده‌ای، بابا تقی کارهایم را توجیه می‌کرد و منجی‌ام می‌شد. یا اینکه پناه برخدا، اگر به خاطر جویدن آدامسی که عمّه جان ناگهان با چشمان تیزش دیده بود (که از نظرش گناهی غیر قابل بخشش بود)، مورد مؤاخذه قرار می‌گرفتم، این بابای پیر و مهربانم بود که تقصیر را به گردن می‌گرفت و می‌گفت: «این دختر بی‌گناه که خودش آدامس نخریده؛ من این سقز[٧] را خریدم و به او دادم شما ببخشید» و بیشتر مواقع عمّه جان عزیزم که مثل فرزند خودش مرا دوست داشت، با لبخند نیمه تمام به او می‌گفت: «بابا احترامت به جا ولی دفعهٔ آخرت باشد» و به اتاق خود برمی‌گشت و من و بابا تقی با یکدیگر می‌خندیدیم و خطر را رفع شده می‌دانستیم. هرگز در اصفهان تنبیه بدنی، چه سیلی، چه هر نوع دیگری در کار نبود. مسلماً اگر مادرم زنده بود، حتماً دمار از روزگار برادرش در می‌آورد. هرگز کسی جرأت ندارد به بچه‌هایی که مادر و پدرشان را در کنار خود دارند، کتک بزنند. نه. شیراز دیگر جای من نبود.

منصفانه بگویم که در تمام این مدّتی که من مهمان دائی و خانم پرمهرش، و دائی کوچکم، عزیز خان، و مادر بزرگم بودم، جز مهر و محبّت و عشق کلامی نشنیدم. و واقعاً یکی از افراد خانواده که بی‌نهایت دوستم داشت همان دائی جانی بود که این سیلی را از روی مهرش به صورتم زد، و خودش در تمام عمر نادم و پشیمان بود. ولی با این وجود در آن زمان، آن سیلی را توهین بزرگی نسبت به شخصیت خود می‌دیدم و بعد از آن،

---

[٧] سقز: صمغ درخت بنه که از آن آدامس طبیعی درست می‌کردند.

دلم بدجوری هوای خانه پدرم را کرده بود.

در زندگی گاهی حقایق محض، در مقابل چشمان انسان پنهان می‌شوند. در مورد من هم این واقعیت صدق می‌کرد. تازه متوجّه شده بودم که من در اینجا مهمان هستم و این خانه، خانهٔ من نیست. با همهٔ مهر خانوادهٔ مادری‌ام، سقف این خانه، سقف خانه پدری‌ام نبود. باید می‌رفتم. با خود نقشه می‌کشیدم که دیگر بهانه برای نرفتن را کنار می‌گذارم، و در اولین فرصت به پدر خواهم گفت که می‌خواهم به پیش او برگردم. البته از سیلی هم حرفی نخواهم زد. اگر بوئی ببرد که کسی دستی به روی من بلند کرده است، دیگر نمی‌گذارد روزی روزگاری بتوانم این عزیزانم را ببینم. و من چقدر دلم برای آنها، به خصوص برای پسر دائی مادرم، تنگ خواهد شد.

هر بار که به یاد می‌آوردم که با بازگشت به سوی پدر، دیگر ممکن است تا مدّت‌ها پسر دائی را نبینم، دلم می‌گرفت و آن تصمیم سفت و محکمم برای برگشت به اصفهان، سست می‌شد. اینکه چه تصمیمی داشتم و در چه حال و هوائی به سر می‌بردم، دیگر اهمیتی هم نداشت چراکه زودتر از خواست خودم، و قبل از اینکه کاملاً آماده رفتن باشم، یک تلگراف به دستم رسید به مبنای اینکه پدر هفتهٔ آینده برای بردن من خواهد آمد. نمی‌دانستم باید خوشحال باشم یا غمگین. بر سر دوراهی سختی قرار گرفته بودم ولی در حقیقت انتخاب راه در دست من نبود و باید تسلیم تصمیم پدر می‌شدم. تمام هفته را بیشتر در کنار بی‌بی بزرگ به سر بردم که اشک چشمش را با چارقد سفید حریرش پاک می‌کرد، و قبل از اینکه از پیشش بروم برایم اظهار دلتنگی میکرد. شاید می‌دانست که برای مدّتها مرا نخواهد دید. بقیه افراد فامیل هم خوشحال نبودند، ولی سعی می‌کردند در کنارم

شاد باشند تا من خاطرات خوبی را از این دو سال بودن در کنار خانوادهٔ مادری‌ام با خود ببرم.

خانوادهٔ مادری‌ام با هر خانواده‌ای که در طول عمر خود دیده‌ام، فرق می‌کنند. با اینکه گذشته‌ای پر افتخار، و خانواده‌ای اصیل دارند، متکبّر نیستند. آنها افرادی بسیار خونگرم و مهربان و با گذشت هستند، و از جان و دل آنچه بتوانند برای هر کسی، چه از خود و چه از غیر، انجام می‌دهند.

تابستان شده بود و مدارس دو هفته‌ای بود که تعطیل شده بودند. روزی که قرار بود پدر را پس از دو سال ببینم، به زودی فرا رسید. پدر را همان طور که به یاد داشتم، با وقار، در لباس زیبای افسری دیدم، و بی‌اختیار در آغوشش پریدم. انگار خودم هم نمیدانستم چقدر دلم برایش تنگ شده بود. من ندیدم، ولی دیگران گفتند که در چشمان پدرم اشک فراوان دیده بودند. تا مرا دید، گفت: «چه بزرگ و زیبا شده‌ای. مثل اینکه خیلی خوش گذشته است» و با خلوص نیت از همگی تشکر کرد. آن لحظات را به خوبی به یاد دارم. بین پدر و مادر بزرگ و بقیه افراد فامیل، درگیر احساساتی ضد و نقیض شده بودم. مشتاق دوباره دیدن بابا تقی و بودن در کنار پدر عزیزم بودم، و با این حال، دل کندن از آن همه افرادی که بسیار دوستشان داشتم برایم مشکل بود. در آن زمان‌ها رفتن به هتل رسم نبود. شب را همگی همانجا در خانه دائی بزرگم به صبح رساندیم، و بعد از صبحانه، پدر روی به من کرد و گفت: «وسایلت را جمع کن، و مطمئن باش چیزی را فراموش نکنی، که فردا رفع زحمت می‌کنیم». اطاعت کردم و با قلبی گرفته آمادهٔ رفتن شدم. فردای آن روز، زمانی که دیگر بساط سفر را پیچیده بودیم و آماده خداحافظی بودم، پدر گفت: «یک ساعتی

بیشتر اینجا بمان برای کاری باید بروم و برگردم». بعدها فهمیدم برای دیدن مزار مادرم رفته بود و موقع برگشت عینک دودی به چشم داشت و قیافه‌ای خسته و غمگین. پدر همیشه تنها به سر خاک مادرم می‌رفت. خوب می‌دانم که او هم دلش برای مادرم بسیار تنگ می‌شد و نبودش را همواره احساس می‌کرد.

پس از برگشت پدر، خداحافظی در محیطی حزن انگیز به پایان رسید و با اشک چشم، سفر من به سوی اصفهان آغاز شد. در طول مدّت طی کردن مسیر طولانی از شیراز تا اصفهان، بین ما تقریباً سکوتی کامل برقرار بود. سکوت من بیشتر به خاطر فرو دادن بغضی بود که از دلتنگی برای پسر دائی در گلو داشتم. چند روزی پسر دائی را ندیده بودم، و فرصت خداحافظی را هم، این سفر ناگهانی از من گرفته بود. هرگز نفهمیدم او وقتی فهمید من دیگر در دسترس نگاهش نیستم، و دختر محبوبش که در هر فرصت گل یاس بر سر و رویش می‌ریخت، دیگر در شهر اصفهان نفس می‌کشد، چه احساسی داشت. نمی‌دانم، ولی مطمئن هستم او هم دچار افسردگی و کمبود عاطفی شده بود.

سال‌ها بعد در یک تصویر خانوادگی عکسش را دیدم، امّا نشناختمش. هیچکس در آن تصویر دسته جمعی خال سیاهی نداشت. وقتی کسی به من گفت که او کیست، باورم نمیشد. کمی از آن حالت جوانی بیرون آمده بود. به دنبال خال گوشهٔ لب می‌گشتم. گویا خالش را عمل کرده بود. پس از کمی پرس و جو فهمیدم پزشک بسیار موفقی شده است. ازدواج کرده، و دارای فرزندی هم می‌باشد. دلم برای آن خال سوخت. یعنی حتّی به نوعی احساس دلتنگی کردم. آخر آن خال سیاه، وجهه امتیازش با دیگران

بود. در دلم به آن جراح صد لعنت فرستادم چون قسمت مهمّی از خاطرات جوانی من را پاک کرده بود. گویی که برای من، بدون آن خال، دیگر خودش نبود. ولی خب به من چه ربطی دارد؟ به قول بابا تقی، «صلاح مملکت خویش خسروان دانند». این هم یکی از تکیه کلام‌های بابا بود، که معمولاً با دلخوری، زمانی که کسی پیشنهادی که داده بود را رد کرده بود، بیان میکرد.

یکی از خصوصیات بابا تقی این بود که خودش را در بین سایر خدمتکاران نزدیک و دور آدم مهمّی می‌دانست. موقع راه رفتن و به خصوص زمان تشر زدن و ایراد گرفتن به دیگر همکارانش تند و سریع حرف می‌زد و می‌گفت: «دو باره تکرار نمی‌کنم!». برای بابا، مهم ترین شهر ایرن، اصفهان بود، مهم‌ترین خانواده اصفهان خانواده انصاری بود، و خودش هم که مهم‌ترین خدمتکار خانواده بود. یادش به خیر.

همانطور که می‌گفتم، از اینکه نتوانسته بودم با پسر دائی خداحافظی کنم اندوهگین بودم، و از آنجائی که می‌دانستم او هم مرا دوست داشت، مطمئن بودم او هم حال بهتری از من ندارد. ولی هیچ کدام چاره‌ای نداشتیم. هنوز جوان تر از آن بودیم که بتوانیم خود برای زندگی خود تصمیم گیرنده باشیم و من با هر گردش چرخ ماشین، از زندگی گذشته و آن دو سال فراموش نشدنی، دورتر و دورتر میشدم، و در قلبم می‌گریستم. پدر متوجّه ناراحتی من شده بود، و گاه به‌گاه دستی به روی موهایم می‌کشید، امّا حرفی نمی‌زد و سوالی هم نمی‌کرد. احساس می‌کردم نیمی از تن خود را در شهر شیراز جای گذاشته بودم، و نیمی دیگر را در شهر اصفهان. در بین راه، برای رفع خستگی و گرسنگی، در یک قهوه خانه

توقف کردیم و ساعتی را در روی یک تخت چوبی فرش شده بر روی یک نهر آب، به استراحت پرداختیم. دور شدن از شیراز برایم آسان نبود، امّا بازگشتن به اصفهان هم برایم خالی از شوق نبود. پس از کمی استراحت، دوباره به طرف اصفهان به راه افتادیم و پس از چند ساعت بالاخره دوباره به شهر اوّلم، اصفهان، بازگشتیم.

با دیدن من، بابا تقی بیشتر از دیگران خوشحال شد و با «بَبَم آمد، بَبَم آمد» خانه را روی سرش گرفت، و مهلتی به عمّه جان و عموهای عزیزم برای استقبال از ما نمی‌داد. در شیراز با گریه بدرقه شدم، و در اصفهان با خوشحالی فراوان پیشواز.

همیشه شهر اصفهان، این شهر بزرگ و پر عظمت را دوست داشته‌ام، و برای من، اصفهان نیمی از جهان نبود، بلکه خود جهان بود. ولی حالا دیگر کمی بزرگتر شده بودم. احساسات جدیدی را تجربه کرده بودم، و به افراد و خانوادهٔ دیگری خو گرفته بودم، و حالا دلم برای آن احساسات و آن دید و بازدیدهای خانوادگی، و دیدارهای یواشکی من و پسر دائی در راه مدرسه لک زده بود. از دید من، شیراز دیگر پشت کوه قاف بود و حتّی سیمرغ هم دیگر به آنجا دسترسی نداشت.

پس از یک هفته بودن در اصفهان، پدر برای ادامهٔ مأموریتش به تهران بازگشت، و من نزد عمّه جانم ماندم. دیگر نه کودک بودم که با عروسک، و با دوستانم خاله بازی کنم، و نه آنقدر بزرگ که خودم تصمیم گیرنده زندگی خود باشم. در یک برزخ سنی قرار گرفته بودم. احساس می‌کردم که من در این جهان بزرگ، قرار است با آوارگی روحی و جسمی خو بگیرم. از کودکی اول در اصفهان، بعد در نزد خانواده مادر، بعد دوباره با

پدر در سفرهای متعدّد، سپس دو سال با خانواده مادر، و حالا باز زندگی را در کنار خانوادهٔ پدری، و پیش عمّه خانم سپری می‌کردم، و از آنجائی که هنوز دلتنگ شیراز و به خصوص پسر دائی بودم، سختگیری‌های عمّه جان بیشتر به نظرم سخت می‌آمد.

خدا را شکر که بابا تقی را در کنار خود داشتم. مثل همیشه، او بیشتر از بقیه، از چهرهٔ من حال مرا می‌فهمید و از دور و نزدیک هوای مرا داشت، و هر وقت هم در حیاط بزرگ و پر از گل و ریحان عمو جان تنها می‌نشستم، آرام پهلویم می‌نشست و بدون حرف زدن در کنارم بود. می‌خواست بدانم که تنها نیستم و اگر حرف و درد دلی دارم، او هم گوش شنوا و دهان قرصی دارد. ولی من دردم را در کنج دل خود پنهان نگاه داشته بودم، و این سِر خصوصی پسر دائی و غم دوری‌اش را، به تنهائی تحمل می‌کردم. با پایان تابستان، و شروع سال تحصیلی، بابا تقی من را به تهران، به پیش پدر برد. خانه کوچک و قشنگی در خیابان نادری جایگاه زندگی پدرم بود که به نظرم بسیار زیبا و آرام آمد. از آن رفت و آمد، و شلوغی خانهٔ دائی جان که همیشه دری باز برای مهمانان خوانده و ناخوانده داشت، خبری نبود. به اندازه خانهٔ اصفهانمان هم بزرگ و پر زرق و برق نبود، و فضای بسیار سنتی اجدادی عمّه و عمویم را هم نداشت. پدر به اندازهٔ عمّه خانم مقرراتی و سختگیر نبود، و من احساس می‌کردم که برای نفس کشیدن جای بیشتری را در تهران و در پیش پدر داشتم و به همین دلیل احساس راحتی بیشتری می‌کردم. یک ژاندارم، وظیفهٔ رانندگی، خرید، و بردن من به مدرسه را به عهده داشت و عمّه خانم هم، خدمتکاری به نام حمیده خانم را، که از قبل با او آشنایی داشتم، از اصفهان

برای همراهی و مواظبت از ما فرستاده بود.

یک زندگی معمولی و خوب، که البته باعث شده بود که من در حدود هفده سالگی خانم خانه بشوم، را اینبار در تهران آغاز کرده بودیم.

من هنوز برای انجام وظایف مهمانداری، و ادارۀ خانه خیلی جوان و بی‌تجربه بودم، و کمی هم احساس می‌کردم که خیلی بیشتر از سن واقعی‌ام دارم، که مشکلات روحی فراوانی را برای من به وجود آورد. سایر دوستانم مادری در خانه داشتند که آنها را از دنیای واقعی دور نگاه می‌داشت، و من به آنها غبطه می‌خوردم. می‌گویند کسی را که نمی‌توانی بکشی، زخمی نکن. از دورانی که توانستم خوب و بد را تشخیص دهم، به خاطر بی‌مادری زخمی شده بودم. من هنوز هم به مادر نیاز داشتم مثل کودکی که به در تاریکی به چراغی نیاز دارد.

در روزهای اول، بابا تقی در کنارم بود، که در آن مدّت، کارهای اولیه را به من یاد داد و گفت: «می‌دانم خودت بلدی ولی من هم باز می‌گویم شاید چیزی را فراموش کرده باشی». جواب دادم: «هندوانه زیر بغل من نگذار». خندید و گفت: «از کجا این ضرب‌المثل اصفهانی را بلدی؟» جواب دادم: «از خودت یاد گرفته‌ام». قیافه‌ای جدی به خود گرفت و متفکرانه گفت: «یادم نمی‌آید. دیگر دارم پیر می‌شوم». بابای پیر ما هر مثالی را که بیان می‌کرد، آن را به اصفهان ربط می‌داد. اگر قدرت داشت، می‌گفت حافظ و سعدی هم حتّی متعلق به اصفهان، و اصلاً اصفهانی بوده‌اند. ولی روزگار آنها را در شیراز سکنی داده بود، که در همان شهر هم به خواب ابدی فرو رفته‌اند.

بالاخره بابا تقی هم هفته‌ای ماند، و ما را به امان خدا سپرد و رفت.

ولی قبل از رفتن، سعی خود را کرد که ما را با خود به اصفهان برگرداند. مدام به پدر می‌گفت: «آقا سرهنگ، تهران که جای زندگی نیست. خدمت دیگر بس است. دست ببم را بگیرید و بیائید به شهر خودمان. آدم در اینجا غریب و بیکس است. آنجا وقتی از خانه بیرون می‌روم، همه کاسب‌ها من را می‌شناسند و سلام و علیک داریم. در این شهر کسی جواب سلام آدم را هم نمی‌دهد. ببخشید ببخشید، ولی آخر در تهران خر هم صاحب خودش را نمی‌شـناسد! آدم، اینجا مثل یک پر کاه در یک دریا می‌ماند. حیف نیست عمرتان را در غربت بگذرانید؟». پدر مدّتی فکر کرد، و بالاخره روزی جواب داد: «بابا خودم هم در همین فکر هستم. به خصوص دخترم بزرگ شده و باید در بین خانواده باشد». و با این پاسخ، بابا را خوشحال، و او را با یک پاکت پول به عنوان انعام در جیبش، روانهٔ ایستگاه اتوبوس به سوی شهر زیبای زاینده رود کرد. تا مدّتها جایش برای من بسیار خالی بود و دلم بسیار برایش تنگ می‌شد.

در تهران، در مدرسه نوربخش برای کلاس نهم دبیرستان ثبت نام کردم. یکی از بهترین مدارس پایتخت بود و من این مدرسه را به خوبی به یاد دارم. رشته طبیعی را برای دبیرستان انتخاب کرده بودم، و وظیفه تدریس درس طبیعی بر عهده خانم دکتر فرخ رو پارسا[8]، نازنین بانویی وطن پرست بود. بسیار جدی بود و جذبه به خصوصی داشت. روحش شاد. با رفتن به مدرسه و پیدا کردن دوستانی جدید، کمی از گذشته‌ام فاصله گرفتم. دوباره،

---

[8] خانم فرخ رو پارسا اولین زنی بود که در ایران به رتبه وزارت رسید. او در دوره نخست وزیری هویدا، به عنوان اولین وزیر زن ایران، به پست وزارت آموزش و پرورش منصوب شد، و در دوران بعد از انقلاب بازداشت و بعد تیرباران شد.

شده بودم همان دختری که قبلاً بودم. شاید دوستان تهرانی‌ام به گرمی و با محبّتی دوستان شیرازی‌ام نبودند، امّا من دوباره صاحب همان اختیارات قبلی، در کنار پدر بودم. با این حال، هنوز هم در نهایت، دلتنگ شیرازی‌ها، و به خصوص پسر دائی مادرم بودم، و دیگر توجّهی به جوانان اطراف نداشتم. اصلاً هیچ کس نظرم را به خود جلب نمی‌کرد.

البته ما در تهران آنقدرها هم تنها نبودیم. چند نفر از خانواده پدری‌ام در تهران زندگی می‌کردند که همه دارای نفوذ و اعتبار بودند و من دو چهره را از مهمانی‌های آن زمان به یاد می‌آورم. یکی آقای دکتر علی امینی نخست وزیر وقت بود و یکی دیگر آقای داریوش فروهر با قدی بسیار بلند، دارای قیافه‌ای جذاب و آن سبیل معروفش بود. مادر او، خانم اقدس الملوک انصاری، از بستگان نزدیک پدرم بود ولی پدرش یک سرهنگ کرد بود. البته داریوش به خاطر عقاید سیاسی‌اش بیشتر در زندان بود. او تنها فرد خانوادهٔ پدری‌ام بود که سر ناسازگاری با حکومت سلطنتی داشت، و در عاقبت، هم خودش، و هم همسر نازنینش، پروانه، جان خود را در راه عقاید سیاسی خود، پس از انقلاب، و در جریان قتل‌های زنجیره‌ای، به طرز فجیعی به دست عوامل وزارت اطلاعات جمهوری اسلامی، به قتل رسیدند. روحشان شاد.

هنوز مدتی از بودنمان در تهران نگذشته بود، که مطلع شدم دائی عزیز برای امتحان کنکور دارد به تهران می‌آید. از این خبر بسیار خوشنود شدم. زمانی که به تهران آمد، در خانه ما مستقر شد. در همان لحظات اول که از دیدن دائی‌ام خوشحال و شاد بودم، یکباره مرا از حضور پسر دائی مادرم، به همراه برادر کوچکترش در تهران نیز آگاه کرد. میخکوب ایستادم، و به

بوسه‌هایم بر سر و صورتش پایان دادم و برای یکی دو روز، شب و روزم با هم یکسان شده بود، و اشتهایم را به کلی از دست داده بودم، و سرانجام یک روز که برای صرف ناهار هر دو به خانه ما دعوت شده بودند، همان صورت جذاب و رنگ پریده و آراسته را در مقابل چشمانم دیدم. دست و پایم را گم کرده بودم. با او احساس غریبی می‌کردم و انگار دیگر او، آن جوانی که من می‌شناختم نبود. بعد از چند دیدار، امّا، دوباره شدیم همان که بودیم، و من در دل خود دعا دعا می‌کردم در کنکور تهران هم او، و هم دائی عزیزم هر دو قبول شوند، که بهانه‌ای خوب برای دیدنش به دست آوردم. امّا این دعای من اجابت نشد و به صورت آرزو و امید، خیلی زود به دست فراموشی سپرده شد، چراکه در این حیث و بیث، پدر تصمیم گرفته بود در سن نسبتاً جوانی که داشت، آینده شغلی خود را کنار گذاشته و تقاضای بازنشستگی کند. در آن زمان متوجّه نبودم که پدر همهٔ این از خود گذشتگی‌ها را به خاطر من می‌کرد و شاید کمی از دستش به خاطر اینکه دوباره مرا از پسر دائی دور کرده بود، دلگیر بودم. به هر صورت ما دوباره آماده سفر شده بودیم و عازم یک شهر آشنای دیگر، مدرسه‌ای دیگر، دوستانی دیگر.

اینگونه بود که من دوباره، خودم را به خدا سپردم و به همراه پدر، به اصفهان برگشتم.

بازگشت به اصفهان

من و پدر

پس از بازگشت به اصفهان، مدّتی را در خانه عمو و عمّه جانم زندگی کردیم. خانه به حد کافی بزرگ و جادار بود، و پدر و من اتاق‌های جداگانه‌ای برای خود داشتیم، و اگر مهمان جدیدی هم به ما اضافه می‌شد، هنوز به حد کافی جا برای استراحتش بود. پذیرائی در خانه‌ای که عمّه خانم، سرپرستش بود، همیشه کامل و پر زرق و برق بود. با این حال، از آنجائی که ماندگاری در اصفهان برای همیشه بود، پس از مدّتی، در همان «کوچه انصاری‌ها» در خیابان شیخ بهائی، خانه‌ای نه چندان بزرگ، با ذوق و سلیقه من توسط پدر خریداری شد و بدون اینکه از خانواده دور باشیم، یک زندگی جدید را این بار در خانه مستقل خودمان در اصفهان شروع کردیم، و من در حالی که هنوز فقط حمیده خانم را در کنار خود، برای رسیدگی به امور خانه داشتم، خانم خانه خودمان در اصفهان شدم.

البته هنوز هم نزدیک خانواده بودیم و مرتب دور هم جمع‌مان جمع بود، و در همان خانه بود که پس از مدّتی، سفره عقد من چیده شد و من خانه پدری را ترک کردم. سال‌ها بعد، پدر همان خانه را به نام من کرد و از آن خانه رفت تا جایی دیگر بدون خاطرهٔ من زندگی کند.

در آن دوران، زندگی در اصفهان برایم شیرین‌تر و جذاب‌تر از گذشته شده بود. قیافهٔ آشنا زیادتر بود. اصفهان شهر من بود، و در آنجا بیشتر از تهران احساس آرامش می‌کردم. خاکش، آبش، و هوایش، بیشتر با بدن و روحیه من سازگاری داشت. در دبیرستان شاهدخت آذر اصفهان، برای کلاس یازدهم نام نویسی کردم. بهترین و خوش ترین دوران دبیرستان دو سالی بود که در آن مدرسه، پیش دوستان جدیدم سپری کردم. بیشتر پنجشنبه‌ها و یا جمعه‌ها را در مهمانی‌های بزرگان خانواده، که تعداد زیادی

مهمان را پذیرایی می‌کردند می‌گذراندم. به رسم آن زمان، تعداد نصرالسلطان‌ها، امین‌الدوله‌ها، فخرالسلطان‌ها[۹] در خانواده پدری‌ام بسیار بودند که در خانه‌هایی بزرگ و مجلل زندگی می‌کردند و درب خانه را برای پذیرایی باز می‌گذاشتند. بعد از ظهرها هم با تخته بازی و شوخی، ایامی خوش را با یکدیگر می‌گذراندند. من هم دختر جوانی شده بودم و سر و کله خواستگارها در خانه ما پیدا شده بود که هر یـک به نحـوی با جـواب رد پدر مواجـه می‌شدند، و جواب رد او دل مرا شاد می‌کرد چراکه من هنوز فکر می‌کردم ممکن است روزی با پسر دائی مادرم ازدواج کنم و همانطور که به مادرم وعده‌اش را داده بودم، برایش دو پسر و یک دختر به دنیا بیاورم.

پس از اینکه کلاس یازدهم را به پایان رسانده بودم، و دلتنگ از ندیدن دوستانم بودم، اغلب شب‌ها را در منزل عمویم می‌گذراندم. در خانهٔ عمویم، هر شب بساط پذیرائی از هر کس وارد می‌شد آماده بود. حیاط آب و جارو می‌شد، و بوی سنگ فرش و آجرهای دیـوار خانـه، با عطـر گل‌های فـراوان اطـراف حـوض در هم می‌پیچیدند و جان را نوازش میدادند. در آن زمان کسی منتظر دعوت نبود. در زده می‌شد و عده‌ای وارد خانه می‌شدند و مورد استقبال قرار می‌گرفتند. یک شب خوش تابستان، که همه ما در خانه عمو جان دور هم جمع بودیم، در ایوان بزرگ خانه یک قالی پهن شده بود، و یک طرف بساط منقل عمو جان گسترده شده بود، و در طرف دیگر تدارکات قلیان عمّه خانم، و سماور و سینی و

---

[۹] نصر السلطان، امین الدوله، و فخر السلطان:لقب‌هایی اشرافی و درباری بودند که از زمان قاجار در ایران باقی مانده بودند.

استکان چای و قندان. صندلی‌ها را در حیاط چیده بودند و روی میزها شیرینی و میوه قرار داده شده بود. هرگز نمی‌دانستیم چه کسی ممکن است به دیدار عمو جان بیاید. به انتظار می‌نشستیم و هر کسی که به دیدار ما می‌آمد، با فضایی پر از مهر و برکت، توأم با رعایت اصول و شئون مهمان نوازی که با کمی سختگیری توسط عمّه جانم انجام می‌شد، روبرو می-گشت. از آنجائیکه من مادری در کنار خویش نداشتم، معمولاً خواستگاران از میان فامیل و آشنایان به عمّه خانم مراجعه می‌کردند، که ایشان اگر صلاح می‌دانست، با پدر در میان می‌گذاشت، و قبل از اینکه حرف خواهر به پایان برسد، پدرم می‌گفت: «خانم نصرت خانم، جواب بدهید نه. دخترم هنوز بچه است. مثل اینکه مردم کور و یا احمق شده‌اند. از یک دختر بچه خواستگاری می‌کنند! مردی باید پیدا شود که زنش را به خودش ترجیح دهد. هر وقت چنین فرد شایسته‌ای پیدا شد، آنوقت زمانش رسیده است و دخترم می‌تواند لباس سپید عروس را به تن کند، و خانه پدری را ترک کند. تا آن روز عجله‌ای در کار نیست و باید صبر کرد. او هنوز بسیار جوان است و سرد و گرم روزگار را نچشیده.» و به شدّت دلخور می‌شد. در این شب، زنگ در خانه صدا کرد، و پس از چندی، بابا تقی برگشت و گفت: «یکی آمده و اجازه می‌خواهد داخل شود، و حامل پیامی است». گفتند: «بگو بیاید تو». مردی با بابا وارد شد، که معلوم بود خیلی هم اعتماد به نفس دارد. بعد از سلام و تعارف با غرور و سربلندی گفت: «من از طرف حضرت والا[۱۰] آمده ام که اجازه دهید هر روزی که تعیین بفرمائید، برای امر خیر خدمت برسند». پدرم ساکت بود و گوش می‌داد، ولی دو

---

[۱۰] حضرت والا: لقبی بود که به شاهزادگان دوران حکومت قاجار میدادند.

عمویم عکس‌العمل تندی از شنیدن آن حرف به خرج دادند، که معلوم بود نه تنها منتظر چنین پیشنهادی هرگز نبوده‌اند، بلکه این پیغام در واقع مثل یک توهین بوده است. یک باره عمّه جانم روی به زن عمویم کرد و گفت: «فخری خانم شما در بین ما دختر ترشیده و یا زن بیوه‌ای می‌شناسید که حضرت والا برای خواستگاری درب این خانه را زده‌اند؟» زن عمو پاسخ داد: «بلا به دور حتماً اشتباهی آمده است». سپس عمّه خانم با عصبانیت رو به بابا تقی کرد و گفت: «بابا این آقا را راهنمائی کن که برود. اینجا نه، ولی بیرون از خانه بگو برای اربابش پیغامی از طرف خانه ما ببرد، و به او بگوید توله که چاق شد انصاری‌ها لای باقلا پلو نمی‌گذارند»، و با رنگ پریده و چهره‌ای بر افروخته، شروع به زدن پک‌های محکمی به قلیان خود کرد. همگی ساکت بودیم. من که اصلاً از موضوع توله و باقلا پلو سر در نیاورده بودم. وقتی که بابا تقی پس از راهنمایی کردن آن مرد به بیرون، به پیش ما برگشت، عمو جانم لب به سخن گشود: «مردک شرم و حیا نمی‌کند. چندین زن طلاق داده و همسن پدر دختر است، حالا یک نفر را برای درخواست وقیحانه‌اش فرستاده است». عمّه خانم گفت: «درست است که دختر پل است و مردم رهگذر، ولی فهم و شعور کجا رفته؟»

بابا تقی غـرّشی کرد و گفت: «والله من تقصیری نداشـتم... اگر می‌دانستم که به داخل راهش نمی‌دادم. همان جا حسابش را کف دستش می‌گذاشتم». فهمیدم که این مرد از طرف کسی آمده بود که تقریباً همسن پدرم بود و فرزندانی همسن من داشت و فقط دو بار مرا در جلسات خانوادگی دیده بود، و قبلاً هم چند زن گرفته و طلاق داده بود. برای چند روز عصبانیت در خانواده جا خوش کرده بود، ولی کم کم زندگی به روال

معمول خود بازگشت.

با شروع آخرین سال دوره دبیرستانم، تعداد خواستگاران فزونی یافته بود. از آنجائیکه ما در یک شهر سنتی و نسبتاً مذهبی زندگی میکردیم، خانواده‌ها به سنت و آداب آباء و اجدادی خود، بسیار پایبند بودند. به خصوص در مورد انتخاب عروس و یا داماد، همهٔ جوانب را بررسی می‌کردند. برای مثال، متجانس بودن شئون خانوادگی، همطراز بودن از نظر مالی، و به خصوص خوش نام بودن و لکه‌ای بر دامان نداشتن و غیره، از قبیل نکاتی بود که قبل از خواستگاری و ازدواج بررسی می‌شد، و هزاران نکته باریکتر از مو را از ماست می‌کشیدند، و همه چیز را زیر ذره بین می‌بردند و سپس، اگر همه چیز بر وفق مراد بود، برای خواستگاری پا پیش می‌گذاشتند. دلبستگی من به پسر دائی مادرم هنوز کاملاً محو نشده بود و هنوز در ته دل اندکی بیم و امید داشتم، و هر کسی در خانه را به صدا در می‌آورد و یا تلفن می‌کرد، تنم به لرزه می‌افتاد. فقط خوشحال بودم که پدر قصد فرستادن من به خانه شوهر را نداشت، و در این مورد قوّت قلب داشتم، و خیالم راحت بود. تا اینکه پای پسر یکی از دوستان به میان آمد، که البته من قبلاً بارها او را دیده بودم و میدانستم نسبت به من علاقهٔ بسیاری دارد. ولی من اصلاً به به روی خود نمی‌آوردم. در واقع من هم دوستش داشتم، ولی نه به حدی که برای همسری و شریک یک عمر زندگی بودن او را مناسب ببینم. با این وجود، تا به خود آمدم، موافقت همه، حتّی پدرم را به چشم دیدم و دنیا بر سرم خراب شد. آنچه می‌ترسیدم بر سرم آمده بود. در یک آن، یک انگشتر خانوادگی و قدیمی را بر انگشت ظریف دست چپم احساس کردم. غریبانه نگاهش می‌کردم. باورم نمی‌شد.

آن انگشتر دستم را آزار می‌داد، انگار یک جسم بیگانه را در وجودم احساس می‌کردم. مبارک بادها شنیدم. ظرف‌های شیرینی پر و خالی شد. مثل اینکه این بار قضیه جدی بود. ناباورانه با اطراف خود نگاه می‌کردم و یک سؤال در ذهنم تکرار می‌شد: «چرا هیچکس در مورد آنچه من می‌خواهم، نظرم را جویا نمی‌شود؟ چرا کسی نمی‌پرسد که آیا من به این وصلت راضی هستم یا خیر؟» نمی‌دانستم پدر که چندین خواستگار جور و واجور، و از فرنگ برگشته، آنهم از ایل و تبار خودش را جواب کرده بود، به چه دلیل این‌بار بدون چون و چرا موافقت کرده و به جای من بله را گفته بود؟

احساس کرختی تمام وجودم را در بر گرفته بود. با بهت و حیرت در مغزم این مسئله را بالا و پائین می‌کردم، و به دنبال جوابی بودم. نمی‌دانم اگر پسردائی مادرم هم جلو آمده بود، که البته هرگز هم نیامد، پدر به همین راحتی، آسانی، و سادگی، رضایت می‌داد؟

بابا تقی همیشه می‌گفت: «هر وقت حرف شوهر کردن ببم به وسط می‌آید، آقا سرهنگ تب و لرز می‌کند. خدا عاقبت و آخر این دختر را با این پدر به خیر کند. می‌ترسم موهایش مثل دندان‌هایش سفید شود و عاقد را به چشم نبیند». پس چه شد؟ چرا این‌بار پدر به جای تب و لرز کردن به این خواستگار جواب مثبت را داد؟

به هر صورت، مراسم خواستگاری از دید اطرافیانم به خوبی، و با شادی مناسب دو خانواده انجام، و تمام شده تلقی شد، و حلقه برای چند هفته ای مثل یک مهمان ناخوانده،و یا یک مگس سمج و مزاحم بر روی انگشت من جای خوش کرده بود، و من هم به دنبال راه چاره‌ای می‌گشتم

که از دستم بیرونش کنم. البته در مدرسه دور از چشم پدر، و دیگران و شب‌ها که می‌خوابیدم، انگشترم را از دستم در آورده، و در جای امنی نگاهداری‌اش می‌کردم.

به قول پدر، نه زیبا بودم، نه خوش قد و بالا، نه ثروتمند، و نه دارای حسن و کمال. مگر دختر در شهر کم بود که مردم مرا پسند می‌کردند و نمی‌گذاشتند راحت زندگی کنم؟ ای کاش تهران مانده بودیم. برگشتنمان به اصفهان اشتباه بود.

واقعاً تا امروز نمی‌دانم به چه دلیل من این همه خواستگار داشتم. من که طالب هیچ کدام از این عزیز دردانه‌های هزار فامیل نبودم. اشتباه مردان در این است که خیال می‌کنند آنها هستند که زنان را انتخاب می‌کنند. ولی به خطا می‌روند. این زنان هستند که با یک نگاه، مرد مورد نظرشان را بر می‌گزینند و این هنر خداداد را دارند که تیر خود را به هدف بزنند، و اگر آن انتخاب منجر به عشق و ازدواج شد، البته کمتر به جدائی ختم می‌شود، و دیگر ثروت و مقام و جاه و تجمل، جای مهمی در زندگی پر از عشق و تفاهم ندارد، و دو جان در یک قالب می‌شوند.

برای نسل من، جوان‌ها شریک زندگی خود را نمی‌توانستند خودشان انتخاب کنند. این خانواده‌ها بودند که تصمیم گیرنده بودند، و هیچ اعتراضی را هم قبول نمی‌کردند، چون هر چه را بزرگترها صلاح می‌دیدند، همان می‌شد. من از این اتفاق به شدّت آزرده شده بودم. از پدرم و از بقیه افراد به خصوص بابا تقی که مرتّب ظرف‌های شیرینی را تعارف میکرد، و گاهی خودش هم یکی در دهانش می‌گذاشت دلگیر شده بودم. من که قصد ازدواج نداشتم، و تازه دبیرستان را هم تمام نکرده بودم. پس کجا

رفت آن آرزوهای پدر برای تحصیلات دانشگاهی من؟ پس آن حرف‌ها که من هنوز برای ازدواج جوان و بی‌تجربه بودم، و آسیب خواهم دید چه شد؟ من که نمی‌توانستم رک و راست در چشم پدر نگاه کنم و بگویم: «با انتخاب شما مخالفم، و با این شخص برگزیده شما آبم توی یک جوی نمی‌رود»، و از آن جوان هم واقعاً نمی‌توانستم ایرادی بگیرم، و هر چه می‌گفتم مثل بهانهٔ اینکه «ارزن روی طناب پهن است»، بود. پس چگونه می‌توانستم از این موافقت ازدواج جان خود را رها کنم؟ باید راه چاره‌ای برای نجات خود پیدا می‌کردم.

شب و روز در این باره فکر می‌کردم و سرانجام، یک شب راه فراری از این مخمصه به فکرم آمد. چاه آشپزخانه راه نجاتم بود. البته بابا تقی همیشه دور و بر آشپزخانه بود، ولی من که میانه‌ام با بابا تقی خوب بود. باید راهی پیدا می‌کردم که دور از چشم او نقشه‌ام را عملی کنم. چطور به محل حکم‌رانی بابای پیر راه یابم که دور از چشم او و عیالش باشد؟ بابا تقی بسیار به دیگران مشکوک بود. همیشه ساعت جیبی‌اش را هنگام خواب، در زیر بالشتش پنهان می‌کرد، و هر گاه که از آشپزخانه بیرون می‌آمد، از ترس اینکه مبادا کسی برود و نمک در غذایش بریزد و با غذا را خراب کند، درب را پشت سرش قفل می‌کرد. دست رسی پیدا کردن به چاه آشپزخانه به همین دلیل به نظرم مشکل می‌آمد ولی گفتم خدا بزرگ است. کمکم می‌کند. دل به دریا زدم، و مشغول نقشه کشی برای نجات از این نامزدی ناخواسته شدم.

هر دو هفته در میان، روز پنج‌شنبه، روز خوشی پدر بود. تعدادی از دوستانش و چندین نفر از افسران بازنشسته به قول خودشان همقطاران، و

یکی دو نفر از افراد فامیل و دوستان و حضرت والاهای قجری در خانه ما دور هم جمع می‌شدند. تصمیم گرفتم که زمان خوشگذرانی آن همقطاران، بهترین زمان برای اجرای نقشه‌ام است، چون از تیررس پدر دور هستم.

بالاخره آن روز پنجشنبه موعود فرا رسید، و من آماده عملی کردن نقشه‌ام شدم. وقتی به خانه آمدم هنوز خانه خلوت بود، و مقدمات پذیرائی چیده شده بود، و پدر در انتظار دیدن رفیقانش نشسته بود روزنامه می‌خواند. بابا در مطبخ بود. ورود به محل حکم رانی و قلمرو بابا تقی دل شیر می‌خواست. اگر شخصی بی اجازه وارد آشپزخانه می‌شد، و یا ایرادی از کار بابا تقی می‌گرفت، که دیگر خر بیاور و باقالی بار کن. روزگارش سیاه بود. به هر صورت، به طرف آشپزخانه به راه افتادم. فاطمه خانم با عجله مشغول شستن چند تکه لباس بود و زیر لب آهنگی زمزمه می‌کرد. تا من را دید، گفت: «عروس خانم چطوری؟» گفتم: «خوشحال.» گفت: «خدا را شکر. ماشاالله از دو سه هفته قبل بزرگتر و قشنگتر هم شده‌ای.» حلقه‌ام را نشانش دادم و گفتم: «اگر راست گفته باشی، معجزهٔ این است». سرش را به آسمان بلند کرد و گفت: «خدا را شکر! خوشبخت شوی و صاحب چند پسر». حرفی نزدم و رفتم که پدر را سلامی گفته باشم، و بروم به دنبال عملی کردن نقشه‌ام. وقتی مطمئن شدم فاطمه خانم مشغول است، و در آشپزخانه فقط دو چشم بابا من را می‌بیند، و نه چهار چشم خودش و عیالش، وارد آشپزخانه شدم. وارد که شدم، از شدّت دود چشمم جائی را نمی‌دید. همه جا را دود فرا گرفته بود به طوری که چشمان دود ندیدهٔ من شروع به سوزش و آب ریزش کردند. در آن زمان چراغ گاز

معمول نبود. خوراک‌ها را بر روی هیزم، در اجاق مطبخ تهیه می‌کردند.

سه پایه‌های کوچک و بزرگ را روی اجاق پر از هیزم یا زغال می‌گذاشتند، و دیگ‌ها را بر روی سه پایه‌ها. دیگ‌ها همه مسی و سفید کرده بودند، و آن پلوها و چلوها به خاطر جنس مرغوب آن زمان، و کره خالص به همراه زعفران درجه یک، طعم و مزه دیگری داشت که انسان از خوردنش سیر نمی‌شد. خورشت‌ها را هم روی چراغ نفتی دو فتیله تا زمانی که خوب جا می‌افتادند، و روغن می‌انداختند، طبخ میکردند. اغلب اوقات دور قابلمه‌های مسی دود زده بود و زمان زیادی برای شستن این دوده‌های سیاه لازم بود و به شدّت باعث زحمت آن زحمتکشان می‌شد. بعدها که بزرگتر و دارای زندگی مستقل شدم، بیشتر احساس دلسوزی برای این خدمتکاران داشتم. به خصوص در روزهای سرد زمستان که سوز سرما به استخوان انسان میرسید. با اینکه هر ماه به خدمتکاران حقوقی تعلق می‌گرفت، طرز کار کردن این خدمتکاران برایم یک رسم بد برده داری را تداعی می‌کرد. به همین دلیل احساسات و رفتار من در مقایسه با قدیمی‌های خانواده نسبت به زیردستانمان، تفاوت محسوسی داشت، و دلم نمی‌آمد رل رئیس را داشته باشم.

خیلی چیزهای آن زمان‌ها خوب و خیلی مسائل هم بد بود. ارباب صاحب کارگر به شمار می‌آمد، و شنیده‌ام در زمان قبل از رفتن انگلیسی‌ها از ایران، در آبادان کارگران، آنها را ارباب صدا می‌کردند. شاید به این خاطر است که من هرگز انگلیسی‌ها را دوست نداشته‌ام. از هر دری بیرونشان کرده‌اند از در و یا پنجره‌ای دیگر، و شاید حتّی از یک روزنه کوچک دوباره برگشته‌اند، و حق خود می‌دانند که در سیاست ما دخالت

کنند. انگار چشم آبی‌های انگلیسی این سرزمین اهورائی چندین هزار ساله کورش و داریوش را حق آباء و اجدادی خود تصوّر کرده‌اند. آنها در زمان امپراطوری بزرگ ما، حتّی به اندازه یک دانه شن در کویرهای زیبای ما هم نبودند. در زمان امپراطوری بزرگ کورش، و داریوش، آنها اصلاً وجود نداشتند که حالا ادعای مالکیت می‌کنند. لطمه‌ای که از آنها در طول تاریخ خورده‌ایم، آدم و حوا هم در باغ عدن از شیطان نخوردند. خداوند برای همیشه ما را از دست ابلیس و این نژاد از خود راضی که خود را مالک دنیا می‌داند دور نگاه دارد. بگذریم.

از طعم خوراک‌های آن زمان می‌گفتم. فکر نمی‌کنم بعد از نسل من، جوانان هرگز رنگ و روی آن خوردنی‌ها را به چشم دیده باشند، چه برسد به لذت بردن از طعمشان. آن روز هم بابا با دقّت مشغول پخت و پز غذاهای لذیذی برای ناهار آن شب بود.

پس از ورود به قلمرو بابا، و آب آمدن از چشمانم، بدون سلام گفتم: «بابا آمدم، دیدم نیستی، عقبت می‌گشتم». گفت: «سلام علیک. کسی به تو یاد نداده است وقتی وارد میشوی، اول به بزرگتر سلام کنی؟» گفتم: «چرا ولی از بس نگرانت شده بودم فراموش کردم. حالا سلام». نگاه غیر باورانه‌ای به من کرد و گفت: «خوب، حالا پیدایم کرده‌ای، چه کارم داری؟ باز مشکلی داری که سراغم آمده‌ای؟ دسته گلی به آب داده‌ای؟ راستش را بگو!»

گفتم: «مگر نمی‌شود دلم برایت تنگ شده باشد؟» بعد از لحظه‌ای ادامه دادم: «آمده‌ام از تو آشپزی یاد بگیرم». گفت: «اولاً تو نیست، و شما هست». گفتم: «ببخشید». گفت: «می‌خواهی در این دود و دم آشپزی یاد بگیری؟»

بعد نگاه عاقل اندر سفیهی کرد، و با خنده‌ای طعنه آمیز گفت: «آفرین، ماشاالله، بارک‌الله. آفتاب از کدام طرف در آمده امروز؟ راستش را بگو. از کدام دنده‌ات امروز بیدار شدی؟» جواب دادم: «دو دنده راست و چپ که بیشتر ندارم، ولی یادم نیست در کدام طرف دنده‌هایم خوابیده بودم. به هر صورت باید آشپزی را یادم بدهی خیلی واجب است. نمی‌شود به خانه شوهر بروم، و یک آبگوشت ساده هم بلد نباشم درست کنم. عیب است برای یک دختر مخصوصاً که مادر هم نداشته باشد». ناباورانه نگاهم کرد، و گفت: «فهمیدم! امروز دخترمان جن زده شده است. یک بسم‌الله بگو و برو بیرون. لباس‌هایت بوی دود می‌گیرد». حلقهٔ نامزدی‌ام را نشانش دادم و گفتم: «خودت بودی و دیدی که حلقه در دستم کردند، تازه خود شما هی شیرینی تعارف می‌کردید، و ماشاالله بیشتر از همه هم خوردید. فراموش کرده بودید نباید در این سال و سن بالا، این همه شیرینی بخورید. برایتان ضرر دارد. نصف شیرینی‌ها را خود شما خوردید». گفت: «افسوس که کسی به تو یاد نداده نباید لقمه مردم را شمرد». گفتم: «من که سرگرم بودم. شماره نکردم. ولی دیدم لااقل ده تا باقلاوا خوردید». گفت: «تا به سوهان و نان مربائی نرسیده‌ای بگذار بگویم آشپزی پیشکش، اول ادب و تربیت یاد بگیر وقتی وارد شدی باید به بزرگتر سلام کنی، و لقمه کسی را نشماری. به جای شما، تو نگوئی، و هزار چیزهای دیگر که کسی نیست به تو یاد بدهد. پیراهن من و امثال من هم که وصله دار است و کسی برای حرف ما پشیزی هم ارزش قائل نیست. کسی برای ما تره هم خرد نمی‌کند». به خوبی مشخص بود که خیلی دلگیر و عصبانی شده بود، ولی من هنوز نتوانسته بودم حواسش را پرت کنم، و به چاه آشپزخانه نزدیک شوم،

پس ادامه دادم و گفتم: «مثلاً باید به آن بابای سر کوچه که گاهی برایش خوراک می‌بری هم سلام کنم؟» گفت: «پس چی؟ البته که باید سلام کنی. مگر نمی‌گویند سلام سلامتی می‌آورد؟ تازه از زبانت که کم نمی‌شود. هم خدا و هم او را خوشحال می‌کنی». جواب دادم: «بابا حرفش را هم دیگر نزن. من راهم را عوض می‌کنم که مجبور نشوم به او سلام کنم». گفت: «از بس یک دنده و سرتق هستی. تو که تقصیر نداری چون از خون و ترکه همین فامیل ریشه داری. و ذره‌ای از فروتنی، خانمی، و متانت آن خدا بیامرز در تن تو پیدا نمی‌شود. اگر یک موی سر آن خدا بیامرز را به ارث برده بودی، حالا اینطور در مقابل من و در این دود نمی‌ایستادی که بگوئی می‌خواهم برای شوهر غذا پختن یاد بگیرم. مثل چهل ساله‌های ترشیده داری برای یک حلقه ذوق می‌کنی». می‌دانستم مقصودش از «خدا بیامرز»، مادرم است. ولی خودم را به کوچه علی چپ زدم و گفتم: «بابا چه حرف‌هایی می‌زنی. خدا نکند عمّه خانم خدا بیامرز شود. عمّه جان هنوز وقت رفتنشان که نیست، ولی من هم دهانم قرص است. این خبر را نمی‌برم به او بدهم».

تیز هوش بود و فهمید کاسه‌ای به زیر نیم کاسه دارم. با لبخند، دستی به پشتم زد و گفت: «برویم بیرون. تمام لباست بوی دود گرفته است». هنوز نمی‌خواستم از آشپزخانه بیرون برم، گفتم: «بابا چرا شما راضی نیستید من شوهر کنم؟ خوب همه دخترها به خانه بخت می‌روند. من هم یکی از آنها. تازه این پسر را عمّه خانم انتخاب کرده‌اند و همه هم موافق هستند چرا شما مخالفید؟» یکباره ایستاد. راست راست در چشمانم نگاه کرد، و مثل یک بازپرس پرسید: «دوستش داری؟» گفتم: «خیلی وقت است

وقتی نمی‌بینمش، دلم مثل کبوتر برایش بال و پر می‌زند. البته که خاطرش را می‌خواهم». یک باره چنان برآشفته شد که در آن تاریکی خشم را در چشمانش دیدم. گفت: «استغفرالله. لا اله الا الله. پناه بر خدا. لعنت به شیطان رجیم! دختر از این خون و تبار ریشه دار، هنوز سر از تخم بیرون نیاورده، روبروی من پیرمرد که پدرش را روی شانه خودم بزرگ کرده‌ام ایستاده، و راست و حسینی از عشق و عاشقی و کبوتر پر زد، بال و پر هم داشت حرف میزند. چشم دلم روشن! بروم این حرف‌ها را کف دست همه بگذارم و یک چشم روشنی هم بگیرم!» گفتم: «مگر دروغ می‌گویم؟ خودشان من را نامزد کردند». گفت: «امان! امان! اگر یک مادر بزرگت کرده بود، اینقدر رک و راست حرف نمی‌زدی. عجب روزگاری شده است. روزی می‌رسد که پسرها سرخاب می‌مالند و زیر ابرو بر میدارند، و دخترها هم شلوار می‌پوشند. ببم حالا به من گفتی جای دیگری بازگو نکن! زبان زد خاص و عام میشوی! با اینهمه زیبائی‌ات ترشیده میشوی». گفتم: «چرا ترشیده شوم؟ فعلاً که این حلقه در دستم است. تازه چندتا خواستگار دیگر هم که دارم، این نشد یکی دیگر. تخمش را که ملخ نخورده است، شوهر قحطی که نیست. فقط اگر پسرها وبا بگیرند شاید از شر شوهر کردن راحت شوم». دو دستی زد بر سرش و گفت: «خدا من را از دست تو بکشد. تو مغزت پاک ضایع شده و هرز رفته است». و همینطور که لعنت و نفرین به زمانه و این دوره آخرالزمان می‌کرد، مرا همراه خودش از آشپزخانه به بیرون برد و آن چفت بالای در را هم بست که کسی دست رسی نداشته باشد. همیشه چفت آشپزخانه را می‌انداخت. من هم دیگر قدم به آن بالا نمی‌رسید. ایستادم و به فکر فرو رفتم که چگونه بتوانم به

چاه آشپزخانه نزدیک شوم. منتظر یک فرصت دیگر بودم. بابا هم تا وقتی به کنار حوض و تلمبه رسیده همین طور از بال و پر پرواز، و کبوتر می‌گفت، و می‌رفت، و صدای لعنت بر شیطان به گوشم می‌رسید. وقتی با بابا در آشپزخانه بودیم، پیرمرد برای پند دادن به من به یاد جوانی‌اش افتاده بود، و با آب و تاب مشغول به صحبت از جوانی خودش بود. گفت: «دختر باید مثل عیال من باشد». گفتم: «یعنی چطوری؟» گفت: «عقد ما چون دختر عمو و پسر عمو بودیم، در آسمان بسته شده بود و ما حلال و محرم هم بودیم، ولی تا وقتی عقد را یک آخوند نخواند، رویش را هم نشانم نداد. آرزو داشتم صورت مثل ماهش را درست و حسابی ببینم و شب‌ها هم خوابش را می‌دیدم». گفتم: «بابا خدائی فاطمه خانم که خوشگل نیست... تو از او بهتر هستی». گفت: «والله نگو! حالا خب سال‌ها گذشته و کمی پیر شده است. ولی هنوز هم هیچ زنی، زیبائی و جوانی او را در چشم من ندارد و با دنیا عوضش نمی‌کنم».

در آن زمان، چند بار در سال، خانمی به خانه ما می‌آمد و چند روزی مهمان ما بود و وظیفه‌اش ترشی و یا مربا درست کردن بود. بابا تقی به او خیلی توجّه می‌کرد، و فاطمه خانم، عیال بابا، به نحوی روزگارش را به قول خودش سیاه می‌کرد و این از چشم هیچ کس دور نبود، و بابا با شکایت از اینکه «فاطمه خانم خیلی حسود شده است، و این روزها در و تخته را به هم می‌کوبد» باعث خنده و تفریح بقیه می‌شد. پرسیدم: «پس چرا هر بار آن زن ترشی درست کن سر و کله‌اش این طرف‌ها پیدا می‌شود، او را تر و خشک می‌کنی؟». گفت: «بیچاره شوهرش مُرده است، و می‌خواهم محبّت کرده باشم». به یاد حرف عمّه خانم افتادم که به یکی از

دوستانش می‌گفت: «امان از جنس مرد. با اینکه زن به این خوبی دارد، هنوز چشم و دلش به دنبال زنان دیگر، مخصوصا اگر کمی هم چاق و چله باشند، در گردش است». خنده‌ام گرفته بود ولی صلاح نبود سر به سرش بگذارم. پرسیدم: «بابا دوستش داری؟» گفت: «البته. این زن حلال من است». به راستی هم عاشقانه دوستش داشت. با همه این اظهار عشق و محبّت نشان دادن به عیال، تا به نزدیک لگن رخت شوئی رسید، فریادش به آسمان رسید که: «زن بلند شو و این بساط را جمع کن. الان چه وقت این کارها است؟ همین الان مهمانان می‌رسند و آبروی آقا می‌رود! چقدر بیعرضه هستی. دو ساعت و نیم است داری چهار تکه رخت می‌شوئی. خدا شانس بده. زن‌های مردم چادر به کمر می‌بندند و تا ظهر ده سفره پهن می‌کنند تو فقط یاد گرفته‌ای بخوری و بخوابی». خون فاطمه خانم به جوش آمد و با صدای بلند گفت: «بشکند دستی که نمک ندارد! بیشتر کارهای این عمارت را من می‌کنم. شب‌ها از خستگی تن خوابم نمی‌برد...» بابا تقی گفت: «خدا را شکر که خوراک پختن دست تو نیست وگرنه یا شور در می‌آمد، یا بی نمک و دود گرفته و یا جزغاله می‌شد». دعوای این عاشق و معشوق بالا گرفت، و کمی آب به لباس فاطمه خانم پاشیده شد. و بهانه بیشتری به دستش داد که فریاد اعتراضش را بالاتر ببرد و به گوش همه برساند. مرتب میگفت: «نجسم کردی. حالا چطور نماز بخوانم؟» بابا تقی گفت: «مثل همیشه به کمرت بزن. تو همیشه نجس هستی. دفعه اولت که نیست. حیف این نان حلال که تو می‌خوری و برای خودت می‌چری». پدر پنجره را باز کرد و گفت: «چه خبر شده صدایتان هفت خانه آنطرف‌تر هم می‌رود! موضوع چیست؟» بابا تقی رو به پنجره کرد و گفت: «آقا

سرهنگ خدا لعنت کند آن آخوندی که این زن را برایم عقد کرد و به ریش من چسباند. با هیچ چیزی نمی‌شود این سریش را از ریشم جدا کنم. ای کاش زبانش لال، و دست و قلمش با هم شکسته شده بود. این دیگر چه بلائی بود که به جان من افتاد؟ زن که نیست. آفت است. خدا نصیب هیچ مسلمانی و حتّی گرگ بیابان هم نکند». فاطمه خانم هم که مهم‌ترین نقطه ضعف شوهرش را می‌دانست و فهمده بود تقی جانش طاقت گریه‌اش را ندارد، با گریه و هق هق کنان گفت: «ای کاش دعایش مستجاب می‌شد. از وقتی زن این پیرمرد شده‌ام لحظه‌ای آرامش و خوشی نداشته‌ام». پدر گفت: «بی انصافی نکن بابا وقتی با تو ازدواج کرد جوان و سرحال بود». بابا گفت:«ای قربان دهان آدم چیز فهم. قربانت بروم از دست این زن در جوانی پیر شدم، و به این روز افتادم». عیالش دیگر به راستی ناراحت شده بود یکباره گفت: «آقا سرهنگ از اول هم جوان که نبود. تازه هیچ کاره هم بود. نتوانست یک بچه درست و حسابی درست کند». بابا تقی فریاد زد: «تو زن نبودی! مگر دو بار بچه‌های نازنینم را نینداختی که همه هم شاهد و ناظر هستند؟ حالا هم که دیگر تو از کار افتاده شده‌ای به من چه ربطی دارد؟ من مردانگی کردم، و طلاقت ندادم، و برای یک بچه، آنهم پسر، سوختم و ساختم. تو زن نبودی! وگرنه من مرد بودم. پناه بر خدا نگذار دهانم بیشتر از این باز شود». پدر برای آرام کردن آن زوج، شوخی را وارد بحث کرد و با لبخندی گفت :«بابا هنوز هم دیر نشده! تو جوان، سرحال و قبراق هستی. با اجازه فاطمه خانم تجدید فراش کن شاید صاحب چند بچه قد و نیم قد شوی و ما و عیالت را سرگرم کنی». بابا خندید و گفت: «آقا والله درست گفتی». پدر در جواب گفت: «سنگ مفت گنجشک هم

مفت». یک باره فاطمه خانم از سر لگن بلند شد. چادر را به کمر محکم‌تر کرد، و روبروی پنجره ایستاد و با ناراحتی گفت: «دست شما درد نکند آقا! به جای اینکه به این پیرمرد پا لب گور، نصیحت کنید، دارید راه جلوی پایش می‌گذارید؟ راست گفته‌اند که دست فقرا نمک ندارد. اگر زنی بخواهد شوهرم را از دستم در آورد باید از روی جنازه من رد شود! دنیا را به سر او و این مرد خراب می‌کنم». پدر گفت: «تو هم که از او راضی نیستی! تو هم که هنوز جوان و خوب و زرنگ هستی. می‌توانی یک مرد بهتر از بابا تقی پیدا کنی». یکباره صدایش را درست مثل زنی خنجر خورده بلند کرد و گفت: «آقا از شما بعید است! من شوهرم را با شاه مملکت هم عوض نمی‌کنم! خدا یکی مرد هم یکی». صحنه دعوا و تهمت و طلاق و طلاق کشی به یک باره جایش را به عشق و صلح و صفا داد. بابا جلو آمد تا به زنش کمک کند و گفت: «قربان زن خودم بروم. به خدا یک موی گنده تو را به صد تا دختر دم بخت هم نمی‌دهم، خدا یکی زن هم یکی». بعد هم رویش را به پدر کرد و گفت: «خدا یکی ارباب هم یکی. نه یکی بلکه سه تا!» و بعد خندید. چنان غرق این صحبت ها شده بودم که موضوع حلقه فراموشم شده بود. پیش خودم فکر می‌کردم آیا این دو نفر واقعاً عاشق یکدیگر هستند؟

به زودی، مهمانان پدر فرا رسیدند و بساط خوشی در سالن روبراه شد، و صدای زیبای خانم مرضیه و دلکش در فضای خانه پیچید، و با صدای خنده و تخته بازی و غیره همراه شد. قبل از ناهار، گیلاس‌هائی هم از آب حیات پر و خالی می‌شد و صدای «به سلامتی» گفتنشان گاه به گاه به گوش می‌رسید. و چون سرها گرم می‌شد، محیط صمیمی‌تر و

خودمانی‌تر می‌شد. من هم به انتظار نشسته بودم و چشم به آشپزخانه داشتم. وقتی مطمئن شدم غذاها روی میز چیده شده و بابا در آشپزخانه فعلاً کاری ندارد و به همین دلیل در را باز گذاشته است، آرام داخل مطبخ شدم و حلقه را از دستم در آوردم و از لابلای دریچه‌ای که روی چاه بود، به درون چاه آشپزخانه انداختم و شیر آب را هم باز کردم و مدّتی ایستادم تا مطمئن شوم کار را به خوبی به انجام رسانیده‌ام. فکر می‌کردم اگر انگشترم را از بین ببرم، دیگر نامزدی‌ام هم تمام است. یواشکی، و به آرامی بیرون آمدم. قلبم به شدّت میزد و رنگ به رویم نبود. مثل فرار از صحنه یک جنایت، به اتاقم فرار کردم. به شدّت از عواقب کارم می‌ترسیدم. حالا چطور برای پدر توضیح دهم؟ انداختن انگشتر توی چاه قسمت آسان نقشه‌ام بود. سؤال و جواب‌های پدر و عمّه و عموهایم را چه کنم؟ حتماً آنها می‌فهمند من به خاطر علاقه‌ای که به پسر دائی مادرم دارم این کار را انجام داده‌ام. ولی آنها از کجا ممکن است خبر داشته باشند؟

با وجود ترس و نگرانی از سؤال جواب‌های بزرگترهای خانه، یک خوشحالی خاصی هم در دل داشتم. در دل به خود تبریک می‌گفتم. بارک‌الله! بالاخره شجاعت به خرج داده بودم. تا شب با این احساسات ضد و نقیض، و خوب و بد، سر کردم. در ساعات اولیه، هم بهشتی بودم، و هم جهنمی. افکارم درهم و برهم شده بود. از روبرو شدن با پدر وحشت داشتم. خود را دلداری می‌دادم: «کتک که در کار نیست. شاید امشب را با آن پتوی زبر باید صبح کنم، که آنهم چیزی نیست، و من عادت کرده‌ام. تازه ارزشش را هم دارد. هر چه می‌خواهد بشود، بشود». با خود عهد کردم که بعد از رفتن مهمان‌ها، تا پدر هنوز سرحال و خوشحال است بروم و

راست و درست در چشم پدر نگاه کنم و با شهامت بگویم چون راضی به این وصلت ناخواسته نبوده‌ام حلقه را در چاه انداخته‌ام. ولی این خیلی پررورگری لازم داشت، که من نداشتم، و گفتن این حرف برایم اصلاً راحت نبود. با خود فکر کردم همه جا و در مورد هر چیز که نباید راست و حسینی حرف زد. باید سیاست داشت. در این مورد، راست گفتن به صلاح نیست. اغلب اوقات، وقتی بابا تقی در مورد اشتباهات من گناه را خودش به گردن می‌گرفت، می‌گفت: «خدایا ببخش. این یک دروغ مصلحت آمیز بود». وقتی می‌پرسیدم: «پس چرا گناه کردی؟» می‌گفت: «در مذهب، دروغ مصلحت آمیز گفتن گناه نیست. خدعه است». با خود فکر می‌کردم حتماً او راست می‌گوید. پس من هم باید در پی مصلحت باشم و کمی اصل و حقیقت را تغییر دهم. تصمیمم را گرفتم و زمانی که مهمانان رفتند، و پدر تنها شد و هنوز شاد و سرحال بود به سراغش رفتم. دل به دریا زدم، خودم را به خدا سپردم و وارد اتاق شدم. هنوز آثار گذراندن ساعات خوشی در کنار دوستان، در صورت مهربان پدر بود. با محبّت گفت: «امروز به حد کافی دخترم را ندیده‌ام. چه کرده‌ای؟ چه کتابی خوانده‌ای؟ بنشین و برایم تعریف کن». همینطور که با رنگ پریده و تن لرزان ایستاده بودم و نگاهش می‌کردم، به یک باره نتوانستم به صورتش مستقیم چشم بدوزم. سرم را به زیر انداختم، و در حد توانم محکم و استوار و بدون لرزش صدا گفتم: «پدر امروز اتّفاق خیلی بدی افتاد». با نگرانی پرسید: «چه شده؟ زود بگو». گفتم: «البته شاید خیلی هم مهم و بد نبود». دوباره با نگرانی پرسید: «خُب چه بود؟» جواب دادم: «حلقه از دستم در آمد و در چاه آشپزخانه افتاد و رفت توی چاه و دیگر هم اصلاً نمی‌شود پیدایش کرد». پیش خود فکر

کردم پدر حرف من را باور کرده و جریان به خوبی و خوشی پایان گرفته است. ادامه دادم: «حلقه قشنگی بود. حیف شد. البته کمی برایم گشاد بود». پدر ناباورانه به من زل زده بود. و برای مدّتی ساکت و صامت، بدون پلک زدن فقط نگاهم می‌کرد. یکباره از روی صندلی‌اش بلند شد و پرخاش کنان گفت: «نفهمیدم چه گفتی؟ دوباره بگو». دستپاچه شدم، دوباره تکرار کردم: «من که گفتم حلقه در چاه افتاد. تقصیر من که نبود. گشاد بود». همانطور که سرش را تکان می‌داد به صندلی‌اش برگشت. سیگاری آتش زد و یک جرعه از چای یخ زده و باقی مانده روی میزش نوشید، و به مقابلش خیره شد. سکوتی کامل برقرار بود. یک کلمه «بنشین خسته نشوی» هم تعارفم نکرد. با خود فکر می‌کردم که حتماً می‌گوید برو پتو را بردار و به اتاقت برو؛ و خب این که کار همیشگی است. امّا او پس از مدّتی، بدون اینکه نگاهم کند، گفت: «بنشین. با تو چند کلمه حرف دارم. تا آنجائیکه به یاد دارم حلقه اندازه دستت بود و گشاد هم نبود». گفتم: «مگر نمی‌بینید چقدر لاغر شده‌ام؟» حرفم را نشنیده گرفت، و ادامه داد حالا در چشم من نگاه کن و راستش را بگو: «انگشترت به خودی خود در چاه افتاد، یا اینکه خودت آن را در چاه انداختی؟» سکوت کردم. سکوتم تائید حرف پدر بود و خودش فهمیده بود که کار، کار خودم است و سکوت من، اقرار من است. با عصبانیت و دلخوری که کمی هم حالتی ساختگی داشت، آمرانه گفت: «به اتاقت برو و تا نگفتم هم از اتاقت در نیا!» نگاهش کردم. پرسیدم: «با پتو یا بی پتو؟» جواب داد: «فعلاً برو و حرف زیادی هم نزن». با اینکه عصیان کرده بودم، حق را به جانب خودم می‌دانستم و از آن ترس اولیه‌ام کم شده بود. در این هنگام نگاهش با نگاه

من تلاقی پیدا کرد. آن خشم اولیه را در چشمانش ندیدم. در را باز کردم، و خوشحال، بدون پتو به اتاقم رفتم و شاد و خندان بعد از سه هفته نگرانی، با خیالی راحت از آینده‌ام، به خواب خوشی فرو رفتم. صبح هم که بیدار شدم همان پتوی قرمز مخملی نرم و لطیفم را بر روی خود داشتم و از آن پتوی زبر و خشن و تیغ تیغی اثری نبود. فهمیدم ابرها به کنار رفته‌اند، وغرّشی در کار نیست و مورد غضب پدر قرار نخواهم گرفت.

آن روز جمعه چه روز قشنگی بود. بهترین جمعه‌ای که به یاد دارم، همان روز بود. احساس می‌کردم یک سنگ، به بزرگی یک سنگ آسیاب، از روی سینه‌ام برداشته شده بود. احساس آزادی می‌کردم. همه بیدار شده بودند، و هیاهو، و رفت و آمد در خانه شنیده می‌شد. سرم را از اتاق بیرون آوردم که ببینم علّت این همه سر و صدا چیست. شاید اتفاقی افتاده که این همه سر و صدا، شیرینی صبح جمعه‌ام را خراب کرده است. پدرم هم در این رفت و آمدها فعالیت بسیار داشت، و صدایش را به کرّات می‌شنیدم که می‌گفت: «مراقب باشید به دقت کار کنید» و «حتماً باید پیدایش کنید». زود لباس پوشیدم تا بروم و ببینم چه خبر است. واقعاً نگران شده بودم. به طور کلی جریان حلقه را از یاد برده بودم؛ یعنی هنوز کاملاً بیدار نشده بودم. بابا تقی را پیدا کردم و پرسیدم: «بابا چه خبر است؟ این همه هیاهو و رفت و آمد به خاطر چیست؟» نگاهی به صورتم کرد که در آن نه تنها هیچ اثری از سرزنش نبود، بلکه لبخند کوچکی را هم به همراه داشت. جواب داد: «آقا من را فرستاد چند مقنی[۱۱] و کارگر بیاورم که چاه آشپزخانه را زیر و رو کنند تا آن حلقه تو را پیدا کنیم». قلبم به یکباره فروریخت.

---

[۱۱] مقنی: کاریزگر، چاه کن

با ترس و نگرانی پرسیدم: «برای چه؟ آن دیگر هرگز پیدا نمی‌شود! اصلاً خدا نکند پیدا کنید! اگر پیدا شد من دیگر چه کار کنم؟» بدون اراده، از شدّت نگرانی حرف‌های دلم از دهنم بیرون می‌ریخت و بابا، با تیزهوشی ذاتی‌اش مطلب را کاملاً فهمید و گفت: «از اول هم می‌دانستم کار خودت است! آمدنت به مطبخ دیروز بهانه بود». گفتم: «نه از عمد که نبود». با خنده جواب داد: «پس چرا گفتی خدا کند پیدا نشود؟» با زرنگی جواب دادم: «چون آن چاه پر از لجن و چربی است. حتماً تا حالا خراب و کثیف شده است. من که دیگر دوست ندارم آن را به انگشتم کنم. تازه خیلی گشاد بود و حتماً دوباره یک جور دیگری از دستم می‌افتد و گم می‌شود». گفت: «این‌بار اگر خواستی گم شود، بیا پیش خودم یک راهی جلوی پایت می‌گذارم که دیگر پیدا نشود. تا من را داری غم نخور». دلم قرص شده بود. گفتم: «راست میگوئی؟» گفت: «تا به حال کی به تو دروغ گفته‌ام؟» گفتم: «همیشه». بی‌اختیار پیشانی‌ام را بوسید. من پس از لحظه‌ای مکث پرسیدم: «بابا تو از کجا فهمیده بودی که کار من بود؟» گفت: «این موها را در آسیاب سفید نکرده‌ام ببم. تو مو می‌بینی و من پیچش مو. تو ابرو من اشارت‌های ابرو».

درست می‌گفت. او همه چیز را خوب می‌فهمید و به خوبی درک می‌کرد و چیزی از چشمش پوشیده نمی‌ماند. چشمانی تیز مثل عقاب داشت. ساعت‌ها پیدا کردن حلقه به طول انجامید. در تمام مدّت جستجو، پدر دقیقه‌ای آشپزخانه را ترک نکرده بود. می‌ترسید مبادا ربوده شود. با الک‌های بزرگ آب‌ها و لجن‌ها بیزیده[12] شدند تا سرانجام صدای «پیدا

---

[12] بیزیدن: الک کردن

کردم پیدا کردم» مردی به گوش رسید، وحلقه به دست پدر داده شد. البته آن حلقه تنها چیزی نبود که در چاه پیدا شد، مقدار زیادی هم قاشق، چنگال، و کارد از چاهک بیرون آورده شد. بابا می‌گفت: « وقتی حلقه را به دست آقا سرهنگ دادند با خوشحالی بی حد و اندازه سر را به آسمان کرد و گفت: «خدایا شکرت»». حرکتی که باعث تعجّب بابا شده بود. چون پدر را هرگز این چنین ندیده بود. حلقه، دیگر به دست من داده نشد و بر انگشتم قرار نگرفت، بلکه همراه با یک نامه معذرت خواهی و نمی‌دانم به چه بهانه‌ای برای آن خانواده محترم فرستاده شد. بعدها فهمیدم که اصلاً پدر هم قصد به دادن من به پسر این دوست را نداشت. بلکه تنها می‌خواست از شر خواستگاران فراوان مدّتی راحت شود تا حداقل من درسم تمام شود، و بعد فکری در این باره بکند.

بعد از پس دادن حلقه، برای چند سالی رابطه بین دو خانواده ما و این دوستمان، شکرآب شده بود، ولی مثل همیشه، با گذشت زمان کدورت‌ها کم کم از میان رفتند. حال که به آن اتفاق تلخ و شیرین فکر می‌کنم، واقعاً نمی‌دانم مقصر اصلی چه کسی بود. آیا خانواده پدری‌ام بودند که نظر من را نخواسته بودند، یا خود من بودم که شاید باعث شده بودم مهرم در دل آن جوان پاک نیت جای خوش کند؟ به هر حال گذشت، و زندگی روال عادی خود را طی می‌کرد. برای من، مثل این بود که اصلاً اتفاقی نیفتاده بود. شاد و خوشحال زندگی روزمره خود را سپری می‌کردم که البته اقتضای سن نوجوانی من بود. آخرین سال دبیرستان را به پایان رساندم و شروع کردم به آماده کردن خود برای کنکور. امّا در این دوران میگرن‌های شدیدی هم آزارم می‌داد و واقعاً دمار از روزگارم در می‌آورد.

از سنین کودکی، با هیولای وحشتناک میگرن دست و پنجه نرم می‌کردم. اولین خاطره‌ای که از کودکی به یاد دارم سردردهائی وحشتناک بود که هر چه بزرگتر می‌شدم این درد هم بیشتر و غیر قابل تحمل تر شده بود، و به هیچ دارویی هم جواب نمی‌داد، و تنها درمانش این بود که صبر کنم تا دورانش را بگذراند، و تمام شود. این درد را از خانواده مادری‌ام به ارث برده‌ام. این سردردهای میگرنی بسیار شدید، از دوازده سالگی‌ام تا ده‌ها سال بعد تنهایم نگذاشتند و وفادارانه در کنارم و در خانه سرم جای خوش کرده بودند، تا اینکه در میان سالی از من خسته شدند و کمتر به سراغم می‌آمدند.

میگرن، مثل یک زالو تمامی انرژی من را از من می‌گرفت، چنانکه بعد از تسکین درد هم رمقی برای من باقی نمی‌ماند. البته هنوز که هنوز است گاهی دلش برایم تنگ می‌شود و به بهانه بی‌خوابی، گرسنگی، پرخوری، اضطراب و یا نگرانی و عصبانیت در نزده وارد خانهٔ سرم می‌شود، ولی مثل گذشته برای مدّت‌های طولانی و چند شبانه روزی در پیشم نمی‌ماند، و بعد از پذیرائی، با دو قرص مسکن و یک لیوان آب خداحافظی می‌کند و رفع مزاحمت.

به یاد دارم که باباتقی وقتی مهمانان ما برای مدّت زیادی پیشمان اقامت می‌کردند، به خصوص در تابستان اصفهان که هوا خوب و عالی بود، می‌گفت: «مهمان حبیب خدا است، برکت است خوب است، ولی مثل آب می‌ماند. باید روان باشد. بیاید و برود. در غیر اینصورت آب می‌گندد». این مهمان ناخوانده من، میگرن، هم همین دیروز بود که آمد و سری به من زد ولی خوشبختانه مدّت ماندنش طول نکشید. وقتی از خواب بیدار

شدم، مرا ترک گفته و رفته بود. امیدوارم برود و پشت سرش را هم نگاه نکند. در آن زمان بیخیالی جوانی، تنها گرفتاری من سردرد بود و بس.

با اینکه بزرگ شده بودم، و سری هم توی سرها در آورده بودم، و گوئی نگوئی برای خودم خانم جوانی شده بودم، هنوز عمّه خانم از بعضی کارها و رفتارهایم ایراد می‌گرفت و من هم چون به سختگیری‌های او عادت کرده بودم، مخالفتی نداشتم. البته این تذکرها مادرانه، و در خلوت انجام می‌گرفت. خانواده ما خیلی سنتی و آداب دان بودند. معاشرت‌ها با دیگر اقوام دور و نزدیک در طول هفته انجام می‌گرفت، و روزهای جمعه معمولاً به طور خانوادگی منزل عمو و عمّه جانم مهمان بودیم، و غریبه‌ای در بین ما نبود.

در این جمعه‌ها، ناهار ما واقعاً دلچسب و خوشمزه بود. مخصوصاً ته دیگ‌های مخصوصی که در دیگ جداگانه‌ای طبخ می‌شدند و من هم بسیار دوست داشتم و برایم بهترین قسمت خوراک بود. زمانی که دیس ته دیگ را به روی میز می‌گذاشتند، من از اینکه عمداً دندان‌هایم را بیشتر فشار دهم که صدای برشته بودن ته دیگ را به گوش همه برسانم، و بعد در چشم عمّه‌ام نگاه کنم و متوجّه نگاه سرزنش‌بار و پراز خشم او شوم، لذت می‌بردم. البته نگاه‌های عمّه جان کار ساز نبود، و هر بار که به طرف من نگاه معنا داری می‌انداخت، من رویم را برمی‌گرداندم و به ته دیگ خوردنم ادامه می‌دادم. و اینگونه بود که بعد از آن جمعهٔ به خصوص که عمّهٔ عزیزم را کمی بیشتر از حد عصبانی کرده بودم، او دستور داد که در جمعه‌های بعد، دیگر اثری از ته دیگ زعفرانی بر سر میز نباشد و بدین وسیله مرا توبیخ و جریمه کرد.

در یکی از همین جمعه‌ها در خانه عمو و عمّه جان، عمّه جان تصمیم گرفت کمی سر به سر بابا تقی بگذارد و کفرش را در بیاورد. در آن روز تابستانی و هوای گرم که نهار به پایان رسیده بود ولی هنوز هیچ کس میز را ترک نکرده بود، بابا تقی با یک پارچ شربت سکنجبین و خیار وارد شد. معمولاً بعد از صرف خوراک به جای آب، دوغ و یا شربت می‌خوردند. اگر شربت با سرکه درست شده بود که دیگر بیشتر مطبوع طبع بود چراکه عقیده داشتند که سرکه ضررهای گوشت و چربی را از بین می‌برد. به محض ورود این آشپز بی‌نظیر و یکدانه، عمّه خانم گفت: «بابا دستت درد نکند» بابا تقی هم با فروتنی و مهر جواب داد: «نوش جان. این شربت را هم آورده‌ام که گوارای وجودتان باشد و جگرتان خنک شود». عمّه خانم خیلی جدی نگاهش کرد و گفت: «ولی بابا، راستش را بگویم ناهار امروزت مثل هفته‌های قبل، دلچسب نبود. یعنی خورشت قرمه سبزی‌ات اصلاً جا نیفتاده بود. گوشتش که اصلاً مغزپخت نشده بود، مثل گوشت گاو بود. برنج هم که وارفته شده بود و کمی هم بوی دود می‌داد. ولی کوفته‌ها بد نبود، با اینکه به اندازه کافی ترشی نداشت». به یکباره قیافه پرمهر بابا پر از غم توأم با خشم شد. کلمه‌ای بر زبان نیاورد. در نهایت متانت و بزرگ منشی میز را با کمک عیالش جمع و جور کرد و رفت. وقتی همه به اتاق دیگر رفتیم و نشستیم، عمّه خانم توسط عموهایم مورد اعتراض قرار گرفت، و زن عمو در دفاع از خواهر شوهر برآمد. عمو جانم گفت: «حالا بابا را رنجانیده‌ای، و باید یک جوری از دلش بیرون بیاوری». عمّه جان رویش را به طرف من کرد، و در حالی که پشیمانی در صورتش موج می‌زد گفت: «این کار فقط از دست کسی بر می‌آید که خیلی برای بابا عزیز است.

کار، کار تو است. تا شب نشده یک جوری به بابا بفهمان که می‌خواستم کمی با او شوخی کرده باشم». من که خودم هم نگران وضع روحی بابا شده بودم یک «چشم» گفتم، و مستقیم به حیاط خانه رفتم. می‌دانستم کجا باید پیدایش کنم. روی یک صندلی زیر درخت توت آرام به کنارش رفتم و نشستم و گفتم: «بابا تقی جانم، تو خیلی خوب و مهربانی. خیلی دوستت دارم. یعنی همه ما تو را دوست داریم. امروز عمّه جان می‌خواست کمی حرص تو را در آورد، و این فقط یک شوخی و مردم آزاری بود. بعد از اینکه رفتی، همه گفتند دست پخت امروزت از همیشه خوش‌مزه‌تر هم شده بود». بابا یکباره منفجر شد، و با عصبانیت گفت: «کدام شوخی؟ مگر من گیس سفید با کسی شوخی دارم؟ لعنت به این شانس نداشته‌ام. بشکند این دستم که نمک ندارد. یک عمر پخته‌ام و داده‌ام خورده‌اند، حالا می‌فرمایند چلو بوی دود گرفته. مسلمان! من سرتاپایم یک عمر است بوی دود گرفته است! مگر من آدم نیستم؟ مگر من احترام ندارم؟ مگر من مسلمان نیستم؟ روز قیامت باید جواب گوی من باشند! یک روز، فقط یک روز خود خانم بروند در این مطبخ تاریک، پای هیزم، تا بفهمند چقدر کار سختی است. لباس‌هایشان حالا بوی عطر و ادکلن دارد، ولی وقتی از کنار هیزم کنار رفتند، و چشم‌هایشان سوخت، و رخت‌ها بوی دود گرفت، آنوقت می‌فهمند حرف بی‌مورد شنیدن چقدر درد دارد. دیدی که ماشاالله همه را هم خورده بودند، و دیگر چیزی در دیس‌ها باقی نگذاشته بودند. این خوراک کفاف بیست نفر را می‌کرد! تازه می‌گویند مثل همیشه جا نیفتاده بود. یعنی من این همه گوشت و مرغ و برنج را حرام کرده‌ام و خوردنی نیست؟ اگر خوشمزه، و با طعم بود، لابد نان را ته دیس‌ها می‌-

کشیدند و می‌خوردند! لعنت به این شانس و اقبال که هر کاری بکنم ارزشی ندارد... اصلاً شیطان می‌گوید قید همه را بزنم دست عیال را بگیرم و آخر عمری بروم در ده زندگی کنم. می‌دانی ببم؟ دیگر پیر و خسته شده‌ام. شاید هم خانم راست گفته باشند و دست پخت من دیگر خوب نباشد. چون زن عمویت هم با سر حرف عمّه‌ات را تائید می‌کرد و مرتب سرش را بالا و پائین می‌برد. از این به بعد هر وقت کاری با من داشتند من هم مریض می‌شوم و از جایم تکان نمی‌خورم. قلم پایم بشکند اگر دیگر رنگ خانه حاج عمویت را ببینم. حیف از من که عمرم را به هدر داده‌ام. یکی نیست به من بگوید آقا و خانم بزرگ که فوت کردند خوب تو هم می‌رفتی دنبال کار زندگی خودت. بیکار بودی در اینجا ماندی و جان فدای دیگر اعضای خانواده‌شان کردی؟» گفتم: «امّا اگر رفته بودی، دیگر من را نداشتی که ببم صدایش کنی». نگاهم کرد و گفت: «بدت نیاید، تو هم از همین تخم و ترکه هستی. یکی از همین قدر نشناس‌ها. تافته جدا بافته که نیستی. به تو هم امیدی نیست». رفتم و جریان دلخوری را مو به مو برای اهل خانه گفتم. پس از کمی گردهم‌آیی و مشورت، تصمیم بر آن شد که همگی به سراغ بابا بروند و دست جمعی از دلش بیرون بیاورند. معمولاً ظرف‌ها و قابلمه‌ها را فرد دیگری در یک گوشه دنج خانه که جایی برای ظرف شوئی بود، و یک شیر آب هم داشت می‌شست و روی یک تخت که پارچه‌ای بر روی آن انداخته بودند، در آفتاب قرار می‌داد و بعد از خشک شدن، با نظارت بابا جمع‌آوری می‌شد. در آن روز بابا با عیال خلوت کرده بود، و بر هیچ کاری نظارت نمی‌کرد. یعنی در حقیقت قهر کرده بود و می‌-خواست همه متوجّه غیبتش بشوند و بفهمند بدون حضورش کارها نظم و

ترتیب سابق را ندارد. و به راستی هم همینطور بود. مثلاً برای عصر دستور جارو، و آب پاشی باغچه، و آب دادن به گل‌ها را به آن پسر بچه خانه شاگرد نداده بود، و بدش هم نمی‌آمد آنروز حیاط پرصفا نباشد. ولی عصر همان روز خانواده همگی، به طور جمعی به نزدش رفتند، و ناراحتی ظهر را از دلش بیرون آوردند، و عمّه خانم مغرور و یک دنده من، مجبور شد نه با کلام «معذرت می‌خواهم ببخشید»، بلکه با سیاست مخصوص خودش، بابا را از دلگیری بیرون بیاورد. عمّه جان گفت: «در دنیا کسی دستپختش از تو بهتر نیست و هیچکس نمی‌تواند ادعا کند بیشتر از خودت مواظبت می‌کند که حتّی دانه‌ای برنج یا عدس حیف و میل نشود. تو اگر نبودی که اینهمه دلسوزی کنی، ما کلاهمان پس معرکه بود. به دل نگیر. خواستم کمی سر به سرت بگذارم. اگر تو نباشی ما کجا می‌توانیم وقتی دور هم هستیم، این همه از خوردن غذا لذت ببریم؟ دستت درد نکند. صد سال زنده باشی» و کلی تعریف و تمجید از طرف پدر و عموهایم هم نثارش شد، تا اینکه کم کم آن کوه آتشفشان یک باره خاموش شد، و صورت بابا دوباره روشن شد، و با لبخند گفت: «نفرمائید ما کوچک شما هستیم» و غائله به خوبی به پایان رسید. تا آن موقع هنوز ناهارش را نخورده بود. یکباره سر آن پسر خانه شاگرد فریاد زد: «چرا حیاط آب پاشی نشده است؟ زود باش! همیشه که نباید زیر درخت لم داد! برو به کارها برس. من همینکه غذایم را خوردم می‌آیم ببینم چه کرده‌ای. اگر کم و کسری بود هر چه دیدی از چشم خودت دیدی».

من هم دیگر خیالم راحت شده بود. وقتی بابا به من گفته بود که دست عیالش را می‌گیرد و به گوشه ده می‌رود، من را بدجوری ترسانده بود. اگر

او می‌رفت، من بدون او که سنگ صبورم بود، چه کار می‌کردم؟

بیشتر مواقع بابا تقی تنها کسی بود که مشکل گشا، و سپر بلای من بود. البته بعدها که بزرگتر شدم، فهمیدم که او هرگز نمیتوانست آن خانه و افرادش را به امان خدا بسپارد، و برود. او بدون اینکه خودش بداند، حکم یک پدر را در خانواده ایفا می‌کرد، و یک مسئولیت سنگین روی شانه‌هایش بود. ولی وظیفهٔ خود را به خوبی می‌دانست، و در تمام موارد، حدی بین خود و سایرین قائل بود، و به قول خودش پایش را از گلیمش بیرون نمیگذاشت. البته دیگران هم برایش احترام بسیاری در قلب داشتند، و کمتر با خواسته‌هایش مخالفتی میکردند. تمامی اختیارات داخلی هر سه خانواده به عهده این مرد بود و هرگز هم شکایتی نداشت. در واقع او بود که امورات هر سه خانه را به خوبی روی انگشت دست میچرخاند.

در آن زمان من دیگر دیپلم خود را گرفته بودم، و داشتم برای کنکور درس میخواندم. آن زمان هنوز درد دوری و دلتنگی از کسانی که با آنها بزرگ شده و به آنها خوی گرفته بودم را در دل احساس نکرده بودم. روزهایم با بی غمی و بدون نگرانی میگذشتند، و شب‌هایم در آرامش صبح میشدند. هر کسی برای آینده من نقشه‌ای در سر خود داشت، و من تنها خوشحال از این بودم که دیگر دبیرستان را تمام کرده بودم و دیگر نگرانی درس و جلسه امتحان را نداشتم. عمّه خانم و زن عمو می‌خواستند تا «دیر نشده» مرا روانه خانه بخت کنند. می‌گفتند: »اگر خواستی، پس از ازدواج هم می‌توانی به درست ادامه دهی«. به راستی که بسیاری از دوستان و افراد خانواده را دیدم که حتّی پس از ازدواج و داشتن فرزند، به تحصیل خود ادامه دادند. به قول معروف، خدا کند چاه خودش آب داشته باشد.

در مورد من امّا، این قضیه صدق نکرد. به هر صورت، درست نمیدانستم چرا آن دو بانو آنقدر بر ازدواج هرچه زودتر من پافشاری می‌کردند، امّا سوالی هم نمی‌کردم. در آن زمان رسم بود که دخترها در سنین پایین ازدواج کنند، و من فکر می‌کردم که بنا بر سنت زمان، آنها معتقد بودند که وقت ازدواج من فرا رسیده است. امّا این از سادگی من بود.

یک شب که بنا بر روال معمول، به طور خانوادگی دور هم جمع بودیم و مشغول گفتگو، عمّه جان نگاهی به اطراف کرد و با لحنی سرزنش وار گفت: «خداوند سه پسر نصیب مرحوم پدر و مادرمان کرد ولی هیچکدام عرضه نداشتند با داشتن یک پسر، نام پدرمان را زنده نگاه دارند. پدرمان هم اسم و رسم دار، و یک امین الدوله، و والی یزد بود، و برای خودش سری میان سرها داشت. افسوس که افراد دیگر خانواده نام پدران خود را زنده نگاه داشتند و ما نتوانستیم. تو گویی نه خانی آمد و نه خانی رفت. بعد از رفتن ما، نه از تاک خبری است و نه از تاکستان.» با این حرف عمّه جان، سکوت سنگینی برقرار شد، ولی پس از چندی عمّه جان با لحنی قاطع ادامه داد: «باید تا دیر نشده یکی از شماها دست به کار شوید و اجاق کور ما را روشن کنید». قلبم ریخت. متوجّه شدم دلیل اینکه عمّه خانم و زن عمو جانم می‌خواستند هرچه زودتر از شر من خلاص شوند این بود که می‌خواستند پدرم را دوباره داماد کنند. من دختر بودم، و داشتن تنها یک دختر برای هیچ خانواده‌ای کافی نبود. برای خانوادهٔ ما هم، من کافی نبودم.

حاج عمو دیگر پیر شده بود و قصد ازدواج مجدد نداشت. او و زن عمو هرگز نتوانسته بودند دارای فرزندی شوند. عموی دیگرم که پسر دوم

پدر بزرگ، و چند سالی از پدرم بزرگتر بود هم، هرگز ازدواج نکرده بود. بسیار مردانی را دیده بودم که در سنین بالا ازدواج کرده و بچه‌دار می‌شدند، پس با کنایه گفتم: «خدا را شکر که پدرم یک دختر دارد. باید برای حاج عمو و عمو جان دست به کار شوید». حاج عمو خندید و گفت: «از من گذشته است. نوبت جوانترها است». گفتم: «پس عمو جان، تنها شما تا به حال زن نگرفته‌اید. ماشاالله خوش تیپ و شیک پوش هم که هستید. خانه‌ای به این بزرگی و مجللی هم که دارید، و تعداد خدمتکارانتان هم که بیش از نیاز است. در اصفهان هم که الحمدلله سری میان سران رجال شهر دارید. چیزی کم و کسر ندارید. دیگر چه بهانه‌ای برای زن نگرفتن دارید؟ خدا شانس بدهد به آن عروس». همه ساکت گوش دادند، ولی هیچ نگفتند. خونم به جوش آمده بود، و سوزش خاصی را در گونه‌هایم احساس می‌کردم. با لبخندی ساختگی ادامه دادم: «عمّه خانم، خُب دست به کار شوید دیگر. راستی اگر قول بدهم هیچ ایرادی از عروس عمویم نگیرم، آیا می‌شود من هم به همراهیتان به مراسم خواستگاری برای عمو جان بیایم؟» می‌دانستم که حرف زدن دیگر بس است و باید سکوت کنم، امّا نمی‌توانستم جلوی خود را بگیرم. قلبم به شدّت می‌زد. با همان احترام، و همراه با همان شادی ساختگی ادامه دادم: «راستی اگر عمو بچه دار شوند، اسم پسر عمویم را چه می‌گذارید؟ نامی بگذارید که با شین شروع شود...». در اینجا عمّه جان که در تمام این مدّت انگار نه انگار که من دارم صحبت میکنم، فقط به پک زدن به قلیان خود مشغول بود، با بی‌حوصلگی حرف مرا قطع کرد و گفت: «انشالله به جای پسر عمو، تو صاحب یک برادر شوی و مرتضی صدایش کنی». گفتم: « پدر من یک

دختر دارد، و نیازی به یک پسر ندارد، و حتّی اگر هم پسری داشته باشد، اسمش را مرتضی، نامی چنین قدیمی و مذهبی، نخواهد گذاشت». هم عمّه خانم، و هم من، صدایمان را آرام نگاه داشته بودیم، با این حال، حالت منقلبمان را می‌شد از لحنمان فهمید. عمّه جان صاف به صورت من نگاه کرد و گفت: «بسیار هم نام بزرگ و خوبی است. هزار بار به تو گفته‌ام، و خوب میدانی که نام پدربزرگت مرتضی خان بود. اینطور صحبت کردن شایسته یک نوه نیست.». می‌دانستم. خوب هم می‌دانستم. مشکل من به راستی با نام این فرزند نبود، بلکه مشکل من این بود که او فکر می‌کرد پدرم احتیاج به آوردن فرزندی به غیر از من دارد. در دل از اینکه می‌خواستند در زندگی پدر برای من و مادرم جایگزینی پیدا کنند، شاکی بودم. گفتم: «اگر هم گفته باشید فراموش کرده بودم. ببخشید. ولی باز هم می‌گویم مرتضی یک اسم امروزی نیست» و چون جانم به لب رسیده بود و حسادت و خشم دست به دست هم داده، و داشتند از درون مرا می‌خوردند، خستگی را بهانه کردم و به طرف خانه به راه افتادم. احساس میکردم آن شب سیاه‌تر و تاریک‌تر از شب‌های پیشین بود. احساس میکردم تنهاتر از همیشه هستم، و می‌دانستم که هر چقدر سعی کنم، هرگز مثل یک پسر برای این خانواده باعث افتخار نخواهم بود، چرا که به هر درجه‌ای هم برسم فقط یک دخترم. بدتر از همه اینها این بود، که احساس می‌کردم که عمّه خانم با این حرفش، در واقع به پدر پیشنهاد خیانت به خاطره مادرم را داده بود. همانطور که به طرف خانه خودمان راه می‌رفتم، بغض گلویم را می‌فشرد. بدنم یخ زده بود، ولی در عین حال انگار از درون آتش گرفته بودم. بغض راه گلویم را گرفته بود. با خود فکر می‌کردم آیا این

اولین باری بود که صریح و روشن به پدر پیشنهاد ازدواج مجدد و آوردن زنی را به خانه و حریم دو نفری ما داده بودند؟ یا اینکه وقتی که من در کنارشان نیستم در این مورد با هم حرف می‌زنند؟ آن شب، در خلوت اتاق خود سخت گریه کردم تا اینکه کم کم به خواب فرو رفتم.

فردای آن روز حرفی از گفتگوی شب پیش به میان نیامد، و در چند روز آینده هم دیگر کسی کلمه‌ای درآن مورد نگفت، و من با خود فکر کردم که شاید دیگر موضوع تمام شده است، و کسی جرأت صحبت از جانشینی مادرم را نخواهد داشت. تا اینکه چند شب بعد، مجدداً زن عمو در پرده ابهام و لفافه به ازدواج مجدد پدر، و احتیاج داشتن به فرزند پسر اشاره کرد. برق از چشمانم پرید، و دوباره دنیا پیش چشمانم تیره و تار شد. خشکم زد. مگر می‌شود که بعد از دیدن احساسات من در این باره، پدر به خانواده خود اجازه دهد که مجدداً این موضوع را به پیش بکشند؟ رو به پدرم کردم و خیره نگاهش کردم. پر از خشم بودم و بدون شک نگاهم برافروخته و سرشار از نکوهش و غضب بود. می‌دانستم که پدر کاملاً متوجّه نگاه من است، با این حال، هیچ نگفت، و هیچ عکس‌العملی از خود نشان نداد. یکباره عمو جان برای آرام کردن من به زور سرفه‌ای کرد و با لبخندی ساختگی رو به من کرد و گفت: «عزیزم، عمو جان، این حرف‌ها برای فردا یا پس فردا که نیست. انشالله وقتی با فرد مناسبی ازدواج کردی و به خانه بخت رفتی، و خودت خانم خانه‌ای شدی، آنوقت ممکن است این اتفاق روی دهد». سخن عمو جان در من اثری نکرد. با خشکی پاسخ دادم: «اگر این طور است، مطمئن باشید شما آخوندی را برای عقد کردن من دعوت نخواهید کرد، و مجبور می‌شوید خودتان دست به کار

شوید و به قول عمّه خانم اجاق را روشن کنید». همگی از این حرف من کمی شوکه شدند. دیگر کسی در این‌باره سخنی نگفت، و سعی کردند که موضوع بحث را عوض کنند.

به ناگهان عشق مادر و فرزندی در من به جوش آمده بود. مادرم در قلبم زنده شده بود و مثل یک فرشته زیبا، که نمی‌توانست از خود دفاع کند، در مقابل چشمانم مجسم شده بود. مصمّم بودم که هرگز اجازه ندهم زن دیگری را جانشین مادرم کنند. بار دیگر بغض گلویم را فشار می‌داد، و از آنجائی که من هرگز در حضور خانواده گریه نمی‌کردم، دوباره بهانه‌ای آوردم و به خانه خودمان رفتم، و بدون حضور احدی شروع به گریه کردم. نمی‌دانم کِی بزرگ شده بودم، و از کی غرورم دیگر به من اجازه گریستن در حضور دیگران را نمی‌داد، امّا اولین باری که حضور غرور را درونم احساس کرده بودم، زمانی بود که دائی عزیزم به صورتم آن سیلی محکم را نواخت، امّا من به خود اجازه ریختن حتّی یک قطره اشک در حضورش نداده بودم. نمی‌خواستم از خود ضعف نشان دهم، و نمی‌خواستم کسی بداند چقدر راحت قلب لطیف و جوان من می‌شکند.

آن شب پدر دیر به خانه آمد. شاید نمی‌خواست با من روبرو شود، و یا شاید توان دیدن ناراحتی و رنجش من را نداشت، و یا شاید از نگاه خشمگین من فهمیده بود که از اینکه بلافاصله مخالفت نکرده و نگفته بود که هرگز زنی را جانشین مادرم نخواهد کرد، دلگیر هستم و نمی‌خواست دوباره نگاه غضب آلودم را متوجّه خود ببیند. سکوتش آزارم داده بود، و اینکه دیر به خانه آمد، و به اتاقم نیامد تا ببیند آیا خواب هستم، یا بیدار، دلخور هستم یا نه، به ناراحتی‌ام می‌افزود. آرام، و در نهایت سکوت، اشک

می‌ریختم و سعی می‌کردم خودم، خودم را آرام کنم، و دوباره شبی دیگر، با اشک ریختن به خواب رفتم.

فردایش هنوز درهم بودم، و رفتار دوستانه‌ای با هیچکس نداشتم. به یاد می‌آوردم که آن پرستار لهستانی‌ام، میس مری، همیشه به من می‌گفت: «تو مادرت را نمی‌بینی ولی او به صورت یک فرشته در آمده است و همیشه از تو مراقبت می‌کند. او همیشه تو را می‌بیند و اگر مشکلی بخواهد پیش آید، او زودتر می‌فهمد و آن گرفتاری را رفع و رجوع می‌کند»، پس چرا حالا که احتیاجش داشتم، به دادم نمی‌رسید، و تنهایم گذاشته بود؟ روانکاو، و همدم خودم شده بودم، و در گوشه‌ای خودم با خودم درددل می‌کردم. وقتی حرف‌هایم، دردم را تسکین نمی‌دادند، در خلوت خود، به آرامی می‌گریستم.

با وجود تمام مهر و دلبستگی که به مادرم داشتم، ولی هنوز از دستش عصبانی هم بودم، و با او سر ستیز هم داشتم. اگر بود، حالا من مجبور نبودم اینگونه از او دفاع کنم. این احساسات ضد و نقیض باعث شده بودند که در آن دوران، وضع روحی خوبی نداشته باشم، و از همه کنار بگیرم. حتّی پدر هم از چشمم افتاده بود. نسبت به عمّه جان و زن عمو، در دل احساس دشمنی می‌کردم و آرزو داشتم که من و پدر شهر قشنگ زاینده رود را ترک کرده و به پایتخت برویم. تمامی این احساستم همراه با حس حسادت به نامادری و برادری ناتنی بود که هنوز نیامده، توانسته بودند بین من و پدر فاصله بیاندازند، و حتّی حمایت خانواده‌ام را هم از من بگیرند.

دو روز بعد، طرف‌های بعد از ظهر که می‌دانستم همه در اتاق‌های خنک به خواب رفته‌اند، بدون سر و صدا به سراغ بابا تقی در خانه عمو

جان رفتم و خیلی زود صدایش را شنیدم که با عیالش یکه به دو میکرد. انگار این رسم آنها بود که با هم با سر و صدا دعوا کنند، که بعد لذت آشتی، دو چندان مهر را به رابطه‌شان برگرداند. چند بار صدایش کردم تا بالاخره صدایم را شنید. وقتی من را در آن هوای گرم تابستان در برابر خود دید، یکه خورد و گفت: «ببم چرا در این گرما اینجا آمده‌ای؟ خیلی وقت است در آفتاب ایستاده‌ای؟» با ناراحتی گفتم: «بله. خیلی صدایت کردم و کم کم می‌خواستم برگردم». با نگاهی نگران، گیوه‌هایش را پوشید و به سرعت در حالیکه به زنش تشر می‌زد که یکدم حرف صنار یه غاز می‌زند، همراه من به زیر یک درخت آمد و پهلویم نشست، امّا سؤالی نکرد. تنها به صورتم نگاه کرد، و منتظر ماند تا اینکه من لب به سخن گشودم: «بابا می‌دانی پدرم می‌خواهد زن بگیرد؟ خیلی هم عجله دارد که من را شوهر دهد چون می‌داند اگر من در خانه باشم و کسی را به جای مادر برایم بیاورد، خانه را بر سر زنش خراب می‌کنم. تو هم باید کمکم کنی! باید کاری کنیم که اگر آن زن دو پا دارد، دو پای دیگر هم قرض کند و گورش را گم کند و از زندگی من برود بیرون». بابا تقی گفت: «ببم آرام باش و خون خودت را کثیف نکن. حالا تا قالی، قالی شود، هزار و یک دنگ و فنگ دارد. فرش تا از دار قالی پائین بیاید مدّتها طول می‌کشد تا زیر پا انداخته شود. همانطور که یک زن حامله هم تا فهمید حامله است، فورا بچه دار نمیشود؛ نه ماه طول میکشد تا یک قطره، بچه شود». نگاهش کردم و گفتم: «پس تو هم می‌دانی که داری صغری کبری برایم می‌چینی! راستش را بگو! کسی را در نظر دارند؟ اگر اینطور است من اصلاً خودم به اولین خواستگاری که آمد جواب مثبت می‌دهم و رفع

زحمت می‌کنم، و حسرت یک داماد خوب را بر دل پدر می‌گذارم». منتظر بودم باز سرم داد بزند و بگوید: «دختر از این حرف‌ها نباید بزند» ولی از آنجائی که مثل همیشه خوب متوجّه وضع بد روحی من شده بود، با مهر گفت: «عزیزم، ببم، تو تمام زندگی آقا سرهنگ هستی. ایشان تو را از چشم خودش هم بیشتر دوست دارد. اگر پسر شاه هم بیاید به این زودی‌ها دلش نمی‌آید کسی تو را از او جدا کند» لحظه‌ای سکوت کرد، و بعد با صورتی متفکر افزود: «انصاف هم چیز خوبی است. آقا موهایشان سفید شده، و تمام جوانی‌اش را پای تو گذاشتند و از خوشی‌ها به کلی کنار کشیدند. ایشان هرگز نمیخواهند تو را شوهر دهند فقط برای اینکه خودشان فارغ شده و بتوانند بروند دست یک زن غریب را بگیرند و با خود بیاورند به خانه. این حرف‌ها از کجا پیدا شده؟» گفتم: «دیروز خودم با گوش‌های خودم از عمّه خانم شنیدم، و پدر هم هیچ نگفت و هیچ اعتراضی نکرد». گفت: «عاقل باش. از این گوشت بشنو و از آن یکی بیرون کن. یک گوش را در کن، و دیگری را دروازه». لبخند زدم و گفتم: «بابا اینهمه مثال را از کجا یاد گرفته‌ای؟» گفت: «از روزگار». سپس آهی کشید و گفت: «برو آبی به صورتت بزن و یک کتاب خوب به دست بگیر و بخوان. حیف که من سواد ندارم. اگر داشتم کتاب از دستم نمی‌افتاد». بلند شدم و به طرف خانه خودمان به راه افتادم. کمی از ناراحتی‌ام کاسته شده بود، امّا چند روز گذشت تا اینکه کاملاً آرام گرفته و به اوضاع معمول خود بازگشتم و دیگر در تنهایی اشک نمی‌ریختم. رابطه‌ام با پدر، کمابیش به صورت قبل برگشته بود، امّا از عمّه خانم فاصله گرفته بودم، که از چشم تیزبین او هم دور نمانده بود.

ناراحتی پدر از فشاری که خانواده برای ازدواج مجددش به او تحمیل می‌کرد، همراه با عصبانیتش از چند خواستگار کاملاً نامناسب برای من، داشت جانش را به لبش می‌رساند که سرانجام در یکی از مهمانی‌های خانوادگی، به یکباره اعلام کرد: «به نظرم صلاح در این است که من دوباره به تهران برگردم. ای کاش خانه را نفروخته بودم، و دیگر حداقل مشکلی برای مسکن در آنجا نداشتم. این چند مدّت خیلی فکر کرده‌ام که تا تابستان تمام نشده است، باید بروم و جا و مکانی پیدا کنم و برگردم تا شیدخت را با خودم به تهران ببرم». حاج عمو نگاه پدرانه‌ای جانب او کرد و گفت: «پس مدّتی است داری دربارهٔ این موضوع فکر می‌کنی؟ تو همیشه به خاطر شغلت از ما دور بوده‌ای، و ما از برگشتنت به اصفهان، و بودنت پیشمان برای این چند سال گذشته، خیلی خوشحال بوده‌ایم. ولی اگر فکر میکنی بهتر است که ما را در این آخر عمری تنها بگذاری و بروی، می‌توانی آنچه را صلاح می‌دانی انجام دهی». عمّه خانم پکی به قلیانش زد و با لحنی آزرده گفت: «پناه بر خدا! من که نشنیده می‌گیرم»، و دیگر چیزی نگفت هرچند که احساس نارضایتی در صورتش به خوبی نمایان بود. ولی من از شنیدن این حرف پدر بسیار خوشحال شده بودم و فکر می‌کردم که شاید دارم از داشتن یک نامادری نجات پیدا می‌کنم. رو به پدر کردم و با شادی پرسیدم: «واقعاً راست می‌گوئید؟» پدر با نگاه پرمهر همیشگی‌اش رو به من کرد و گفت: «تو هم دلت می‌خواهد از اینجا برویم، و به این سفر راضی هستی؟» با لبخندی جواب دادم: «کور از خدا چه می‌خواهد؟ دو تا چشم بینا!» عمو جان با طعنه گفت: «دخترمان برای هر حرف و سخنی یک مثال هم دارد». زن عمو که هرگز دل خوشی از بابا تقی نداشت گفت:

«تربیت و همنشینی با بابا تقی و فاطمه خانم از این بهتر هم نمی‌شود...»، ولی نگاه تند پدر صدایش را برید و مجبور شد حرفش را نیمه تمام رها کند. حرف‌های پر از طعنه ایشان نتوانست از شادی من بکاهد. خوشحال بودم، و برای اولین بار پس از چندین شب، آن شب را با آرامش به صبح رساندم.

فردای آن روز، سر میز صبحانه سر صحبت را باز کردم و گفتم: «ای کاش قبل از رفتن به تهران اول سری به شیراز می‌زدیم. چندین سال است که خبری از دائی‌ها و خاله‌ها و بی‌بی بزرگ و بقیه نداریم و من واقعاً دلم برای فامیل، به خصوص دائی عزیزم تنگ شده است»، بعد از لحظه‌ای مکث ادامه دادم: «اگر برویم، می‌توانم یک سری هم به مزار مادرم بزنم که دلم باز شود». ولی این حرفم باعث شد که پدر نگاهی غضب‌آلود نصیبم کند. در آن زمان نمی‌دانستم، امّا پدر از علاقه من نسبت به پسر دائی مادرم با خبر شده بود، و نمی‌خواست به من اجازه دهد که دوباره نزدیک به او باشم. از آنجائی که من از این موضوع بی‌خبر بودم، فکر کردم شاید ناراحتی او از این بود که حرف مادرم را به پیش کشیده بودم. با عجله گفتم: «مقصودی نداشتم. به قول خودتان، سنگ مفت گنجشک هم مفت، شاید به هدف خورد. من هم خواستم حرفی زده باشم شاید به هدف بخورد و بی‌بی بزرگ را ببینم. ولی خب اگر شما راضی نیستید، بسیار خوب. نمی‌رویم. ولی بدانید خیلی دلم تنگ شده است». چند لحظه‌ای ساکت شدم ولی نتوانستم جلوی خودم را بگیرم، ادامه دادم: «فقط گفتم که نگوئید نگفته بودی وگرنه می‌بردمت یا می‌فرستادمت». دیگر صبر پدر به سر آمده بود. بدون کلمه ای، از سر میز بلند شد، و به اتاق خود رفت

و پس از عوض کردن لباسش، از خانه بیرون رفت و تا شب هم به خانه نیامد. پس از برگشت به خانه هم، برای «شب خوش» گفتن به پیش من نیامد. من هم از اتاقم بیرون نیامدم و دیگر حرفی از شیراز نزدم و اصرار نکردم، چون می‌دانستم بی فایده است و هر چقدر بگویم برای خاله و دائی (و در دلم اضافه کنم پسر دائی مادرم) دلم تنگ شده است، حرفم بر دل پدر کارگر نمی‌شود.

به هر صورت، سرنوشت برای من نقشه دیگری کشیده بود، که باعث شد که سفر تهرانمان به کلی منتفی شده و من در شهر آباء و اجدادی‌ام، اصفهان، به خانه بخت بروم.

ازدواج و آغاز عشقی پر شور

عکسی تکی از من

زمانی که دیگر دیپلمم را گرفته بودم، و داشتم خود را برای کنکور آماده می‌کردم، جشنی از طرف سازمان فرهنگ، به مناسبت حضور والاحضرت شاهپور غلامرضا پهلوی در اصفهان، در استادیوم ورزشی شهرمان به پا کردند، و چون من خوب صحبت می‌کردم و استعداد سخنگویی و دکلمه داشتم، مرا هم برای دکلمه شعری دعوت کردند که الحق به خوبی اجرایش کردم، و مورد تحسین بسیار هم قرار گرفتم، و چندین بار اجرای دکلمه‌ام را از رادیو اصفهان پخش کردند. اجرای موفق آن دکلمه، قسمت مهمی از سرنوشت مرا رقم زد، و تعدادی خواستگار را به طرف خانه ما جذب کرد، که پدر به همگی به غیر از یک خانواده بختیاری، جواب رد داد. نظر من هم برای رد یا قبول این افراد اصلاً دخیل نبود، امّا از آنجائی که این خانواده را نمی‌شناختم، قبول این خانواده از طرف پدر، در من حس کنجکاوی خاصی را بیدار کرده بود.

این خانواده، بسیار سرشناس و پر نفوذ بود، و مشتاق به دیدن من برای پسرشان. ملکه ثریا به این خانواده تعلق داشت، و حالا این خانواده می‌خواست برای خواستگاری من، برای پسر عموی ملکه سابق ایران به خانه ما بیاید. به همین دلیل پدر تحت تأثیر رتبه و اصالت این خانواده، مشخصاً نمی‌توانست بدون دیدن، و شنیدن آنها، جواب رد بدهد. صحبت و گفتگوهای تلفنی بسیاری درگرفت، و قرارها گذاشته شد و درست یک هفته بعد از اجرای دکلمهٔ من، پدر به من گفت: «امروز عدّه‌ای برای دیدن

و آشنا شدن با تو و صحبت کردن با ما به اینجا می‌آیند. لباسی ساده ولی شیک بپوش، و خودت را حاضر کن، و در بین ما حضور داشته باش». گفتم: «پدر، من که آمادگی ازدواج ندارم، و شما تقریباً همه را بدون سؤال از من رد کردید، چرا در این مورد موافقت دارید؟» پدر با لبخندی پاسخ داد: «صلاح را در این دانسته‌ام که به آنها اجازه آمدن و دیدن تو را بدهم، ولی اجباری در کار نیست. فقط چند ساعت دیدار و گفتگوست. تو فقط خودت باش. همان شیدخت همیشگی باش».

خانه آب و جارو و آبپاشی شد. حوض بزرگ خانه پدری خالی، و پر شد. گلدان‌های شمعدانی دور حوض، تمیز و براق شد. خانه جلوه و برو و بیای جدیدی به خود گرفت، و سالن پذیرایی با آمدن عمّه خانم خوش سلیقه و عموهایم تبدیل به یک جلسه خانوادگی شد. کسی از من سؤالی نمی‌کرد، و نظری نمی‌خواست. گویا بود و نبود من، هستی و نیستی من، یکی بود، و چندان تفاوتی نداشت. انگار نه انگار که این خانواده به خاطر من بود که داشتند به خانه ما می‌آمدند. عمّه خانم می‌گفت: «مگر در انصاری‌ها پسر کم بود که محمود خان تصمیم دارند با یک خانواده دیگر وصلت کنیم؟» عمو جانم می‌گفت: «من پدر ملکه ثریا، آقای خلیل خان اسفندیاری را می‌شناسم، و وقتی برای دیدن خانواده در ایران هستند، اغلب برای بازی به کلوپ اصفهان می‌آیند. خانواده اصیلی هستند». حاج عمو می‌گفت: «هر چه خدا بخواهد و قسمت باشد، همان خواهد شد. ولی خانواده‌ها برای هم مناسب هستند، و هر دو اصیل و اصل و نسب دار هستند. اگر پسرشان خوب و تحصیل کرده باشد، من که موافق هستم. اصالت خانواده برای ما حرف اوّل را میزند.» پدر باز بدون مشورت با من،

به دیگران ملحق شد و گفت: «من می‌خواهم شما بزرگتر ها همه نکات را در نظر بگیرید و بعد همگی با هم تصمیم می‌گیریم؛ نمی‌خواهم کاری انجام شود که نتیجه‌اش پشیمانی باشد».

من در تمام این مدّت ساکت، نظاره‌گر این حرکات و حرف‌های خانواده‌ام بودم. احساس می‌کردم که نامرئی هستم، و خواسته‌هایم برای احدی در این دنیا مهم نیست، و این باعث نوعی خشم در عمق وجودم می‌شد. در عین حال، از طرفی کنجکاو هم بودم، و می‌خواستم این افرادی را، که خانواده ما برایشان چنین جلسه‌ای گرفته‌اند، ببینم، و بدانم چه چیزی باعث شده است که پدرم برای اولین بار، به خواستگاری اینگونه روی خوش نشان دهد.

برای کم کردن نگرانی‌هایم، تصمیم گرفتم لب بگشایم، و سخن بگویم. پس از اندکی صبر تا اینکه حرف بزرگترها تمام شود، رو به آنها کردم و پرسیدم: «همه شما اینجا جمع شده‌اید که در مورد من و آینده من تصمیم بگیرید. آیا اصلاً برایتان عقیده من هم مهم است؟ آیا من می‌توانم در مورد آینده خودم نظری داشته باشم؟» با سؤال من، عمّه خانم عزیز من ابروهایش را به هم کشید و گفت: «بزرگترها بهتر است اول تصمیم بگیرند، و اگر تشخیص دادند صلاح است و همه چیز مورد قبول قرار گرفت، آنوقت نوبت به شما هم می‌رسد. جوان‌ها باید صبور باشند. دختر پل است و مردم رهگذر». در حقیقت در آن لحظه‌های بحرانی و کسل کننده، من یک پل شده بودم، و آماده برای اینکه این مهمانان بر روی من و خواسته‌های من پا بگذارند، و از روی من مثل یک پل بگذرند، و به آخر پل که رسیدند، شاید مرا چون یک دورنما ببینند و پسند کنند. خواسته‌های

خانواده‌ام، و خواستگارانم مهم بود، نه خواسته‌های من. دلهره خاصی تمامی وجودم را در بر گرفته بود. نگران بودم و نمی‌دانستم که اگر نخواستم به خانه این بخت بروم، آیا این بار هم راه فراری خواهم یافت؟

از طرفی دیگر، بابا تقی در آن واحد هم خوشحال بود و هم نگران. زیر لب غـرولند می‌کرد: «چرا دیر کـرده‌اند؟ چای کهنه می‌شود. میوه‌ها گرم می‌شوند، و شیرینی‌های تازه از دهان می‌افتند». گفتم: «بابا جان، هنوز که دیر نشده، ساعت ده دقیقه به پنج است. چرا عجله داری؟» آهسته در گوشم گفت:«ببم برای تو نگرانم. می‌خواهم ببینم به درد بخور هست یا نه؟ اگر نبود، تو به دیگران حرفی نزن، فقط بیا به خودم بگو. خودم نمی‌گذارم دسته گلم حرام و پرپر شود». این حرفش کمی دلهره‌ام را کمتر کرد. به یاد آوردم که دفعه قبل هم بعد از به چاه انداختن حلقه‌ام، به من گفته بود که اگر دوباره خودم را در دام دیدم، او به دادم خواهد رسید. چقدر مهربان بود این مرد. یکباره صدایش را بلند کرد و روی به باقی خانواده گفت: «ببخشید که دخالت می‌کنم، و پا از گلیم خود درازتر می‌کنم... می‌دانم این خواستگار محترم است و خانواده ریشه دار و اصل و نسب دار خان‌زادگی دارد، ولی دختر ما هم کم ندارد. شما را به روح آقا بزرگ خیلی مواظب باشید. من فقط انصاری‌ها را قبـول دارم. از بقیه غـریبه‌ها چشـمم آب نمـی‌خورد». عمّه خانم با مهربانی نگاهی به بابا کرد، و جواب داد: «بابا تقی تو بر سر همه خانواده حق پدری داری. حرفت درست است و ما صد البته که نظر تو را هم خواهیم پرسید». بابا تقی با خوشحالی نگاهی به ساعت جیبی محبوبش انداخت و گفت: «بروم که دو دقیقه دیگر باید در را باز کنم. خدا کند چای کهنه نشده باشد». عمّه خانم تذکر داد:

«پشت در نباش. زمانی که در زدند، کمی صبر کن و بعد در را باز کن. خودت را هم خیلی مشتاق و منتظر نشان نده». بابا غرّید و با تلخی جواب داد: «حالا کی منتظر و مشتاق است؟ می‌خواهم نیامده برگردند انشاالله!». همه از این جواب بابا تقی خنده‌شان گرفته بود. کسی دلش نمی‌آمد این پیرمرد پرمهر و دلسوز را برنجاند و حق نظر دادن را از او سلب کند.

به هر صورت، دیدن این شوق و اشتیاق اطرافیانم، به کم کردن نگرانی‌ام کمکی نمی‌کرد. مدام با خود می‌گفتم: «بگذار اول او را ببینم و بعد قضاوت کنم. شاید که او شاهزاده رویاهایم بود که سوار بر یک اسب سفید خواهد رسید، و دلم را شکار خواهد کرد». از طرف دیگر فکر اینکه ممکن است این همه شور و اشتیاق برای یک خان‌زاده قوی هیکل، چاق، سیبیلو و پرمدعا باشد، راحتم نمی‌گذاشت. اینطور که شنیده‌ام، بختیاری‌ها، حتّی بدتر از انصاری‌ها، جز خودشان هیچکس را قبول ندارند. حتّی وقتی دختر به شاه داده بودند، اصل و نسب خود را هم فراموش نکرده و خود را دست کم نگرفته بودند.

به هر حال، همانطور که همه در حال آماده شدن برای این دیدار بودند، من سرگردان بودم و نمی‌دانستم تک و تنها به امید و آرزوهایم شاخ و برگ دهم یا به ترس و دلهره‌ام. پدر متوجّه حالت گیجی و سردرگمی من شد، به کنارم آمد و گفت: «آرام باش. جلسه عقد که نیست. یک دیدار خودمانی است. اگر نخواستی من هم نخواهم پذیرفت». گفتم: «قول؟» پدر دستش را بر روی چشمانش گذاشت و گفت: «قول مردانه»، و من به یک باره آرام شدم. وجودم تهی از ترس شد، و دوباره جرأت و اعتماد به نفس پیدا کردم. به حرف‌های پدر اعتماد کامل داشتم. هرگز به من قولی نداده

بود که انجام ندهد.

درست سر ساعت پنج بعد از ظهر، بدون یک دقیقه کم یا زیاد، زنگ خانه زده شد. پس از کمی پا به پا کردن، بابا تقی که لباسش را عوض کرده و سر و صورتش را هم صفا داده بود، در را باز کرد و با نیمه تعظیمی خوش آمد گفت و مهمانان ما را به داخل خانه راهنمایی کرد. من و پدر در حیاط خانه به استقبال ایشان رفتیم. با دیدن آنها مقابل پله‌های خانه‌مان خشکم زد. این افراد از زمین تا آسمان با آنچه پیش خود تصوّر کرده بودم فرق داشتند و من اصلاً و ابداً منتظر افرادی به این سبک و شمایل نبودم. انتظار داشتم خانواده‌ای پرمدعا و پیر و چاق، با لباس‌های محلی بختیاری را ببینم، امّا به جای آن، با دو خانم زیبا و بسیار شیک پوش که بوی عطرشان فضا را پر کرده بود، و سه مرد برازنده و رشید و خوش تیپ روبرو شدم. با نگاهم می‌گشتم تا خواستگار خود را پیدا کنم، و چشم‌هایم همان شاهزاده رویاهایم را در مقابل خود یافتند: خوش قامت، شیک پوش، با وقار، مؤدب، و در یک کلام، یک جنتلمن به تمام معنا. میخکوب شده بودم. در دلم مدام به خود تذّکر میدادم: «زیاد خوشحال نباش. گول ظاهر را نخور! یادت باشد که باطن مهم است» این شاهزاده با گرفتن دست راست من در دستش، و زدن بوسه‌ای بر آن، رشته افکارم را از هم گسیخت. از این برخورد اشرافی او با خودم، بسیار خوشم آمد و ادبش به دلم نشست. این رفتار خوشایندش، بذر محبّتش را به دلم نشاند، و حال باید صبر می‌کردم تا ببینم آیا این بذر در دلم ریشه خواهد دواند یا نه. از آنجائی که من همیشه تجمل دوست بودم و عاشق زندگی باشکوه و اشرافی، در دلم از خودم نگران بودم. نگران بودم که مبادا این ظاهر زیبا

مرا فریب دهد، و خام کند، و متوجّه کمبودهای این جوان نشوم. با خود فکر می‌کردم که شاید بزرگ شدن در چنین خانوادهٔ مرفهی به او اجازه رشد شخصیتی نداده باشد، و هنوز بسیار به مادر خود وابسته باشد. اصلاً شاید یکی از آن بچه پولدارهای بسیار لوس و خودخواه باشد.

همچنان درگیر افکار خود بودم که وارد سالن پذیرایی شدیم.

عمّه خانم و عموهایم از روی صندلی‌هایشان بلند شدند. استکان‌های چای خالی، و یا نیمه خالی، و خاکستر در جاسیگاری‌های روی میز مقابلشان، به چشم می‌خورد. دو خانواده به هم سلام کردند، و به هم معرفی شدند. در بین آن دو خانم، خانم جوانتری که بسیار زیبا بود، بی‌بی قمر نام داشت و یکی از دختر عموهای داماد بود. خانم دیگر مادر داماد بود، و بی‌بی شیرین نام داشت. مردی که از همه مسن‌تر بود، پدر داماد بود. داماد که بسیار خوش برخورد بود سیروس نام داشت. مرد جوان خوش‌تیپ و خوش پوش دیگری که همراهشان بود، برادر بی‌بی شیرین، و همسر بی‌بی قمر بود.

جلسه در اول کمی سرد، و ناآشنا بود. کمی طول کشید تا گفتگو بین دو خانواده گرم گرفت. پس از گذشت مدّتی، متوجّه شدیم که هر دو خانواده دوستان مشترکی داشتند، که همین موضوع، باعث شد که هر دو جناح به زودی در کنار هم احساس راحتی و دوستی کنند. مادر داماد، خانمی چهل و پنج ساله، بسیار شیک پوش، با وقار، و نسبتاً زیبا بود، که از ظاهر و طرز حرف زدن و رفتارش، کاملاً می‌شد قدرت و ابهتش را حس کرد. با موهایی که مشخصاً در سالن درست کرده بود، و ناخن‌های تمیز و لاک زده، و حرکات پر از وقار و تکبّرش، به نظر من کمی ترسناک

می‌رسید. از طرفی دیگر بی‌بی قمر، آن خانم جوان که بسیار زیبا و مؤقر بود در همان اولین جلسه در دل من جای به خصوصی برای خود باز کرد.

کمتر می‌شد کسی بانوئی به زیبایی بی‌بی قمر دیده باشد. او، هم دختر عموی ملکه ثریا، و هم دختر عموی سیروس بود، و رابطه بسیار نزدیک و دوستانه‌ای با ملکه ثریا داشت. مادر سیروس، بی‌بی شیرین هم، برای خود مکان والایی در میان خانوادهٔ اسفندیاری داشت. به او، به علت عقل و سیاست و کیاستش، چرچیل نام داده بودند و به خاطر شجاعت و نترس بودنش، او را بی‌بی شیری خطاب میکردند.

اقتدار و ابهت بی‌بی باعث دو دلی و ترس من شده بود. من که حتّی مادر کم جذبه و ساده‌ای را هم در کنارم نداشتم، در مقابل بی‌بی شیرین کمی احساس بی‌پناهی میکردم. حتّی عمّه خانم پرابهت هم در مقابل این بانوی مقتدر کم آورده بود. برای اینکه ترسم را از مادر داماد کمتر کنم، برای مدّتی توجّهم را جلب پدر داماد کردم. خان خانواده، متین، مؤدب، و مظلوم به نظر می‌رسید و آشکار بود که زیر سلطه خانم خانه قرار دارد. نگاهش به روی من پر از مهر پدرانه بود و گاهی لبخند پر مهری هم نثارم می‌کرد. که البته نسبت به نگاه جدی بی‌بی، دلگرم کننده بود.

پذیرایی شایانی از مهمانان برجسته ما انجام شد. با وجود اینکه همگی حضّار مؤدبانه، یکدیگر را موشکافانه زیر ذره بین قرار داده بودند، گفتگوها بسیار دوستانه و عادی، دربارهٔ موضوعاتی چون سیاست و کشاورزی و وضع بد اقتصاد کشور بود. در این نشست، هیچ صحبتی از خواستگاری و ازدواج به میان نیامد، و پس از گذشت دو ساعت، مهمانان ما از ما خداحافظی کرده و رفتند. با رفتنشان، جلسه خانوادگی ما تازه

شروع شد. من که در مورد خواستگارم کنجکاو بودم، و می‌خواستم بیشتر در مورد او و خانواده‌اش بدانم، در کنار بزرگترها نشستم و به حرف‌هایشان با دقت گوش سپردم. متوجّه شدم سیروس را از هفت سالگی به کشور سوئیس برده و در شهر لوزان در یک پانسیون اشرافی به نام «لیسه ژاکارد» در یک مدرسه شبانه روزی ثبت نام کرده بودند. در آغاز، به مدّت دو سال پدر و مادر و برادر کوچکترش به نام هومان هم در همانجا اقامت کرده بودند، تا زمانی که مطمئن شده بودند که فرزندشان به محیط جدید عادت کرده است، و سپس به ایران بازگشته بودند. سالی یک بار برای دیدار از پسرشان به لوزان رفته، و سالی یک بار هم سیروس برای دیدار از خانواده‌اش به ایران می‌آمده است. البته این رسم و رسوم خوانین بختیاری بود که فرزندانشان را از بچگی به اروپا برده، و به مؤسسات شبانه روزی می‌سپردند. ملکه ثریا و برادرش بیژن، هم در همان شهر لوزان به مدرسه رفته و در همان شهر اقامت داشته‌اند، و تا آنجائی که من می‌دانم، رابطهٔ بسیار خوبی بین ملکه ثریا و خانواده سیروس وجود داشت.

شنیده‌ام در زمانی که او ملکه ایران بود، اغلب با سیروس و دیگر دختر و پسر عموها به اسب سواری و بازی تنیس می‌پرداختند. چراکه بختیاری‌ها به همان اندازه که نسبت به غریبه‌ها تکبّر دارند، نسبت به خودی‌ها مهربان، دست و دلباز و فروتن هستند.

به غیر از این، دیگر چیزی از آنها نمی‌دانستیم، و اطلاعات ما فقط در همین حد بود. پس از رفتن مهمانان چون صحبتی از

ازدواج و آغاز عشقی پرشور

بی‌بی شیرین

هرمز خان اسفندیاری بختیاری

خواستگاری به میان نیامده بود، بابا تقی به اتاق داخل شد و در حالی که زیر لب ولی به طوریکه همه بشنوند، غرولند می‌کرد، گفت: «اینهمه برو و بیا و تق و توق، برای هیچ و پوچ! خُب چرا آمدند و حرف نزده رفتند؟ راست می‌گویند آب ما و لرها به یک جوی نمی‌رود. اصلاً درخت لر سایه هم ندارد. هر چه از قدیم گفته‌اند درست گفته‌اند... البته آنها خان و بزرگ هستند». بعد روی به حاج عمو کرد و گفت: «خواستم بدانید، خان می‌خواست وقتی دستش را بوسیدم و در را باز کردم، دم اتوموبیل یک نوت[۱۳] در دستم بگذارند ولی قبول نکردم. اصرار کردند باز هم نگرفتم. گفتم من سلامتی شما را میخواهم. عزت شما زیاد». همگی از همّت والای بابا تقی خوشحال شدند. حاج عمو پاسخ داد: «آفرین به شیر پاکت!». عمّه خانم گفت: «اگر تو نبودی زندگی ما مختل بود و کامل نبود. بدون تو هفت ما گرو نهمان بود». زمان خداحافظی، حاج عمو، و عموجان هم به نوبت خود، حق بابا تقی را نادیده نگرفتند، و به او انعامی دادند. بابا با غرور و خوشحالی گفت: «تا شماها را دارم چرا محتاج محبّت کسی باشم؟ خدا از بزرگی کمتان نکند. همیشه مثل باران پر برکت هستید و می بارید، و زندگی ما را آباد می‌کنید. ما زیر سایه خدا و شما چیزی کم و کسر نداریم». و بدین ترتیب این اولین دیدار ما با این خانواده بختیاری پایان یافت.

دو روز گذشت و تقریباً موضوع این دیدار کمی فراموش شده بود. ولی من هنوز کنجکاو بودم. نه خوشحال بودم، و نه غمگین. البته دو روز برای اینکه من آن افراد اشراف منش را فراموش کنم کافی نبود. برای اینکه

---

[۱۳] نوت: اسکناس

ازدواج و آغاز عشقی پرشور

آن خانزاده با وقار و خوش‌تیپ از نظرم بیفتد، زمان بیشتری لازم بود.

به یاد حرف عمّه خانم افتادم که همیشه می‌گفت: «دختر پل است و مردم رهگذر». با خود فکر کردم: «نمی‌دانم چرا همیشه زنها باید پل باشند؟ این بار بهتر است بگویند پسرها پل هستند و دختر رهگذر، چون پدر قول داده است که کسی حق انتخاب را از من نگیرد و حرف آخر با خودم باشد. اصلاً با خلق و خوی من جور نیست که سرنوشت من دست دیگری باشد بلکه من، خودم، باید شوهرم را انتخاب کنم. البته اگر روزی روزگاری تصمیم به ازدواج گرفتم حتماً همین کار را خواهم کرد».

از طرفی رفتن به یک خانه اشرافی و داشتن زندگی مجلل آرزوی همیشگی من بود، و رسیدن به آن آرزو از طریق ازدواج با آن جوان بدون شک برای من بسیار جذاب بود، امّا از طرفی دیگر، اصلاً احساس آمادگی برای ازدواج را نداشتم. طبیعی بود. نوزده سال بیشتر نداشتم، و هنوز بسیار جوان بودم. در درون، بر علیه سنت‌های زن ستیزمان طغیان کرده بودم با خود استدلال می‌کردم: «مگر در قرآن نوشته شده که حتماً دخترها باید شوهر کنند؟ نه. من شوهر نمی‌کنم. من نمی‌توانم پدرم را تنها بگذارم. به شدّت پدرم را دوست دارم. همیشه با بوسه‌های روی پیشانی و دستان نوازشگر او بر موهایم به خواب رفته‌ام و صبح‌ها هم با صدای رادیو که شیر و خدا را پخش می‌کند بیدار، و با مهر پدر روانه مدرسه شده‌ام. اصلاً در کنار پدر می‌مانم و هرگز ازدواج نمی‌کنم. مگر حکم خدا است که دختران به خانه یک بیگانه به عنوان بخت بروند؟ من بختم در خانه پدری‌ام خیلی هم خوب و روشن است. می‌خواهم این قانون را بشکنم. فوق فوقش می‌گویند ترشید و شوهر گیرش نیامد، یا اینکه از بس پر مدعا و از خود

راضی بود، کسی به سراغش نرفت. چه اشکالی دارد؟ چه عیبی دارد بگویند ترشیده شد؟ بابا تقی می‌گوید حرف مردم باد هواست. می‌گویند و می‌رود به دوردست‌ها. شاید هم درست می‌گوید. همیشه حرف‌های او برای من حجت است.» البته بگویم، که با تمام این احوال، از آنجائی که دو روز بود که از آنها هیچ خبری نشده بود، کمی به غرورم بر خورده بود و احساساتم جریحه دار شده بود. این خانواده هیچ علاقه و اصراری هم به خرج نداده بودند که من ناز کنم و بگویم: «نه. من فعلاً تصمیم دارم به تحصیلم ادامه دهم و اصلاً قصد ترک خانه پدری‌ام را هم ندارم». ولی هنوز، کاملاً هم امید را از دست نداده بودم، و هر وقت زنگ تلفن صدا می‌کرد، گوش‌هایم را تیز می‌کردم که شاید آنها باشند. در دید من، به راستی، این خان‌زاده چیزی از یک شاهزاده واقعی کم و کسر نداشت و همین موضوع به سردرگمی و بلاتکلیفی من می‌افزود.

آن انتظار دردناک و گیج کننده یک روز دیگر هم ادامه یافت، و من که دیگر واقعاً از به طول انجامیدن مدّت انتظارم رنجیده بودم، پیش خود تصمیم گرفتم که هرگاه زنگ زدند، به آنها جواب رد بدهم. ولی آن روز، به جای زنگ تلفن، زنگ در خانه زده شد، و بابا تقی خوشحال و لبخند بر لب، در حالی که یک سبد بزرگ گل و یک جعبه شکلات سوئیسی در دستانش داشت، وارد اتاق شد. روی جعبه شکلات، کارتی قرار داده شده بود که در آن، خانواده اسفندیاری بختیاری، از من و پدرم برای صرف شام در فردای آنشب، دعوت به عمل آورده بودند. هنگامی که بابا تقی عزیزم از نوشته کارت مطلّع شد، گفت: «آقا سرهنگ خود دانید، ولی وقتی آنها خانم و آقایان را دعوت نکرده‌اند، شما هم نروید به صلاح است. چون

این بی‌احترامی است». پدر با خونسردی جواب داد: «بابا حرفت به جا، ولی بگذار با دیگران هم مشورت کنم، تا با هم یک تصمیم گیری کنیم که چه کار باید کرد». پدر بعد از صحبت‌های تلفنی با خانواده، نتیجه گرفت که وقت برای مهمانی دادن و دعوت کردن از طرفین زیاد است. نباید به خاطر چنین مسائل کوچکی یک موقعیت خوب را از دست داد، و بنابراین تصمیم بر آن شد که دعوتشان را قبول کرده، و از این فرصت برای بیشتر آشنا شدن با خانواده بختیاری استفاده کنیم. در ضمن آرام، آرام آن ذره امیدم را هم از پسر دائی بریده بودم، و انتظارم هم برای او به سر آمده بود.

با دیدن گل‌های زیبا، و جعبه شکلات، ناراحتی‌ام را کاملاً فراموش کرده، و تصمیم سفت و سختم دوباره سست شده بود. جوان بودم، و یک سر داشتم و هزار سودا، و نمی‌توانستم به راحتی به یک تصمیم قطعی برسم. در برخی مواقع به چهره پدر خیره می‌شدم تا بلکه از صـورت او به عمق افکـارش در مـورد این موضوع پی‌ببرم، ولی دریغ از یک سرنخ در صورت پدر.

در ظاهر پدر ردپای هیچ احساسی را نمی‌دیدم؛ نه غم، نه شادی؛ نه ترس، نه اعتماد به نفس؛ هیچ و هیچ. تنها می‌دیدم که کمی بیشتر سیگار می‌کشد، و اندوه خاصی را بر چهره دارد. هنوز داشتم پدر را خیره خیره نگاه می‌کردم، که به طرف من برگشت، و شاید از روی بی‌حوصلگی، و یا شاید برای نجات از افکارش، با اشاره‌ای به تخته نرد روی میز، گفت: «بیا پدر و دختری، یک دست پنج تائی بازی کنیم». پذیرفتم، و شروع به بازی کردیم. ولی در دست سوم هنگامی که من دو به یک جلو بودم، نگاهی به

من کرد و گفت: «دیگر بس است. بقیه بازی را فردا ادامه می‌دهیم». به صورتش نگاه کردم، و دیدم که خستگی در چهره‌اش موج می‌زد. لحظه‌ای سرش را پائین انداخت و به تخته نگاه کرد، و دوباره سرش را بلند کرد، و نگاه با نفوذش را متوجّه من کرد، و پرسید: «کی اینقدر بزرگ شدی که من اصلاً ندیدم؟ کی دیپلم گرفتی؟ من فکر می‌کردم همان دختر کوچولوی کلاس اوّلی هستی که فاطمه را برای مداد رنگی کتک زدی، و یا هر دو شکلات فرنگی‌ات را همان شب خوردی و فکر کردی من متوجّه نشدم». اشک در چشمانش جمع شده بود. بوسه‌ای بر پیشانی‌ام زد و به طرف در به راه افتاد، امّا قبل از رفتن، دوباره روی به من کرد و گفت: «تو هم به اتاقت برو و خوب استراحت کن. فردا شب شاید، شب تصمیم گیری باشد». به شوخی از پدر پرسیدم: «با پتو یا بی پتو؟». پدر خنده‌ای کرد و گفت: «تصمیم را این بار با خودت می‌گذارم. دیگر بزرگ شده‌ای.» سپس آهی کشید و اضافه کرد: «دور از چشم من بزرگ شده‌ای». از شنیدن سخنان پدر، قلبم فرو ریخت. شاید او فکر می‌کرد من بابت اینکه ممکن است از او، و از خانه پر از مهر و محبّت کودکی‌ام جدا شوم، خوشحال هستم. اشک به چشمانم هجوم آورد. پس از اینکه لحظه‌ای نشستم و خودم را آرام کردم، تصمیم گرفتم به پیش پدر رفته و هر طور شده لبخندی بر لبانش بیاورم. با این فکر به طرف اتاقش به راه افتادم، و آهسته چند ضربه کوچک به در اتاقش زدم. صدایش آمد که «در باز است بیا تو». وارد اتاق شدم و دیدم در کنار دست پدر یک لیوان ویسکی، و یک جای سیگاری پر از ته سیگار، و یک کتاب حضرت حافظ بود. معلوم بود اوقات خوبی ندارد. می‌دانستم که او هرگز نمی‌خواست حتّی فکر جدایی از من را

بکند، چه برسد به اینکه با دست خود مرا به دست دیگری دهد، و اسباب جدایی از دخترش را خودش فراهم آورد. وقتی وارد اتاق شدم، سر بلند کرد و کنجکاوانه نگاهم کرد، و پرسید: «کاری، حرفی، و یا سؤالی داری؟» گفتم: «آمده‌ام شکلاتم را از اتاقتان ببرم، و بخورم. آخر شما امشب مرا به یاد آن شکلات دوران بچگی‌ام انداختید». پدر قاطعانه پاسخ داد: «این شکلات ایرانی نیست که من بتوانم با گز و سوهان جبرانش کنم. یادت می‌آید چه بلائی بر سر آن حلقه آوردی و با چه زحمت و مصیبتی از چاه آشپزخانه در آورده و تمیز کرده و با شرمساری برای آن مردم محترم فرستادم؟ این بار پشیمانی در کار نیست. باید قبل از در دست کردن حلقه، و خوردن شکلات، درست فکر کنی و تصمیم بگیری». گفتم: «به شرط اینکه شما هم این بار نظر من را هم جویا شوید، و اشتباه گذشته را تکرار نکنید». پدر آمرانه پاسخ داد: «از شکلات خبری نیست. برو یک چند تا شیرینی دیگه پیدا کن و بخور. تا این جریان به نتیجه مطلوب نرسد، شکلات باز نمی‌شود». دیدم هنوز لبخندی بر لب ندارد، ولی خود را نباختم. با لحنی شیطنت آمیز گفتم: «من فقط می‌خواستم ببینم چه نوع شکلاتی است، و چه فرقی با شکلات‌های ایرانی دارد، وگرنه من که اصلاً شیرینی دوست ندارم. مخصوصاً شکلات آن شب که هر دو را خوردم، فقط به خاطر حسادتم نسبت به فاطمه بود، و از دست شما عصبانی بودم. وگرنه من که اصلاً اهل شکلات نیستم». پدر خندید و با طعنه گفت: «می‌دانم! تو که واقعاً میانه خوبی با شیرینی و شکلات و بستنی و غذاهای شیرین مخصوصاً فسنجان، نداری!» من هم با خنده جواب دادم: «پس خوب است که خودتان هم می‌دانید». لحظه‌ای دیگر را به خنده و شوخی

گذراندیم، و بعد من «شب خوش» را گفتم و به طرف اتاق خودم به راه افتادم.

با اینکه لبخند بر لب پدر آورده بودم، امّا دلم سنگین بود. پدر قهرمان زندگی‌ام بود. با دست سخاوتمندش هرآنچه را که می‌خواستم، بدون چون و چرا نثارم کرده بود. چطور می‌توانستم حتّی یک روز هم دور از چشم پدر باشم؟ زمانی که افسر بود، لباس افسری‌اش را بسیار به تنش برازنده می‌دیدم، و همیشه با خود فکر می‌کردم ای کاش من هم مردی برازنده همچون پدرم را بتوانم برای آینده خود پیدا کنم. حال که با شاهزاده رویاهایم رودررو شده بودم، به جای شاد بودن، درد شدیدی را از امکان جدا شدن از پدر در سینه خود احساس می‌کردم. با چشمانی پر اشک به اتاقم رفتم، و تن به آغوش مهربان پتوی مخملی خود داده، و به خواب فرو رفتم.

بعد از ظهر روز بعد، قبل از زمان موعود برای مهمانی شام، زنگ تلفن به صدا در آمد. من گوشی را برداشتم، و صدای پر ابهتی را شنیدم که گفت: «بی‌بی شیرین هستم». سلام کردم، و ساکت شدم. گفت: «سلام به روی ماهت، آیا گل‌هایی را که سیروس برایت فرستاد، دوست داشتی؟» با شیطنت و کمی ترس گفتم: «بله خیلی قشنگ و پر عطر هستند. ممنون که شما برایم فرستادید». خندید و گفت: «گل را مرد برای زن دلخواهش می‌فرستد. آن سبد گل را پسرم برایت فرستاد، نه من». به آرامی، و خجالت زده تشکر کردم. درست است که لبریز از شرم بودم، ولی با فهمیدن اینکه سیروس، خودش برای من گل‌ها را تهیّه کرده، و فرستاده بود، و ارسال این هدیه، تصمیم فرد دیگری نبوده است، دلم از شادی پر در آورد. پس

از لحظه‌ای سکوت، بی‌بی شیرین سؤال کرد: «برای آوردن شما به منزل ما، چه ساعتی خوب است اتومبیل بفرستم؟ البتّه سیروس هم برای خوشامد گوئی و همراهی خواهد آمد». با تشکر و خیلی عادی گفتم: «خیلی ممنون. اتومبیل هست، فقط آدرس خود را لطف کنید». پس از دادن آدرس، گفت: «بسیار خوب، منتظر تو و پدرت هستیم. امیدوارم شب خوبی را با هم داشته باشیم و بیشتر با یکدیگر آشنا شویم. ساعت هفت منتظرتان هستم».

با اینکه دیگر چند سالی بود که پدر خود را برای بیشتر بودن در کنار من بازنشسته کرده بود، هنوز به دیدن پدر در لباس‌های معمولی و رنگ‌های مختلف کراوات عادت نکرده بودم، و هنوز در نظر من، آن لباس یونیفرم افسری خیلی بیشتر به پدر می‌آمد، و او را با ابهت بیشتری جلوه می‌داد. شاید حتّی خود پدرم هم، به پوشش عادی خود عادت نکرده بود. با این حال آن شب بسیار شیک پوش و مرتب به نظر می‌رسید. من هم بدون آرایش، با یک لباس آبی ابریشمی زیبا که توسط خیاط مخصوص عمّه خانم با چند دست لباس دیگر قبلاً برای من دوخته شده بود، آماده رفتن به این مهمانی خصوصی شدیم. به دستور عمّه خانم یک سبد، یا حتّی یک شاخه گل هم برای دیدار با خانواده بختیاری با خود نبردیم. عمّه خانم توصیه کرده بود که حتّی اگر موافق این وصلت شدیم، باز هم خود را مشتاق نشان ندهیم. با دلهره و هزار و یک فکر دخترانه و شاید حتّی بچگانه، در سکوت محض، با پدر به سوی خانهٔ خان به راه افتادیم. زمانی که دیگر می‌توانستیم دروازه ورودی خانهٔ خان را ببینیم، پدر سکوت را شکست و گفت: «فقط خودت باش. تحت تأثیر هیچ چیزی قرار نگیر. من در کنارت هستم»، و با این حرف، دستم را آرام در دست گرفت و

فشار آرامی داد. گویی می‌دانست در آن لحظه تا چه حد به گفتار، و حمایت آرام کننده پدر احتیاج داشتم. به این ترتیب، و در حالی که هنوز دست در دست پدر داشتم، اتومبیلمان وارد باغ خان شد.

درِ خانهٔ خان، یک دروازه بزرگ بود که کنارش یک بابای دربان نشسته بود، و دروازه را برای ورود ماشین مهمانان، و افراد خانواده باز می‌کرد. از در دروازه، تا ساختمان اصلی خانه، مسافت تقریباً زیادی بود. دو طرف جاده به طرز چشم گیری گلکاری شده بود، و آب پاشی فواره‌ها همه جا را باطراوت کرده بود.

نرسیده به ساختمان اصلی، یک میدان بزرگ و پر از گل بود که یک مجسمه سفید از یک زن زیبا را در میان داشت. این مجسمه در واقع یک آب نما بود که با صدای شر شر آبش فضا را رویائی کرده بود. در دیداری دیگر، عکسی از من در کنار این منظرهٔ چشم‌نواز گرفته شد، که در صفحه مقابل می‌بینید.

تمامی خانوادهٔ اسفندیاری، در پائین ایوان به استقبال ما آمدند و مرا بوسیدند و ما را به سالن پذیرایی راهنمائی کردند. قبل از هر خدمتکار، قیافه مهربان یک بانوی بسیار چاق، که روسری حریر سپیدی به سر و پیشبند سپیدی به بر داشت، نظرم را به خود جلب کرد. تا مرا دید، گفت: «ماشاالله! قرص ماه به خانه آمد!». آنچنان صداقت چشمانش نظرم را جلب کرد، که برای همیشه مهرش بر دلم نشست.

ازدواج و آغاز عشقی پرشور

عکسی از من مقابل آب‌نمای خانهٔ خان

خانهٔ خان که خانه نبود، بلکه یک قصر بسیار مجلل، با تزئینات و مبلمان شیک، و اروپائی بود. بیش از ده خدمتکار و خدمه در هر گوشه و کناری به چشم میخورد، که سرپرست خدمه هم همان خانم چاق بود. بعدها فهمیدم همه خدمتکاران به شدّت از او حساب میبردند، و به شوخی و در خفا او را ننه گنده صدا میکردند. ولی افراد خانواده او را ننه خانم خطاب میکردند. ننه خانم زنی پاک، با شرافت، و به طور کلی، انسان مهربانی بود که واقعاً به خانواده بختیاری وفادار بود، و قلبی به زلالی یک چشمه آب خنک و روان را داشت. در تمام مدّت حضور ما در آنجا، موسیقی آرامی از یک رادیوگرام بزرگ، که در آن روزها آخرین مدل به حساب میآمد، به گوش میرسید. این بار برادر بزرگتر خان، یعنی آقای خلیل خان اسفندیاری، پدر ملکه ثریا، همراه با پسرش بیژن در جمع حضور داشت، که آنها را هم ملاقات کردیم. هر دو بینهایت فروتن و مهربان بودند. کمی آن یخ سرد و محکم دیدار اول، بین ما و آنها آب شده بود، و فاصلهها کمتر شده بود.

شام و شراب در محیطی اشرافی با پیشخدمت مخصوص و در محیطی گرم به انجام رسید، و پس از صرف شام، وقتی به سالن برگشتیم، کنیاک در جام کریستال مخصوص، و سپس قهوه ترک به تمامی حضار تعارف شد. البته کسی به من و سیروس شراب و یا کنیاکی تعارف نکرد. این دستور بیبی بود که ما در حال طبیعی روحی، با هم صحبت کنیم، و در کنار هم باشیم. البته من هرگز مشروب را امتحان نکرده بودم، و تمایلی هم نداشتم. ولی بعدها سیروس به من گفت که آنشب، بسیار تشنه یک جام شراب بود، و به محض رفتن ما، دو جام را لاجرعه سر کشیده و برای

مدّتی، با سرگیجه، بر روی همان مبلی که نشسته بود، به خواب رفته بود.

شب خوبی را داشتیم، ولی مثل دفعهٔ قبل، باز هم صحبت‌ها همه از موضوعات عادی و روزمره بود. در این دیدار، توانستم کمی بیشتر با سیروس و خانواده او آشنا شوم.

پس از چند ساعت صحبت و خنده و آشنائی بیشتر، ما برای بازگشت به خانه از جای خود بلند شدیم، که بی‌بی سر صحبت را باز کرد و گفت: «خواهش میکنم اجازه دهید ده دقیقه دیگر هم در خدمت شما باشیم، و کمی صحبت کنیم». پدر پرسید: «در چه مورد؟» بی‌بی به آرامی و با متانت ادامه داد: «ما دختر شما، و خانواده شما را بسیار پسندیده‌ایم، و خواستار این هستیم که شما ما را صاحب یک دختر شایسته کنید، و اجازه دهید پس‌فردا شب رسماً مطابق سنت و عرف، در خانه شما خدمتتان برسیم و رسماً مراسم خواستگاری را به جای آوریم». پدر در نهایت ادب و با غرور پاسخ داد: «از اینکه دختر من مورد محبّت شما قرار گرفته است متشکرم، ولی تنها پسند شما برای من ملاک و کافی نیست، و باید بدانم که آیا این پسر و دختر خودشان هم یکدیگر را پسندیده و قبول کرده‌اند، و برای یک عمر زندگی در کنار هم آماده‌اند؟ وظیفه من و شما بعد از این مرحله است. برای من آنچه دخترم بخواهد در درجه اول، و خواست پسر شما در درجه دوم اهمیّت قرار دارد». آقای خلیل خان اسفندیاری با خندهٔ پرمهری گفت: «حرف جناب سرهنگ را در بست قبول دارم. زمانی هم که اعلیحضرت خواستار دیدن ثریا شدند، در اولین ملاقات که ما به ایران آمدیم، قبل از شرفیاب شدن به حضورشان، من به دخترم گفتم به شاه به عنوان شاه نگاه نکن. او را به چشم یک مرد و همسر ببین، و درست

تصمیم بگیر. اگر تمایلی نداشتی، هیچ اشکالی ندارد، و هیچکس هم خبردار نمی‌شود، و ما در اولین فرصت برمی‌گردیم به اروپا. ثریا هم گفت اگر نخواستم اجازه می‌دهی هنرپیشه شوم؟ و من گفتم به شرط اینکه با قلبت تصمیم بگیری. قول می‌دهم فقط می‌خواهم شاه را به عنوان همسرت قبول داشته باشی، نه اینکه تحت تأثیر مقام شاه و ابهت ملکه شدن قرار بگیری». در این موقع برای چندی یادآوری جدائی ملکه ثریا از اعلیحضرت، و اینکه بختیاری‌ها نتوانسته بودند ولیعهدی به ایران بدهند کمی محیط را به سکوت و افسوس فرو برد.

بی‌بی با لبخندی مودبانه سکوت را شکست، و گفت: «پسر من قطعاً تمایل بسیاری دارد، و بین تمام دختر خانم‌هایی که دیده است، شیدخت را پسندیده است. و از صحبت‌هایم با عمّه خانم، می‌دانم که اصل و نسب یک خانواده، برای خانوادهٔ شما به اندازه خانواده خود ما مهم است. در این مورد ما و شما وجه مشترکی داریم، ولی همانطور که گفتید، تمایل دخترتان هم برای انجام این وصلت باید صد در صد باشد». و بدین ترتیب موضوع خاتمه یافت، و دیدار ما در محیط گرم و پرمحبّتی به پایان رسید. هنگام خداحافظی، باز سیروس دست مرا در دستش گرفت، و بوسه‌ای بر آن زد، و پس از رفتن ما، تا زمانی که اتومبیل ما از در باغ بیرون نرفته بود، همانجا ایستاد و با نگاهش ما را بدرقه کرد. باید اقرار کنم، که من، دختری جوان، و عاشق جاه و جلال و تشریفات بودم و با دیدن آنهمه زیبائی، اصالت، ادب، و رفتار اشراف منشانه توسط این خانواده، به طور قابل توجّهی تحت تأثیر قرار گرفته بودم، و با خود لذت داشتن چنین زندگی و موقعیتی در آینده را تصوّر میکردم. ولی قلبم هنوز طپش آرام خودش

را داشت، و هنوز زود بود شکار عشق سیروس که تازه وارد زندگی عاطفی‌ام شده بود، شوم.

راه برگشت به خانه را هم دوباره در سکوت طی کردیم، و پدر کلمه‌ای در مورد وقایع آن شب به زبان نیاورد. شاید آینده من ذهنش را درگیر کرده بود، و البته من هم به نوبت خود، در فکر و خیال غرق بودم. خودم را شناخته بودم و خوب می‌دانستم که آدم تجمل دوستی هستم، و زرق و برق و تشریفات همیشه چشم‌هایم را خیره می‌کرد. از بچگی اشیاء پر ارزش و قدیمی نظرم را به خود جلب می‌کرد، و علاقه بسیاری به عتیقه‌جات داشتم. البته، ناگفته نماند که فیلم «بر باد رفته» را هم چند بار دیده بودم و همیشه در خیال خود، خودم را به جای اسکارلت می‌گذاشتم، و حالا آن دایه سیاه‌پوست توی فیلم با آن پیش‌بند و کلاه دستمالی سپید و با همان حرکات دلسوزانه و پر مهرش، برای من جایش را به خانمی چاق و مهربان با پیش‌بند و روسری سپید داده بود.

تمام آن شب خواب به چشمانم نیامد. نمی‌دانستم چه کار کنم. از خود مدام می‌پرسیدم: «تصمیم درست چیست؟» پسری بسیار خوش تیپ، تحصیل کرده، فرنگ رفته، و از خانواده‌ای ثروتمند، و ممتاز نظرم را جلب کرده بود. از طرفی دیگر زندگی در میان خانواده‌ای که هیچکدام را نمی‌شناختم و آداب و رسومی غیر از ما داشتند، و بودن در کنار مادر شوهری چنین مقتدر و سالارمنش وحشت‌زده‌ام می‌کرد. تجمّل و اشرافیت را در خانوادهٔ پدری‌ام بسیار دیده بودم، ولی اگر ازدواج می‌کردم، می‌رفتم که خودم شخصاً صاحب اشرافیتی بیش از آنچه تا آن زمان تجربه کرده بودم، باشم. ولی من کجا و آن مادر سلطه جو کجا؟ پیش خود می‌گفتم: «خدا

رحم کند. من توان مقابله با آن خانم‌های زیبا و قد بلند، به خصوص مادر سیروس را ندارم، و زندگی در میان افرادی که کاملاً با ما تفاوت دارند و حتّی به زبانی غیر از ما سخن می‌گویند و همه پر از افاده هستند را طاقت فرسا می‌دیدم. پیش خود گفتم: «شاید بهتر باشد فردا به پدر بگویم که من تصمیم به ازدواج کردن را ندارم، و این تصمیم قطعی من است». ولی از طرفی دیگر، خواهان آن زندگی هم بودم... و چنین بود که ترس و امید دست در دست هم داده و با پریشان کردن افکارم، مرا تا دم دمک‌های صبح بیدار نگاه داشتند، و از آنجائی که آنقدر دیر به خواب فرو رفته بودم، تا نزدیکی ظهر خوابیدم، و چه بسیار رویا دیدم که گاهی دلنواز و گاهی هم دلهره آور بود.

وقتی که بیدار شدم، متوجّه شدم که خانواده پدری قرار است برای شام در خانه ما جمع شوند. می‌دانستم که می‌آیند تا در مورد خواستگاری آن جوان خوش تیپ خانزاده از من، با هم مشورت کنند. پس از صرف شام، پدر جریان شب پیش را برای همگی تعریف کرده و گفت: «پیشنهاد داده‌اند که برای خواستگاری رسمی از شیدخت به خانه ما بیایند». هیچکس مخالفتی نکرد و همگی با هم تاریخ شب موعود برای خواستگاری را تعیین کردند، و قرارها گذاشته شد، و کسی هم نظر مرا جویا نشد.

دو روز بعد، رفت و آمد و بیا و بروی دیگری در خانه ما از سر گرفته شد. در این حیث و بیث، هنوز مشغول درس خواندن برای کنکور هم بودم. پدر میخواست که من یک دکتر شوم. برایش فرقی نمیکرد در چه رشته‌ای تحصیل کنم. همین که بگویند یگانه دخترش تحصیلات عالی

دارد، برایش کافی بود. در آن زمان دوست و فامیلی داشتیم که دکتر داروساز بود، و به همین دلیل، پدر و من را هم تشویق به شرکت در کنکور این رشته می‌کرد. رشته‌ای که برای موفقیت در آن، دانستن و فهمیدن شیمی اهمیّت بسیاری دارد، در حالی که من هیچ‌وقت در شیمی شاگرد خوبی نبودم و اصولاً مقصود کاربرد این رشته و فراگیری شیمی را نمی‌فهمیدم. ای کاش لااقل رشته ادبیات را برگزیده بود. به هر حال تن به اجبار دادم و شرکت کردم. ورقه را سفید پس دادم و از شر رشته داروسازی راحت شدم. فکرم هم بیشتر درگیر تصمیم آن شبم، و مراسم خواستگاری، و مثبت و منفی بودن این وصلت بود. دل کندن از آن رویا سخت بود، ولی رضایت دادن به وصلت به مراتب سخت‌تر.

دستور شام از طرف عمّه خانم صادر شد، و تحت نظارت مستقیم ایشان به بابا تقی ابلاغ شد. و بابا تقی الحق و الانصاف سنگ تمام گذاشت و هیچ چیز کم و کسر نبود. سر ساعت موعود، مهمانان فرا رسیدند، و قبل از ورودشان هم یک کیک به همراه دسته گلی بسیار زیبا و بزرگ، توسط راننده‌شان برای ما فرستادند. من و پدر به استقبال مهمانان با ابهت و موقرمان رفتیم، و آنها را با خوش‌آمد گویی به داخل خانه، و سالن پذیرائی راهنمایی کردیم.

شام در محیطی معمولی بین دو خانواده صرف شد و آرام آرام گفتگو از سیاست و غیره به صحبت از مراسم خواستگاری سوق داده شد. قلب در سینۀ من آرام نمی‌گرفت. انگار قفسه سینه‌ام به اندازه کافی برای قلبم جای نداشت، و ضربان قلبم تمام وجودم را می‌لرزاند. احساس می‌کردم تک تک سلول‌های بدنم به ضربان افتاده بودند، و با اینکه در ظاهر، آرام

و متین در کنار دیگران نشسته بودم، در درونم آرام و قرار نداشتم. باز جای خالی مادر را در کنارم حس میکردم. ای کاش او زنده بود. مقتدر بود. سالار بود، و در کنار بی‌بی می‌نشست و خودی نشان می‌داد. البته عمّه خانم هم کم نمی‌آورد و در نهایت خونسردی و بی‌اعتنائی خواسته‌های خانواده را به آرامی بیان می‌کرد. من در سکوت شاهد این مراسم بودم و تک تک نگاه‌هایی که افراد به طرف من می‌انداختند، پوستم را می‌سوزاند انگار مرا واقعاً زیر ذره‌بینی حقیقی، برای ارزیابی و مقایسه با دیگر دختران قرار داده بودند. نمی‌دانستم یک مراسم خواستگاری می‌تواند آنقدر سخت و پیچیده باشد. قبلاً هم اجرای تشریفات مراسم خواستگاری را تجربه کرده بودم، ولی نه با این همه دنگ و فنگ، و گفت و گو، و بالا و پائین رفتن. در دل دعا می‌کردم از خواب بیدار شوم و نجات پیدا کنم. بی‌بی قمر متوجّه دگرگونی حال من شد، و به آرامی از من پرسید: «سرحال نیستی. کسالتی داری؟ یا اینکه از دست ما خسته شده‌ای؟» مؤدبانه جواب دادم: «دیدن شما که خوشحالم می‌کند. ولی امروز کنکور داروسازی داشتم و می‌دانم که قبول نخواهم شد». با شنیدن این حرف، سیروس بلافاصله با خوشروئی رو به من کرده و گفت: «اشکالی ندارد. با هم به سوئیس میرویم و هر دو همانجا ادامه تحصیل می‌دهیم».

این صداقت و بی‌سیاستی داماد قبل از مراسم بله بُران باعث خنده و شادی حضار شد، و به دل من هم نشست. سپس مراسم خواستگاری به طور رسمی انجام گرفت، و هرآنچه خانواده پدری، به خصوص عمّه خانم پیشنهاد داد، بی‌بی قبول کرده و گفت: «بسیار عالی. بهتر از آن هم باید انجام پذیرد». پس از جلب موافقت هر دو خانواده، برای اولین بار، از من

هم خواسته شد نظر خود را در مورد رد یا قبول پیشنهاد اظهار دارم.

با اینکه همیشه می‌خواستم تصمیم گیرنده خودم باشم، و بر این مورد پافشاری هم کرده بودم، حالا که وقت تصمیم گیری بود، مطمئن نبودم چه می‌خواهم. به صورت پدر نگاه کردم، و لبخندی را بر چهره وی دیدم. سپس نگاهی به طرف عمّه خانم کردم او هم سرش را به صورت نامحسوسی به معنای موافقت تکان داد. آنقدر اشاره سر عمّه جان آرام و پنهان بود که فکر نمی‌کنم کسی به غیر از من متوجّه شد. نگاه دیگری به داماد کردم، و با خود فکر کردم هر دختر دیگری به جای من بود، حتماً تا به حال چندین بار «بله» را گفته بود، و کار را تمام کرده بود. مستقیم در چشم سیروس نگاه کردم و او را منتظر و مشتاق دیدم. دل در دلم نبود. تمام شهامت داشته و نداشته‌ام را جمع کردم، و گفتم: «بله. موافقم». خوشحالی و مبارک باد هر دو خانواده بالا گرفت، و همگی حضار واقعاً از جواب من شادمان شدند. خودم، امّا، هم خوشحال بودم، و هم کمی گیج و ناراحت. نمی‌دانستم که واقعاً تصمیم درست را گرفته‌ام یا نه. امّا هر چه بود، دیگر بله را گفته بودم، و حداقل، احساس می‌کردم که این‌بار، این خود من بودم که برای آیندهٔ خود تصمیم گرفته بودم، و نه دیگران.

از فردای آن روز، آب و باد و مه و خورشید و فلک دست به کار شدند، و در کمتر از ده روز، من خودم را در یک لباس سپید مدل شانل[۱۴] بسیار شیک، و در کنار داماد، بر سر سفرهٔ عقد بزرگ و باشکوه، که با سلیقه در مقابل آئینه و شمعدان‌های عتیقه، غرق در جواهرات، گل، و نقل یافتم. آنقدر سریع همه چیز اتّفاق افتاده بود، که من فرصتی برای هضم

[۱۴] شانل: (Chanel) مارک یک طراح مدل لباس فرانسوی.

کردن اینهمه تغییر و تحول در زندگی خود پیدا نکرده بودم.

بیشتر آنچه که مرد عاقد به زبان آورد، به عربی بود و من هیچ نفهمیدم. و زمانی که پرسید «آیا وکیلم؟» بنا بر رسم و سنت دو بار ساکت ماندم و در سومین بار پاسخ دادم:«با اجازه پدر، بله». پس از جواب مثبت من بر سر سفره عقد، بارش سکه‌های طلا و نقل و گلبرگ گل توسط بی‌بی شیرین بر سر ما تمام شدنی نبود. در آن لحظه سرنوشت ساز، از میان آن همه خواستگاران متعدد، من قسمت یک جوان برازنده از ایل و تبار بختیاری شده بودم. در حقیقت من، عروس ایل خانی بختیاری شده بودم.

پس از پایان مراسم عقد در خانه پدری‌ام، با یک خواسته غیر منتظرانه از طرف سیروس روبرو شدم. بدون اینکه ما را از قبل، برای برگزاری مراسم دیگری مطلع کرده باشند، بی‌بی مراسم مخصوص دیگری را هم مطابق با فرهنگ ایل بختیاری در باغ خانهٔ خان با حضور بختیاری‌ها ترتیب داده بود، که صد البته عروس هم با خانواده خود باید در آن حضور می‌یافت. چه میشد کرد؟ دیگر من عضوی از آن خانواده شده بودم، و چاره‌ای جز پذیرفتن آن درخواست نداشتم.

بی‌بی به پدر اطلاع داد که مرا زودتر با خود خواهد برد، تا قبل از شروع مراسم بتواند عروسش را آماده آن جشن کند. پس از موافقت پدر، مرا با همان لباس سفید، در کنار سیروس نشاندند و ما به سوی خانهٔ داماد حرکت کردیم. در طول راه، من هنوز در حالتی گیج کننده، پر از خوشحالی و ترس و بهت غرق شده بودم، ولی زمانی که به خانهٔ خان رسیدیم آن حالت سردرگمی، در درونم افزایش یافت.

آنچه در مقابلم دیدم برایم غیر قابل باور بود. آن باغ به طور کلّی تغییر

کرده بود. تمامی آن باغ بزرگ خانهٔ خان را به زیبایی آراسته و چراغانی کرده بودند، و آن باغ بیش از پیش رویایی و چشم نواز به نظر می‌رسید. چهار چادر سپید رنگ و بزرگ هم به رسم ایل در دو طرف جاده باغ به چشم می‌خورد که از آنجائی که این اولین باری بود که من در عمرم یک خانه چادری می‌دیدم، برایم کاملاً تازگی داشت، و جالب بود. فواره‌ها مشغول آب‌پاشی بودند و صدای ساز و نقاره همه جا را پر کرده بود. به محض پیاده شدن من و سیروس، صدای کل زدن و شادی و شاباش سر به آسمان کشید، و بوی اسفند فضا را پر کرد، و خون گوسفند بیچاره‌ای هم به زمین ریخته شد. من که خود را تک و تنها در جمع بیگانگان می‌یافتم، احساس غربت‌زدگی شدیدی می‌کردم، و بدون اینکه به من فرصتی برای خو گرفتن با این فضای جدید را بدهند، در یک چشم به هم زدن مرا به یکی از آن چادرهای سپید بردند.

درون چادر آرامش خاصی برقرار بود. انگار به دنیایی جدید وارد شده بودم که از آن هیاهو و شلوغی باغ کیلومترها فاصله داشت. فرش‌های بختیاری زمین را پوشانده بودند و مُخَده‌های بسیار بزرگ و پتو بر روی فرش به چشم میخورد. چند صندلی نیز در کناری قرار داشت. یک آفتابه لگن هم در گوشه‌ای قرار داشت و در هر چادر یک مستخدم مرد با همان لباس بختیاری و شلوارهای سیاه و گشاد و گیوه به پا و یک کلاه نمدی به سر، برای خدمت ایستاده بود. این چادرها را برای استراحت بی‌بی‌ها و خان‌های مسن برپا کرده بودند و البته منقل‌های پر از ذغال گداخته هم برای داشتن یک شب فراموش نشدنی مهیّا بود.

پس از چند دقیقه که در این چادر، در تنهایی و به آرامش گذراندم،

بی‌بی با یک خانم میانسال وارد شد. بی‌بی برایم توضیح داد که آن خانم برای آرایش و آراستن من به سبک یک عروس بختیاری در آنجا حضور دارد. سپس به دستور بی‌بی یک صندوقچه به چادر آورده شد. درش را باز کردند و از آن یک بقچه ترمه با الیاف طلا بیرون آوردند که درونش یک دست لباس رنگارنگ داشت. بی‌بی با مهر به من گفت: «این لباس عروسی خود من است، و این لچک[۱۵] مربوط به عروسی مادرم بوده است. امشب آنرا به تن تو عروسم می‌کنم، و دعا می‌کنم اولین فرزندت پسر باشد. تو باید این لباس را به خوبی من نگاه داری و تن عروسی که شایستگی تو را داشته باشد، در شب عروسی پسرت بکنی. مواظبت کن که بید نزند». لحظه‌ای در سکوت به آن پیراهن نگاه کرد و ادامه داد: «این یک رسم است و تو امانت دار آن هستی. البته بعد از مراسم عروسی امشب، نزد من می‌ماند و وقتی پسری به دنیا آوردی و به ما دادی، و خوشحالمان کردی در آن موقع برایت به رسم خودمان فرستاده خواهد شد». در سکوت به حرف‌هایش گوش می‌دادم، امّا احساس میکردم با اینکه صدایش را می‌شنیدم، معنی کلماتش را متوجّه نمی‌شدم. مثل این بود که داشت با زبان دیگری برایم داستانی تعریف می‌کرد.

آن خانمی که همراه بی‌بی آمده بود، با مهر و لبخند و دعای خیر لباس سفیدی که به تن داشتم را از تنم در آورد، و به کناری گذاشت و لباس سنگین محلی بختیاری را جایگزینش کرد. این لباس محلی، از چند دامن بلند و پرچین تشکیل می‌شد، وهمراه با یک نیم تنه بلند بود، که با

[۱۵] لچک: روسری

ازدواج و آغاز عشقی پرشور ۱۵۱

یراق‌دوزی‌های[۱۶] زرد و آبی فیروزه‌ای، و رگه‌های قرمز تزئین شده بود. وقتی که این لباس را بر تن نحیف من کرد، حیرت کردم که این پیراهن درست به اندازه تن من بود. باورم نمی‌شد که زمانی مادر شوهرم هم به نازک اندامی من بوده است. سپس، آن خانم با جدیت به کارش ادامه داد. موهای بلندم را در دست گرفت، و به صورت دو گیس بافت و در دو طرف گردنم آویخت و یک طره از موهایم را در جلوی پیشانی‌ام آورد. سپس آن لچک سنگین از اشرفی را بر سرم کرد، و پس از یک آرایش بسیار ساده و سبک به دستور سرکار بی‌بی، کارش تمام شد، و مرا دعوت کرد که در آئینه خود را نگاه کنم. وقتی خودم را در آئینه تمام قدی که در چادر گذاشته بودند، دیدم، خودم را نشناختم. گویی یکی از همان خانم‌هایی که چند دقیقه پیش در بیرون از چادر دیده بودم، از درون آئینه به من خیره شده بود. تمامی وجودم را انگار تغییر داده بودند، و تنها چیزی که برایم باقی گذاشته بودند اسمم، و کفش‌های سپیدم بود. پس از اینکه مدّتی به خود خیره شدم، کم کم به ظاهر جدیدم عادت کردم و دیدم که واقعاً این لباس زیبای محلی از آن پیراهن فرنگی سپیدی که قبلاً به تن داشتم، زیباتر است.

هنوز مدّتی نگذشته بود که بی‌بی به درون چادر وارد شد. او هم تغییر لباس داده بود، و حالا لباسی محلی به تن داشت. با وجود این تغییر لباس، هنوز هم همان زن-سالاری در چهره‌اش به خوبی نمایان، و حتّی چند برابر شده بود. بوسه آرامی به گونه من زد و با مهربانی نگاهم کرد. سپس

---

[۱۶] یراق دوزی: دوختن رشته‌های زرین یا سیمین در کناره‌های پارچه‌های ترمه و یا جامه.(لغت نامه دهخدا)

رو به آن خانم که هرگز نفهمیدم اسمش چه بود کرد، و گفت: «از این به بعد، به همه خدمتکاران بگو عروسم را بی‌بی عروس خطاب کنند. کسی ایشان را به نام صدا نکند» با شنیدن حرف بی‌بی یخ کردم. مگر می‌شود حال که تمامی ظاهر مرا عوض کرده‌اند، اسم مرا هم از من بگیرند؟ با اینکه دلخور بودم، مخالفتی نکردم. پس از اینکه از نظر ظاهر درست مثل یک دختر یا نوعروس بختیاری شده بودم، بی‌بی یک سکه در دست آن خانم گذاشت و با «دستت درد نکند، دستت خیر باشد»، او را راهی کرده، و مرا به سوی دیگر مهمانان راهنمایی کرد. من هنوز داشتم به این نام جدید «بی‌بی عروس» فکر میکردم. با خود گفتم: «فعلاً چاره‌ای ندارم، و باید سکوت کنم. نامم را که نمی‌توانند از من بگیرند. با همان نام شیدخت پا به جهان هستی گذاشته‌ام، با همان نام به عقد این جوان بختیاری در آمده‌ام، و با همان اسم هم می‌میرم. باید از اوّل فکرش را می‌کردم حالا دیگر دیر شده است و آب از سرم گذشته». چرا به خاطر یک کلمه «بله» من باید خانواده، آداب و رسوم، و حتّی نام خودم را هم تغییر بدهم؟ حس غیرت و تعصّب فامیلی در خونم می‌جوشید، و اینگونه بود که من می‌رفتم که راه عمّه خانم را در تعصّب فامیلی دنبال کنم.

شاید به همین خاطر بود که آن شب، اولین و آخرین باری بود که لباس زیبا و پر ابهت این ایل اصیل و نجیب را بر تن کردم، و هرگز زبان زیبای لری را هم فرا نگرفتم. سعی می‌کردم آداب و رسوم خود و خانوادهٔ پدری‌ام را مقدّم بدانم، و از ریشهٔ خانوادگی خود دور نشوم، و به این سبب، همیشه برایم خانوادهٔ پدری‌ام ارجحیت داشتند. می‌ترسیدم هویتم، و آنچه مرا «شیدخت» می‌کند از من بگیرند. می‌خواستم خودم باشم، و

خودم هم باقی بمانم.

راستش را بخواهید انصاری‌ها هم در تکبّر و افتخار به نام و نشان و اصل و نسبشان، دست کمی از خانواده جدیدم نداشتند. بابا تقی که همیشه در گوشم زمزمه میکرد: «حالا که قسمت نبود زن کسی از خانواده بشوی فراموش هم نکن که از خون پاک این خاندان هستی». کمی هم حسادت را چاشنی دلسوزی‌هایش می‌کرد و می‌گفت: «به خصوص آن کَل‌نظر[۱۷]، طباخ بی‌بی را که اصلاً به حساب نیاور! او و آن ننه گنده سیصد کیلوئی هرگز مثل من و فاطمه خانم تو را دوست نخواهند داشت. تو نور چشم ما هستی ولی برای آنها، فقط عروس آنها هستی». من هم می‌گفتم: «بابا تقی جانم، کسی جایت را برای من نمی‌گیرد». و واقعاً هم این حرف را از صمیم قلب می‌زدم، و می‌دانم که هرگز کسی چون بابا تقی محرم اسرار من نبود. گاهی هم اذیتش می‌کردم و از غذای طباخ بی‌بی تعریف می‌کردم که حسادتش جوش بیاید. به یاد دارم یکبار که برای شوخی به او گفتم طباخ بی‌بی فلان غذا را بسیار خوب درست می‌کند، و خیلی خوشمزه است، بابا با طعنه جواب داد: «چه حرف‌ها! آمدند فیل را نعل بزنند، قورباغه هم پایش را بلند کرد! حالا کَل‌نظر هم شده بهترین طباخ دنیا! خدا شانس بدهد».

تا به حال، این غرور خانوادگی و این غیرت و پافشاری به حفظ کردن اصالت خود، و خانواده‌ام بوده است که باعث شده است من هرگز به کسی اجازه ندهم مرا، و آنچه من بودم و هستم را، ندیده بگیرد، و یا به زور تغییر دهد. در آن جشن، با دیدن خود در لباس‌هایی که مال من نبود، و

---

[۱۷] کَل: پیشوندی که به اسم کسانی که به زیارت کربلا رفته بودند می‌دادند.

شنیدن نامی که از آنِ من نبود، برای اولین بار در شهر پدری‌ام، اصفهان، کمی احساس غربت کردم.

زمانی که با بی‌بی به بیرون از چادر قدم گذاشتیم، به اطراف نگاه کردم، و دیدم مهمانان بسیاری در باغ جمع آمده بودند، و به شادی و پایکوبی مشغول بودند. هیچکدام از مدعوین برایم آشنا نبودند. تمام خانم‌های شیک و آراسته، و آقایان فکل کراواتی سر عقد، غیبشان زده بود و جای خود را به مردمی شاد، با لباس‌های رنگارنگ محلی بختیاری داده بود. پس از مدّتی، بی‌بی قمر در حالی که لباس محلی بسیار قشنگی به تن داشت، که زیبائی‌اش را چند برابر کرده بود، با لبخندی دوستانه به سویم آمد و من را با خود برد که به بعضی از مهمانان معرفی‌ام کند. همه تغییر لباس داده و به لباس‌های برازنده اجدادی خود برگشته بودند.

لحظه‌ای آرام و قرار در بین جمع نبود. ساز نقاره و دهل و کرنا گوش را کر می‌کرد، و هر کس سرش به خوشی خودش گرم بود. خانم‌ها به صورت دایره وار با دیگر آقایان می‌رقصیدند. در گوشه‌ای دیگر جوانان مشغول رقص ترکه و چوب بازی و کشتی گرفتن بودند. رقص چوب جوانان که همیشه در فضای آزاد برپا می‌شود، در واقع یک نوع تمرین رزمی، و نمایش شجاعت و دلاوری است، و دیدنش خالی از لطف نیست. لباس‌های محلی همه زیبا و چشمگیر و رنگارنگ بودند، و همه جا شور و نشاط و شادی موج می‌زد. من، امّا، احساس شادی نمی‌کردم. با چشم‌هایم به دنبال خانواده پدری‌ام می‌گشتم و آرزو می‌کردم قیافهٔ یک آشنا را ببینم. بالاخره نگاه من در میان آنهمه جمعیت، خانوادهٔ خودم را یافت، و انگار دنیا را به من هدیه داد. با لبخندی شاد به سوی پدر دویدم

و به آغوشش گرفتم. پدر با نگاهی پرغرور ولی متعجّب براندازم کرد. از دیدن لباس و تغییر ظاهر من شوکه شده بود. دوباره مرا با لبخند به آغوش کشید، و عمّه جان هم خنده‌ای کرد و گفت: «مبارک است». حالا که کنار خانواده‌ام بودم می‌توانستم با خیال راحت از این جشن لذت ببرم. دیگر چیزی کم و کسر نداشتم و دوباره احساس آرامش و شادی می‌کردم. دوباره احساس می‌کردم که خودم شده‌ام، و دیگر احساس غربت نمی‌کردم. از کنار خانواهٔ پدری جدا نمی‌شدم. داماد را هم نمی‌توانستم پیدا کنم، انگار آب شده بود و رفته بود به زیر زمین. بعد از گذشت حدود یک ساعت، پدر سراغ دامادش را از بی‌بی گرفت و بی‌بی با لبخندی در جواب گفت: «بهتر است شیدخت همینجا در کنار شما، و خانوادهٔ خود بایستد، تا چند دقیقه دیگر، سیروس هم پیدا خواهد شد».

مدّتی نگذشت که به ناگهان صدای شلیک چند تیر آمد، و توجّه ما را به سمت صدای شلیک جلب کرد. این تیرها هوایی بودند که آنها را برای اطلاع از ورود داماد شلیک کرده بودند. در یک آن، چند سوار بر اسب‌های لخت بدون زین که نشانگر شجاعت در سواری بود وارد باغ شدند. و چند تیر هوائی دیگر هم شلیک کردند. شک ندارم که صدای هلهله جوانان با سم اسب‌ها، آمیخته با صدای ساز و دهل و کل زدن خانم‌ها، تا چند خیابان آنطرف‌تر هم می‌رسید.

پس از لحظه‌ای، سیروس هم، در حالی که لباس مردان ایل را به تن داشت، اسب سوار و یورتمه کنان به طرف ما آمد، از اسب پیاده شد، و تعظیم کوتاهی به خانوادهٔ خودش و خانوادهٔ من کرد، و ناگهان من حیرت زده را بلند کرد، و در ترک اسب خود نشاند، و در یک چشم بر هم زدن

از در باغ خانه خارج شد، و جوانان سوارکار دیگر هم به دنبال او، و پشت سر داماد از باغ به بیرون تاختند. اسب داماد تنها اسبی بود که به خاطر سوار کردن و همراهی عروسش، زینی زیبا به همراه پا رکابی داشت. سیروس چند خیابان را سوار بر اسب تازید، و پس از مدتی اسب سواری، و چند بار بوسه زدن به گردن و سر من، به باغ برگشت. او را در آن لباس و با آن حرکات شاهزاده‌وار بر اسب سپیدش، چنان برازنده دیدم، که کمی نگرانی از آنهمه تغییر در زندگی‌ام را برای مدّتی فراموش کردم. او دقیقاً همان شاهزاده اسب سوار رویاهایم بود. با این حال بعد از برگشت به باغ، دوباره به طرف خانوادهٔ خود رفته و در پیش آنها ماندم، و از کنارشان تکان هم نمی‌خوردم به طوریکه داماد مجبور شد برای معرفی من به دیگران، بیاید و خودش دستم را بگیرد و با خود ببرد.

در واقع ترس و وحشت تا عمق وجودم رخنه کرده بود. از آئین، سنت، لباس، و زبانی که ندیده و نشنیده و نشناخته بودم وحشت داشتم. از بودن در کنار مادر شوهری چنان با ابهت، هراسناک بودم. خانم‌ها و آقایانی که در چند ملاقات قبل دیده و تا حدودی شناخته بودم، حالا به کلی تغییر یافته بودند، و دیگر آن افرادی که می‌شناختم نبودند. همچنان زیبا، باوقار، با غرور، به رقص و پایکوبی ایلیاتی مشغول بودند، و فخر به زمین و انسان می‌فروختند. رقصشان دل نشین و زیبا بود، ولی برای من ناآشنا بود، و ترسم را تشدید می‌کرد. وقتی سیروس دستم را گرفت و بوسید و مرا به رقص دعوت کرد، چیزی در قلبم پاره شد و فرو ریخت. گفتم: «من اینگونه رقصیدن را بلد نیستم. اصلاً من رقص بلد نیستم!» خندید و گفت: «من هم بلد نبودم ولی یاد گرفتم. یادت باشد و فراموش هم نکن، تو حالا

بی‌بی عروس شده‌ای. هیچ کاری برای یک عروس بختیاری مشکل نیست. من خودم نمی‌گذارم چیزی برای تو مشکل باشد». حرف قشنگش به دلم نشست، و اندکی با او به رقص پرداختم. با تاریک شدن هوا، آتش‌ها در گوشه و کنار باغ برپا شد که در آن تاریکی جلوه خودش را داشت. چندین نفر مشغول درست کردن کباب بر روی آن آتش‌ها شدند، و در ضمن کار، آهنگ‌های لری را هم زمزمه می‌کردند.

بوی کباب بره‌های درسته و مرغ‌های بریان فضای باغ را با چنان بوی دلپذیری پر کرده بود که هر سیری را گرسنه می‌کرد. همه لیوانی پر از آب حیات در دست داشتند. مردان بختیاری، خود به سروقت کباب میرفتند و قطعه‌ای در بشقاب‌های خود می‌گذاشتند، ولی برای زنان بختیاری، غذا آورده می‌شد.

واقعاً که آن شب شاهد یک جشن افسانه‌ای و پر خاطره بودم. هنوز وقتی به آن دوران فکر می‌کنم، حتّی بوی کباب آن شب به مشامم می‌رسد و صدای رئیس شهربانی را در موقع خداحافظی می‌شنوم که به آقای استاندار به شوخی گفت: «این خانزاده امشب قانون شکنی کرده و بر خلاف قانون تیراندازی به راه انداخته. اگر اجازه دهید دستور دهم توقیفش کنند»، و آقای استاندار که اگر درست به یاد داشته باشم، مهندس پارسا بود، با خنده جواب داد: «امشب من ضامن او می‌شوم، این بار را چشم پوشی کنید». (البته برای تیراندازی بنا به رسم ایل بختیاری، قبلاً اجازه گرفته شده بود، و این حرف‌ها تنها برای شوخی و خنده بود).

داماد در آن لباس اجدادی‌اش، جذابیت دیگری داشت. شلوار سیاه و گشاد، یک نیم تنه بلند سپید با رگه‌های مشکی در بر، و یک کلاه سپید

ایلیاتی بر سر، و یک تفنگ برنو بر روی شانه آویخته بود. با همه جوانان فامیل پدری و مادری من فرق داشت. جذاب و جدید بود، و در میان آنهمه هراس و وحشت در دل من، تنها کسی بود که به من آرامش و امید برای آغاز زندگی جدیدم را می‌داد.

مراسم جشن و سرور تا نیمه‌های شب ادامه داشت، امّا در ساعات آخر، کمی آرامش برقرار شده بود. به قول عمّه خانم کوچکترین ایرادی را نمی‌شد به این پذیرائی و مجلس عقد شاهانه گرفت، و خانواده اسفندیاری نکته‌ای را نادیده نگرفته، و سنگ تمام گذاشته بودند.

وقتی به پایان مراسم نزدیک شدیم، پدر مرا به گوشه‌ای برد و آمرانه در گوش من گفت: «قرار نیست تو امشب اینجا بمانی. اگر هم گفتند تو قبول نکن». عمّه خانم هم به ما ملحق شد، و حرف پدر را بازگو کرد و گفت: «می‌دانی، ما هم برای خود آبرو و حیثیتی داریم. دخترمان را که به این راحتی نمی‌شود از خانه پدر بیرون ببرند. تو عزیز و یکدانه ما هستی». من هم در جواب گفتم: «من خودم که اصلاً نمی‌خواهم اینجا بمانم. من می‌خواهم با شما به خانه‌مان برگردم». در این موقع بی‌بی متوجّه گفتگوی ما شد و جلو آمد و گفت: «امیدوارم خوش گذشته باشد و ما هم توانسته باشیم به سهم خود، خوش آمد گویی خوبی به دخترمان گفته باشیم». عمّه خانم هم با متانت در جواب گفت: «بدون اغراق جشنی بسیار عالی و در خور هر دو خانواده برگزار کرده‌اید، و ما از این بابت سپاسگزاریم. ولی نکته اینست که ما هم مطابق رسومات خودمان مایل نیستیم عروس امشب در خانه داماد بماند. ما هم باید به اندازهٔ کافی برای آماده کردن وسائل دخترمان وقت داشته باشیم». بی‌بی شیرین خندید و گفت: «صد البته، هر

طور که شما صلاح دخترتان را بدانید، همان خواهد شد. از این به بعد شیدخت خانه دیگری هم دارد و آغوش ما بر روی عروسمان باز است. من قبلاً در این مورد با پسرم صحبت کرده‌ام و برایش توضیح داده‌ام که اینجا مثل اروپا نیست، و او را به آداب و رسوم ایرانی آشنا کرده‌ام. علّت اینکه من برای برگزاری مراسم عقد عجله داشتم، و ده روزه این کار به انجام رساندم، این است که مادرم به شدّت بیمار است، و من می‌خواستم هم قبل از رفتن از این دنیا، عروس نوه‌اش را ببیند، و هم اینکه ما مایل نبودیم عروس به این خوبی را از دست بدهیم و بگذاریم نصیب کس دیگری غیر از پسرم شود».

از قضای روزگار، عجله بی‌بی بی‌دلیل هم نبود. روز بعد از عقد، مرا برای دیدن مادر بی‌بی به بیمارستان بردند، و این تنها باری بود که من ایشان را دیدم، چرا که درست پنج روز پس از برگزاری مراسم عقد، چشم از جهان فرو بست. درباره زندگی‌اش داستان‌های خوب زیادی را از زبان خانواده شنیدم. می‌گفتند یکی از بی‌بی‌های بسیار شجاع بوده است، و از او بسیار به خوبی یاد می‌کردند.

پس از پایان جشن، من با بدرقه و گل راهی خانه پدری‌ام شدم. وقتی آن لباس‌های زیبا، ولی سنگین بختیاری را از تن در آوردم، و صورتم را با آب و صابون شستم، دوباره خودم شدم. یکباره به آغوش پدر پناه بردم، و شروع به گریه کردم. نمی‌خواستم از پدر جدا شوم. مدام از صمیم قلب تکرار میکردم «پدر دوستت دارم» و به او میگفتم که نمیخواهم تنهایش بگذارم. پدر مرا بوسید و گفت: «دیگر کار از کار گذشته است، و با آن بله گفتن و امضاء کردن دفتر دیگر همه چیز به اتمام رسیده است. به فکر

آینده‌ات باش، و به یک زندگی خوب امید داشته باش، چون پشیمانی دیگر بی‌فایده است»، و بعد با شوخی افزود: «این دفعه مواظب باش این حلقه از دستت در چاه فاضلاب نیفتد چون این بار باید زیر پتو بروی و ارفاقی هم مثل دفعهٔ قبل در کار نیست». هر دو خندیدیم. پدر مرا محکم در آغوش کشید و با مهر گفت: «بدان تا زنده هستم کسی قدرت آزار رساندن به تو را ندارد. هر وقت به پدرت احتیاج داشتی فقط صدایم کن. وقتی هم من نبودم زیر پتو یا ملافه‌ات برو و با من حـرف بزن. مطمئن باش صدایت را می‌شـنوم و راهنمائی‌ات می‌کنم. من هرگز تو را تنها نخواهم گذاشت». حـرف‌هایش کمی به من قدرت داد، و آرامم کرد. گفتم: «پدر، ولی به خدا آن پتو خیلی زبر و خشن بود». پدر لبخند زنان صورتم را بوسید و گفت: «میدانی؟ برایت لازم بود. دنیا بیرحم است. باید راه و روش زندگی کردن را یاد می‌گرفتی و خوب و بد را از هم تشخیص میدادی. باید بدانی که شلاق روزگار، از پتوی پدرت هم زبرتر و خشن‌تر است». و چه درست می‌گفت. بعدها ضربات شلاق روزگار را چشیدم. نه یک بار و دو بار، بلکه نوازش آن تازیانه‌های ناحق و ناروا را بارها حس کردم، و هنوز که هنوز است، سوزش ضرباتش را بر روح، و پیکرم حس می‌کنم.

دوران تلخ و شیرین زندگی مشترک

عکسی تکی از من، بعد از ازدواج

پس از برگذاری مراسم عقد و آن جشن با شکوه، مدّت هفت ماه در خانه پدرم ماندم. بیشتر روزها سیروس به دیدنم می‌آمد و یا مرا به خانه‌شان دعوت می‌کرد. این دیدارها رفته رفته مهرش را به دلم نشاند، و باعث شد بذر محبّتی که با دیدار اول به دلم پاشیده شده بود، ریشه بگیرد و به زودی خود را کاملاً دلبسته شوهرم یافتم.

پدر به شدّت نگران بود و اجازه نمی‌داد مدّت زمان زیادی را در کنار سیروس در تنهایی بگذرانم. سر ساعتی معین باید به خانه برمی‌گشتم، و یا او خانه ما را ترک می‌کرد، و این رفتار محتاطانه پدر، باعث دلگیری سیروس و خانواده‌اش شده بود. از طرفی پدر هم به جهاتی حق داشت. من را بدون مادر بزرگ کرده بود، و صلاح را در این می‌دید که قبل از مراسم عروسی، بیشتر از قبل مراقب من باشد. در این مدّت بیش از پیش ابهت و قدرت و جذبه مادرشوهر مرا به وحشت انداخته بود. ترس از بی‌بی شامل بیشتر افرادی که او را می‌شناختند، یا برایش کار می‌کردند، می‌شد. تمامی افراد خانواده از او حساب می‌بردند و به قول معروف، یک نگاه بی‌بی تنشان را مثل بید به لرزه می‌انداخت، حال چه رسد به من، که تنها یک جوان نوزده ساله ناز پرورده، بی‌تجربه و غریب بودم که بدون سرپرستی و هدایت مادر هم بزرگ شده بودم. در این خانواده جدید، روزانه از ترس بی‌بی به خدا پناه می‌بردم، ولی جرأت هم نمی‌کردم با پدر در این رابطه حرفی بزنم. آنگونه هم آزارم نمی‌داد که بخواهم قید ازدواج با سیروس را بزنم، چون دیگر پس از گذشت این زمان، مهرش بدجوری به دلم نشسته بود و برای شروع زندگی جدید خود در کنارش روزشماری می‌کردم. در آن روزها بین اعضای فامیل سیروس، برادرشوهرم که هومان

نام داشت، بی‌بی قمر، و آن ننه گنده را بیشتر از بقیه افراد دوست داشتم. و وقتی مادرشوهرم را که در آن زمان چهل و شش ساله شده و در اوج جوانی و زیبائی بود می‌دیدم، در دلم می‌گفتم: «چقدر پیر است! چهل و شش سال دارد، پس کی می‌رود آن دنیا؟» خدا خودش مرا ببخشد. وقتی خودم به سن چهل و شش سالگی رسیدم، همان مادر شوهرم را از جان و دل، مثل یک مادر دوست داشتم، و در همان زمان بود که خودم با تولد نوهٔ اولم، مادربزرگ شدم. وقتی به گذشته و جوانی خود فکر میکنم، متوجّه میشوم که چقدر در اوائل آشنائی‌ام با بی‌بی، بی‌انصاف و از خودراضی و بی‌منطق بودم. او یکی از بهترین مادرهای دنیا و یک مادر شوهر نمونه بود. این بخت خوب من، و شانس بزرگ زندگی من بود که بی‌بی جای خالی مادر را برایم پر کرده و تا حد زیادی احساس مادر داشتن را به من هدیه داد. بعدها در اثر مهر و گذشت و خوبی فراوانی که رفته رفته در حق من انجام داد، چنان به او دلبسته شده بودم، که اگر ناراحتی و یا کسالتی داشت، من هم از نگرانی مریض می‌شدم. همیشه عکس پرابهت و ملکه وارش، زینت‌بخش خانه و قلب من است.

به هر حال در آن زمان دختری نوزده ساله بیش نبودم، و دیدن اینهمه وقار، سنگینی، ابهت، اقتدار، و سخت‌گیری هراسناکم می‌کرد. خودم شاهد و ناظر بودم و دیدم که بی‌بی چنان نفوذی داشت، که یک بار در زمانی که تیمسار تیمور بختیار رئیس سازمان امنیت و اطلاعات کشور بود، با یک تلفن استاندار شهر اصفهان را عوض کرد. شنیده‌ام زمانی هم که ثریا ملکه بود، بی‌بی حاضر نشده بود ندیمه ملکه شود، و یک بی‌بی مهم دیگر بختیاری، با افتخار، به جای بی‌بی شیرین این سِمَت را قبول کرده

بود.

هر زمانی هم که به دیدار اعلیاحضرت می‌رفت، همان متانت و وقار خود را داشت و زن عموی محبوب ملکه ثریا بود، چراکه رابطه بسیار خوبی بین دو برادر یعنی پدر ملکه، آقای خلیل خان اسفندیاری با پدر شوهر من، آقای هرمز خان اسفندیاری وجود داشت، و بیشتر از دیگر برادران به هم نزدیک بودند. هر زمانی هم که آقای خلیل خان به ایران و اصفهان می‌آمد، با اینکه در یک هتل سکنی می‌گزید، ولی هر روز برای ناهار با سایر خوانین در خانه بی‌بی و بی‌خان دعوت می‌شد.

عکسی از سیروس اسفندیاری بختیاری

من بارها شاهد صحبت‌ها، تخته نرد بازی کردن‌ها، تریاک کشیدن‌ها، و شوخی‌ها، در کنار منقل‌های نقره، و به خصوص بلاف‌ها، و فریادهای در موقع تخته بازی ایشان بودم. با اینکه جوان بودم، دوست داشتم در این جلسات حضور داشته باشم. بختیاری‌ها کمتر با غریبه‌ها معاشرت می‌کنند، و در بین خود آداب و سنن خوب و عالی بسیاری دارند که مهمترین آنها احترام خاصی است که به بزرگترهای خانواده می‌گذارند. من به چشم خود در جلسه‌ای دیدم که تیمسار تیمور بختیار، که برای حضور در یک جلسه ختم به اصفهان آمده بود، پشت سر تمام بزرگترهای خاندان راه می‌رفت و دست بوس آنها بود. همین رفتار را در مورد مرحوم دکتر شاپور بختیار هم مشاهده کردم. با وجود اختلاف عقیده سیاسی با دیگر خوانین، با آنها رفتاری محترمانه و دوستانه داشت.

دکتر شاپور بختیار - آخرین نخست وزیر ایران در دوران سلطنت سلسله پهلوی

بختیاری‌ها همیشه در مجلس شورا و مجلس سنا نمایندگانی داشتند، و به علت داشتن پست‌های مهم در وزارت امور خارجه، شرکت نفت، و دربار شاهنشاهی، صاحب نفوذی بسیار، و در تمام امور هم پشتیبان و حامی یکدیگر بودند، و اگر کاری از دستشان بر می‌آمد، کوتاهی نکرده، و از کمک به یکدیگر، به خصوص جوانان تحصیل کرده فامیل دریغ نداشتند. البته همه هم دارای تحصیلات عالی بودند و به چند زبان تکلم می‌کردند.

برای حفظ این نفوذ خانوادگی در امور کشور، خانواده بختیاری سعی داشتند که پست‌های حساس سیاسی و اجتماعی را خالی نگذارند. برای مثال، سیروس را جناب رستم خان امیر بختیار، در دربار شاهنشاهی متصدّی پست تشریفات دربار نمود. ولی با وجود این رتبه‌های عالی، و این همه نفوذ، تک تک این مردان به بی‌بی احترام می‌گذاشتند، و به این دلیل، حرف بی‌بی قدرت ویژه‌ای داشت، و برای بیشتر موارد تصمیم و خواست او حرف اول را می‌زد.

البته این‌همه قدرت و نفوذ، از بزرگواری بی‌بی کم نمی‌کرد. این بانو هرگز درخواست کسی را بی‌جواب نمی‌گذاشت. امدادگر و یاور خوبی برای رعایا و خدمتکاران بود. شیرزنی بود که نظیرش را کمتر می‌شود یافت. امّا در آن زمان، من هنوز درک آنرا نداشتم که بی‌بی را آنطور که شایسته‌اش بود ارزیابی کنم. زمان برای من در شادی و بی‌خبری می‌گذشت.

حالت خاصی بود: هم شوهر داشتم و هم نداشتم. هم هنوز در کنار پدر و در دنیای آشنای نوجوانی خود بودم، و هم می‌دانستم که دیگر تنها به پدر و خانوادهٔ پدری تعلّق ندارم، و به زودی خود، خانم خانه خودم خواهم شد. با این حال، دوران خوبی بود و من اوقات خوبی را با سیروس

سپری میکردم. اینکه دیگر مدرسه هم نداشتم، و می‌توانستم صبح‌ها بیشتر در رختخواب بمانم، و تمام روز را خوش بگذرانم، لذت این ایام شیرین را دو چندان میکرد.

در طول این مدّت که من در بی‌خیالی و بی‌خبری می‌گذارندم، بزرگترها سخت مشغول تصمیم گیری، و تدارک‌چینی، برای زندگی مشترک من و سیروس بودند. پدر به همراه بی‌بی و هرمز خان در چندین جلسه در مورد آیندهٔ ما با هم مشورت کردند. در یکی از همین جلسات، بی‌بی پیشنهادی داد، و گفت: «چون ساختن یک خانه برای سکونت این دو جوان به طول می‌انجامد، ما صلاح دانستیم فعلاً در کنار ما زندگی کنند. از طرفی این دو جوان هنوز تجربهٔ کافی برای زندگی ندارند، و ما می‌توانیم برخی مسئولیت‌های آنها را به عهده بگیریم». پدر در حالی که با این حرف، به رگ غیرت خانوادگی و افسری‌اش بر خورده بود، با صورتی جدّی و مصمم به خشکی پاسخ داد: «این غیر ممکن است. ما نمی‌توانیم تجربه های شخصی خود را به آنها بیاموزیم. با اشتباهاتی که مرتکب خواهند شد تجربه را خودشان به دست خواهند آورد. از طرفی دیگر، منزل من هم جای مناسبی است. آنها می‌توانند تا آن زمان در کنار من باشند». من هم ساکت و آرام در کنار سیروس نشسته بودم و با کمی دلهره، به گفتگویی که میترسیدم به بحث بیانجامد، گوش فرا داده بودم. بی‌بی با همان قدرت و صلابت گفت: «آیا تا کنون دیده یا شنیده‌اید که یک جوان از طایفه و ایل ما، داماد سر خانه شود؟ امیدوارم هرگز دیگر این پیشنهاد را تکرار نکنید!» همانطور که این گفتگو کم کم داشت می‌رفت که به دلخوری هر دو طرف منجر شود، هرمز خان به آرامی و خونسردی، پیشنهاد داد خانهٔ

مستقلی را برای ما اجاره کنند، که این پیشنهاد کاملاً مورد قبول هر دو طرف قرار گرفت، و آرامش به جلسه بازگشت. اینگونه بود که چند روز قبل از عید نوروز، جهیزیهٔ پر و پیمان من را به یک خانهٔ اجاره‌ای قدیمی، ولی نزدیک به باغ خان بردند، تا ما در آنجا زندگی مستقل خود را آغاز کنیم.

به علاوه جهیزیه، از طرف خانواده پدری، یک خدمتکار به نام همدم خانم هم برای ما فرستادند، و خانواده خان هم یک آشپز به نام مشهدی رضا به همراه ماشین و راننده در اختیار ما گذاشتند، و یک جیپ هم برای شکار همیشه در گوشه‌ای از باغ پارک شده و آماده بود. از نظر مخارج ما هیچکدام مسئولیتی نداشتیم. خانواده‌های ما، تا سال‌ها مسئولیت پرداخت کلیهٔ امورمان را بر عهده داشتند. البته اینگونه نبود که سیروس هم بدون شغل باشد، بلکه با اینکه سن زیادی نداشت، در دانشکده زبان در اصفهان، به تدریس زبان فرانسه مشغول شد، و در کنارش هم مسئولیت ترجمه برای مهندسین فرانسوی را، که به ساخت هتل مجلل شاه عباس در اصفهان مشغول بودند، به عهده گرفت.

در ایام نوروز همان سال، زندگی مشترک من و سیروس بالاخره پس از گذشت چندین ماه از عقدمان آغاز شد. بلیط هواپیما، برای ماه عسل ما تهیه، و هتل رزرو، و دستورات به ما ابلاغ شد. همه چیز زیر نظر فرماندهٔ بزرگ، سرکار بی‌بی بود. البته، خانواده سیروس پیشنهاد داده بودند ما ماه عسل را در شهر لوزان در کشور سوئیس بگذرانیم، امّا من ترجیح دادم که برای ماه عسل به شیراز بروم.

شیراز، شهر خانوادهٔ مادری‌ام بود. خاکی که مادر عزیزم را در خود

جای داده بود و می‌خواستم بروم، و دامادش را به او معرفی کنم. شیراز شهری بود که در آن، آتش پر از خاطرهٔ اولین عشق زندگی‌ام را تجربه کرده بودم. شهری بود که در آن احساسات زنانگی‌ام برای اولین بار با بی‌گناهی بیدار شده بودند. به علاوه بر خاطرات خوب گذشته‌ام، مدّتها بود که خانواده مادری‌ام را ندیده بودم.

با اینکه مدّتی بود برای خانواده مادری‌ام احساس دلتنگی نکرده بودم، به محض ورود به شیراز، آن شهری که هم من در آن نفس می‌کشیدم و هم آنها، به ناگاه دلم برایشان چنان تنگ شد که گویی دیگر نمی‌توانستم دوری‌شان را تحمّل کنم، و بغضی سفت و سخت شروع به فشردن گلویم کرد.

پس از کمی استراحت در هتل، دیدم که دیگر فشار بغض گلویم را نمی‌توانم تحمل کنم، و تنها آرزویم در آن لحظه این بود که در کنار آرامگاه مادرم باشم. از این رو، به همراه سیروس، با تاکسی عازم محلی بنام شاه داعی‌الله[۱۸] شدیم. نمیدانم چگونه پس از گذشت اینهمه سال، چرا اینچنین احساس دلتنگی برای مادرم در من بیدار شده بود؟ یادم نیست چگونه در میان ازدحام رفتگان خوابیده در این آرامگاه، من خود را در کنار آرامگاه مادرم، خانم افتخار، یافتم. بر روی سنگ مزارش، تاریخ وفاتش سال ۱۳۲۳ ثبت شده بود. متوجّه شدم من در زمان خودکشی مادرم، هنوز سه سال هم نداشتم. چه بیرحم است دست روزگار که اینگونه دست مرا از مادر، و دست مادر را از من جدا کرده بود.

جانم گر گرفته بود. احساس میکردم که دلم به آتشی پر از شعله‌های

[۱۸] شاه داعی‌الله در گویش محلی شیرازی، شادی‌الله تلفظ می‌شود

سر به آسمان کشیده تبدیل شده بود. برای اولین بار سیل اشکم را از دیدگانم به روی سنگ مزار مادرم رها کرده، و چنان گریستم که هرگز در عمرم نگریسته بودم. حتّی جلوی سیروس هم نمی‌توانستم خودداری کنم. بغضی که سال‌ها در ژرفای وجودم خفته بود، از عمق وجودم می‌جوشید، و خروشان از چشمانم جاری می‌شد. فریادهای زندانی شده‌ام، آن روز، زنجیر گسیخته، و خود را از سینه‌ام رها می‌کردند. تا آن زمان هرگز مادرم را نبخشیده بودم، و برایش حتّی یک قطره هم، اشک نریخته بودم. امّا این‌بار، غم از دست دادن مادری که نشناخته بودم، مادری که عروس شدنم را ندید، و نتوانست مرا با افتخار عروس کند و دامادش را «پسرم» خطاب کند، غرورم را شکسته بود و وجودم را به لرزه انداخته بود.

سیروس در گوشه‌ای ایستاده بود و مات و مبهوت، نگاهم می‌کرد. نمی‌دانم او چه احساسی داشت. فکر نمی‌کنم انتظار دیدن چنین صحنه‌ای را در ماه عسلمان داشت. با مادر درد دل کردم، از او گله‌ها کردم، به او گفتم چقدر از دستش آزرده بودم که مرا تنها گذاشت و نخواست بزرگ شدن مرا ببیند؛ نخواست در کنارم باشد، و ترجیح داد برای پایان دادن درد خودش، مرا تا آخر عمر داغدار کند. وقتی که دیگر آرام شده و شیون‌هایم به هق هقی ساکت تبدیل شده بودند، دست سیروس را در دست گرفتم، و او را به پیش مادر خفته در خاکم آوردم، تا به مادرم دامادش را معرفی کنم.

سال‌های قبل در کنار مادر گل‌های نرگس، فراوان روئیده بود. امروز حتّی یک دانه نرگس هم در آرامگاهش به چشم نمی‌خورد. به یاد آوردم که چگونه در زمانی دیگر، در همین مکان به مرد دیگری قول ازدواج داده

بودم، و او چند شاخه گل نرگس چیده و به دستم داده بود. امّا او قسمت من نبود، و روزگار، سرنوشت دیگری برایم در نظر داشت، و امروز با یک خانزاده بر سر مزار مادرم آمده بودم که بگویم: «این دامادت است. دوستش داشته باش و برایمان دعای خیر کن».

پس از اینکه دیگر کاملاً آرام شده بودم، سیروس با محبّت دستم را گرفت و گفت: «بیا برگردیم هتل و کمی استراحت کنیم، کمی غذا بخوریم، و بعد برویم گردش که حالت را بهتر کند». من هم لبخندی زدم و قبول کردم و به همراهش از مادرم خداحافظی کرده، و از آرامگاه بیرون رفتم.

برای مدّت ده روز، در شیراز دوران طلائی ماه عسل را سپری کردیم. به مغازه‌های مختلف رفتیم، در بهترین رستوران‌ها غذا خوردیم و هر یک از آن روزها را با خنده و خوشی در کنار هم گذراندیم. در یکی از همان روزها، وقتی که داشتیم از مقابل مغازه‌ای رد می‌شدیم، مجسمه زیبایی از نیمرخ یک زن آفریقایی نظرم را به خود جلب کرد. سیروس که علاقهٔ مرا به این مجسمه دید، بدون یک لحظه مکث فوراً برایم این مجسمه را خرید و آنرا به عنوان اولین هدیهٔ زندگی زناشویی‌مان به دستم داد. مجسمهٔ گران و یا بزرگی نبود، امّا بدون شک می‌توانم بگویم که این مجسمه، برایم یکی از عزیزترین هدیه‌هایی بود که در عمرم گرفتم. هدیه‌ای که تنها یادگار روزهای زیبای ماه عسل ما، و خاطرات خوبم از آن روزهای جوانی بود.

هنوز دو روز به پایان ماه عسلمان مانده بود، که خود را در مقابل خانه دائی بزرگم، و خانم زیبارویش یافتم. خانه‌ای که در آن برای مدّت دو سال اقامت کرده بودم، و از آن خاطرات بسیار خوبی در دل داشتم. در مقابل خانه بدون هیچ حرکتی ایستادم، پا به پا می‌کردم و نمی‌دانستم که

آیا بهتر است در بزنم یا نه. ناگهان دائی کوچکم در خانه را برای مشایعت چند فامیل باز کرد، و من را به اتفاق جوانی که هنوز نمی‌شناخت در مقابل خود دید. لحظه‌ای بهت زده ما را نگاه کرد، و بعد به یکباره مرا در آغوش گرفت، و با خوشحالی ما را دعوت به داخل خانه کرد.

آنجا را خوب به یاد داشتم. خانه‌ای پر از شادی و مهر و محبّت و صفا. هر اتاق و هر گوشه‌اش، برایم خاطره‌ای داشت. نمی‌دانستم چه کسی را اول ببوسم، و در آغوش بکشم. بی‌بی بزرگ را هاج و واج در مقابلم ایستاده دیدم. فکر می‌کنم او آخرین نفری بود که فرصت یافت مرا بغل کند و ببوسد. اشک‌های شادی‌اش را مدام با گوشه چارقد سفیدش که مثل همیشه بوی گل یاس میداد، پاک میکرد، و مرا سخت در بغل گرفته بود. من هم در آغوش بی‌بی بزرگم بی حال شده بودم، و نمی‌توانستم تنم را از تنش جدا کنم. نمی‌دانم چه کسی از افراد فامیل ما را از هم جدا کرد. همین که کمی آرام شدم، گفتم: «نوروزتان مبارک، آمده‌ام عید دیدنی».

احساس بودن در میان افرادی که از خون من، و خانواده من بودند، مرا سرشار از نشاط کرده بود و هیچ چیزی نمی‌توانست آن خوشحالی را از من بگیرد. تنها در ته دل خدا خدا می‌کردم که در بین آن جمع، پسر دائی مادرم را به طور ناگهانی نبینم. خوشبختانه شانس آوردم و با اینکه روز بعد را هم باز در جمع افراد دیگری از خانواده به خوبی و خوشی گذراندیم، سر و کله پسر دائی پیدا نشد. و هنگام برگشت ما به اصفهان، همگی خانواده، دنیایی از عشق و آرزوهای خوب را بدرقه راه من و همسرم کردند و ما به این ترتیب با یک خاطره خوب و فراموش نشدنی مجدداً به اصفهان بازگشته، و زندگی مشترکمان را این بار در خانه مستقل

خودمان شروع کردیم.

شادی شروع زندگی مشترکمان توأم با دلتنگی من برای پدرم بود. با وجود اینکه در خانه‌ای جدا از پدر بودم، سعی میکردم که مرتّب او را ببینم و از حالش جویا شوم. از تنهائی‌اش رنج می‌بردم، و فکر اینکه پدرم را تنها گذاشته‌ام آزارم می‌داد. بیشتر از اینکه در فکر زندگی خودمان باشم در فکر آسایش پدر بودم. به هر صورت، هنوز بیشتر از یک ماه از بازگشتمان از ماه عسل نگذشته بود که متوجّه شدم حال خوبی ندارم. از هر بوئی بدم می‌آمد. حتّی بوی عطر محبوبم، عطر گل یاس، حالت دل بهم خوردگی ناآشنایی به من می‌داد. فقط از بوی پیپ سیروس خوشم می‌آمد، و بوی سیگار پدرم. هر روز حالم بدتر از روز قبل می‌شد. دیگر طعم و بوی هیچ خوراکی را دوست نداشتم، و نمی‌توانستم تحمل کنم. غذای من شده بود گز اصفهان و نان با ریحان و یا نعناع.

اولین کسی که دقیقاً متوجّه تغییر حال من شد، ننه خانم بود؛ وقتی دید که از خوردن امتناع میکنم، شاد و خندان به بی‌بی گفت: «مژدگانی بدهید، تا یک خبر خوب به شما بدهم». بی‌بی با خنده جواب داد: «این که نشد که تو هر روز برای هر مسئله کوچک مژدگانی میخواهی. ما را ورشکست کردی! اول خبر را بده، بعد اگر خیلی مهم بود، آن وقت تقاضای مژدگانی بکن». ننه خانم گفت: «ای به چشم. بی‌بی عروس حامله است و به من برات شده[۱۹] یک پسر در راه دارد». بی‌بی چنان هیجان زده شد، که کمتر چنین تغییری در حالت و صورت او تا به حال دیده بودم. آن رفتار و حالت جدی بی‌بی حالا تبدیل شده بود به شادی و خنده و فرهمندی.

---

[۱۹] برات شده: به دلم افتاده

خان هم گفت: «اگر راست گفته باشی، این بار من به تو مژدگانی خوبی خواهم داد.» فورا مرا به دکتر بردند، و پس از تائید دکتر، تازه خودم باورم شد که به راستی فرزندی را در بطن خود می‌پرورانم. شور و هیجان در هر دو خانواده بی حد و اندازه بود. من شده بودم عزیز و دردانه هر دو خانواده، و از هر طرف دستوراتی برای خوراک و آرامش من صادر می‌شد.

با وجود محبّت فراوان از هر دو طرف، ویار مرا از پای در آورده بود، و احتیاج به آرامش زیادی داشتم.

در همین دوران، روزی عمّه جان مرا احضار کرد. می‌دانستم که می‌داند چقدر بی‌حال هستم، و به همین دلیل مطمئن بودم که باید کار مهمی باشد که در چنین حالتی از من درخواست دیدار کرده است. دلم شور می‌زد. عمّه جان چند باری مادرانه رویم را بوسید، و جویای حالم شد. سپس سر حرف را باز کرد، و پس از زمان کوتاهی، صحبت را به تنها بودن پدر کشاند و گفت: «ما برای تو که حالا بزرگ شده و به خانه بخت خوبی هم رفته‌ای، و حالا داری صاحب فرزندی هم می‌شوی بسیار خوشحالیم، امّا پیشنهادی داریم، آن هم اینکه خودت دست به کار بشوی و با کمک ما، همگی آستینی بالا بزنیم، و برای سرهنگ همسری شایسته پیدا کنیم». یکباره دنیا بر سرم خراب شد. با اعتراض گفتم: «من هرگز نمی‌گذارم پدرم زنی به جای مادرم به خانه بیاورد. اگر دوباره ازدواج کرد، دیگر دختری به نام من ندارد!». حاج عمو گفت: «به حرفت خوب فکر کن. انصاف داشته باش. پدرت جوانی‌اش را فدای تو کرد، حال که تو به سر زندگی خود رفته‌ای، او هم باید حق زندگی کردن را داشته باشد». عمّه جان گفت: «در ضمن ما احتیاج به یک پسر در خانواده داریم که نام پدرمان، و پدر

بزرگ تو را زنده نگاه دارد. به خاطر تو که نمی‌شود ما بدون نام و نشان از دنیا برویم». رویم را به عمو جان کردم و گفتم: «یک کاندیدای بهتری بین شما است. عمو جان که تا حالا ازدواج نکرده‌اند و سری هم توی سرها دارند، بهترین انتخاب هستند. من هم دوستان خوبی دارم و برای انتخاب می‌توانم کمک باشم». عمو جان با خنده‌ای گفت: «موهای سفیدم را ببین! دیگر پیر شده‌ام، و از من گذشته است». با دلخوری خانهٔ آن عزیزان را ترک کرده و با خودم دلشوره، دلخوری، و غضب را به خانه آوردم، و در این مورد به کسی از خانواده شوهرم حرفی به میان نیاوردم. این پیشنهاد بارها و بارها تکرار شد تا اینکه من پس از چند روز فکر کردن به تنهایی پدر، و اینکه خودم هم با آمدن فرزندم ممکن است وقت کمتری برای مواظبت از پدر داشته باشم، همراه با پافشاری و اصرار خانواده پدری، چاره‌ای جز موافقت نیافتم. تنهائی پدر نگرانم می‌کرد. چهره او غمگین شده بود، و آن طراوت و نشاط پیشین خود را با رفتن من از خانه، به کلی از دست داده بود. مدّتی به اینکه چگونه می‌خواهم این کار انجام گیرد فکر کردم، و پس از تامل بسیار، سرانجام روزی به عمّه خانم تلفن کردم و گفتم: «بسیار خوب من حرفی ندارم، ولی یک شرط دارم، و آن اینکه باید زن جدید پدرم را، خودم برایش انتخاب کنم؛ در غیر اینصورت رضایت نخواهم داد. یادتان باشد که پدرم زمانی که بچه بودم، به من قول داده بودند که اگر روزی خواستند ازدواج کنند، موافقت من برایشان شرط اول خواهد بود». عمّه جان با کم حوصلگی جواب داد: «قول موافقت تو را داده است، نه انتخاب همسرش را». گفتم: «عمّه جان، همین است که گفتم. از حرفم برنمی‌گردم. دیگر بسته به میل خودتان و

پدرم است». عمّه جان به شدّت یکه خورد و با عصبانیت جواب داد: «یعنی چه که تو زن انتخاب کنی؟ شاید تو بروی و یک زن زشت و پیر و از کار افتاده را به ریش پدرت سریش کنی!» و گوشی را با گفتن یک «پناه بر خدا»، بدون خداحافظی قطع کرد. با این وجود، پس از مدّتی، خانواده دیدند که راه دیگری ندارند، و بدون رضایت من، پدر هرگز تن به ازدواج دوباره نخواهد داد، و به همین دلیل، با شرط من موافقت کردند.

مدّتها گشتم تا یک خانمی که یک بار ازدواج کرده، و یک پسر هم از همسر اولش داشت، برای پدر انتخاب کرده و به او معرفی کردم. پدر واقعاً قصد ازدواج مجدد نداشت و چند نفر را هم که عمّه جان و زن عمو قبلاً برایش انتخاب و به او معرفی کرده بودند، رد کرده بود. این بار هم پس از دیدار آن خانم گفت: «به دلم ننشست»، و مؤدبانه انتخاب مرا رد کرد. امّا من از خوبی انتخابم مطمئن بودم، و تسلیم نشدم. برای بار دوم جلسه‌ای دیگر ترتیب دادم و همان خانم و پدر را تنها گذاشتم تا با هم بیشتر آشنا شوند، و به این ترتیب، این بار موافقت پدر را مطابق دلخواه خود گرفتم. مدام به خود میگفتم: «حالا که قرار است کسی جانشین مادرم شود، خودم انتخابش خواهم کرد». باید بگویم که تمام این کارها را بدون اطلاع خانواده دوّمم انجام دادم و عروس پدر را به خانه آوردم. در شبی که قرار بود عروس پدرم به خانه پدرم برود، دستور شام مفصلی برایشان دادم، ولی خودم آنجا نماندم، بلکه به خانه خودم رفتم و با چشمان گریان، جریان را برای شوهرم تعریف کردم.

او هم مرا کمی دلداری داد، ولی دیدم که بسیار از ازدواج دوباره پدرم خوشحال و راضی بود. از آنجائیکه در آن چند ماه که من زمان بسیاری را

پیش پدر و در ملاقات پدر می‌گذراندم، او ترجیح می‌داد وقت بیشتری را با نوعروسش بگذراند، و دوست داشت فرصت‌های بیشتری برای تنها بودن با من داشته باشد.

چندین روز پس از ازدواج پدر، دلم هنوز سنگین بود و به همین دلیل، پایم را به خانه پدری نگذاشتم، تا اینکه یک روز همسر جدید پدر زنگ زد، و دعوتمان کرد که با شوهرم به دیدارشان بروم. مدّتی طول کشید که من به وجود زن دیگری به جای مادرم عادت کنم. در واقع، اوائل، هر چه سعی می‌کردم نمی‌توانستم از ته دل برای پدر خوشحال باشم. امّا آرام آرام، با گذشت زمان متوجّه قلب سادهٔ زن پدرم شدم، و پی بردم که او دلی پر از عشق به پدرم دارد، و شخصاً مهربان و عاطفی است، و کم کم مهرش به دلم نشست و ترسم جایش را به امنیت داد، و از آنجائیکه خیالم از بابت پدر کاملاً راحت شده بود، توانستم بهتر به زندگی مشترک خودم با سیروس توجّه کنم. ثمره ازدواج پدر با همسر دومش، یک دختر و یک پسر بود که بعد از فرزندان خودم، آنها را چون جان عزیز دارم، و برایم دوست داشتنی هستند. من، با دو فرزند دیگر پدرم، و آن پسر نازنین زن پدرم از ازدواج اولش، برای هم، چهار خواهر و برادر شده‌ایم که مثل یک زنجیر به هم وابسته‌ایم و هرگز معنای تنی یا ناتنی را در بین خود احساس نکرده‌ایم.

به هر صورت، مسأله ازدواج پدر تنها رخداد مهم زمان حاملگی‌ام بود، و دوران بارداری من به خوبی و با آرامش سپری شد. تنها مسئله‌ای که فکر مرا بسیار مشغول کرده بود، این بود که خانوادهٔ سیروس فقط در پی پیدا کردن نام پسر بودند، و کلمه‌ای از امکان دختر بودن و یافتن اسم دختر

حرفی زده نمی‌شد. شب‌ها با خدایم نجوا می‌کردم که «خدایا اگر دختر شد، چه کار کنم؟ خدایا، فقط پسرش کن. شاید دیگر بچه‌دار نشوم. حالا که بچه‌ای در راه است لطفا پسر باشد، که من جلوی بی‌بی، و خان، و دیگر عروسان که بعضی از آنها اولین فرزند را دختر به دنیا آورده‌اند، سر و گردنی بلندتر داشته باشم».

آرام آرام لباس‌های گشادتری جای پوشاک معمولی مرا گرفتند، و هر روز به روز موعود تولد فرزندم نزدیک‌تر می‌شدم. در آن دوران، خیلی لی‌لی به لالایم می‌گذاشتند، و آرزوی داشتن و در بغل گرفتن نوه، آن هم یک پسر کاکل زری، تاب و توان را از خانوادهٔ شوهرم گرفته بود. بی‌بی کاری به خانوادهٔ پدری‌ام نداشت. خودش مشغول فراهم کردن وسائل نوه‌اش بود. آن هم همه به صورت پسرانه، و با رنگ‌های آبی و سفید. بیشتر روزها به خواهران مسیحی که کارهای دستی بسیار زیبائی تهیه می‌کردند سری می‌زد و دستور دوختن لباس و قنداق و لحاف و غیره، با گلدوزی‌های عالی می‌داد، و شخصاً در باره طرح و دوختش نظر می‌داد. البته خانوادهٔ پدری‌ام هم دست بر روی دست نگذاشته و تقریباً رقابتی بین دو فامیل در گرفته بود.

در حقیقت تنها من و سیروس بودیم که هیچ دخالتی در مورد امورات فرزندمان نداشتیم. در واقع حق انتخاب را از ما سلب کرده بودند. شئونات خانوادگی باید رعایت می‌شد. ما چه کاره بودیم؟ البته بگویم که ما بدمان هم نمی‌آمد که تمامی زحمات را از دوش ما برداشته بودند، و زندگی بدون مسئولیت بدک هم نبود.

با محبّتی که از اطرافیان دریافت می‌کردم، و در کمال آرامش، آرام آرام

دوران بارداری را به پایان می‌رساندم. پرستار بچه از دو ماه قبل استخدام شده بود تا به وظایفش آشنائی کامل پیدا کرده، و با من رابطه خوب عاطفی برقرار کند. و درست پنج روز مانده به پایان نه ماه دوران بار داری، درد زایمان شروع شد و نگرانی و خوشحالی در بین دو خانواده به اوج رسید و درست ساعت ٤ بعد از ظهر روز پرشکوه کریسمس، در یک بیمارستان انگلیسی در شهر زیبا و محبوب من، اصفهان، فرزندم چشم به جهان گشود، و اولین نوهٔ خانواده پدری، و اولین نوهٔ خانواده دوم من شد.

دعاهای دوران بارداری من اجابت شده بود، و خداوند پسری زیبا و سالم به ما هدیه داد. هنگامی که بی‌بی، در حالیکه نوه‌اش را در آغوش داشت و اشک شوق در چشم، مرا بوسید و گفت: «پسرت، را در آغوش بگیر و برایش مادری کن». قلبم به شدّت می‌زد. توجّهی به اطراف خود نداشتم. فقط خوشحال بودم که مادر شده بودم. نگاهش می‌کردم. اولین بوسه را بر دست‌های کوچکش زدم. وقتی سرم را بلند کردم، پدر را در کنارم دیدم، و ناگهان بغضم ترکید و پسرم را در آغوش پدرم گذاشتم. سیروس جلو آمد و گفت: «پس کی نوبت من می‌رسد که پسرم را ببینم؟» و پدر صورت دامادش را بوسید و پسر را در آغوش سیروس گذاشت، و همانطور که اشک در چشم داشت، گفت: «ای کاش افتخار اینجا بود تا نوه‌اش را می‌دید». این اولین و آخرین باری بود که من اسم مادرم را از زبان پدر شنیدم.

پس از گذشت چند ماه در میان خانوادهٔ بختیاری، اعتماد به نفس بیشتری پیدا کرده بودم، و حالا که دیگر نوهٔ پسری هم به آنها هدیه کرده بودم، ترسم بسیار کمتر شده بود. ولی با این حال، هنوز نتوانسته بودم

کاملاً به آداب و رسوم هزاران سالهٔ این قبیله آریائی عادت کنم.

یکی از موضوعاتی که هنوز آزارم می‌داد، این بود که نامم را از دست داده بودم، و همه مرا بی‌بی عروس صدا می‌کردند. برادر شوهر خوبی داشتم که هرگاه نیازی بود، به کمک من می‌شتافت. یک بار که پیش ما بود، در لفافه کلام، به او فهماندم که دوست دارم نام و نشانم را به من بازگردانند. گفت: «می‌دانی این یک لقب است. چون عروس ما شده‌ای و از خانواده محترمی هم هستی مامان این لقب را به تو داده است». از نگاهم فهمید که حرفش در احساس من اثری نداشت. من نمی‌خواستم خودم را در میان آداب و رسـوم بختیاری گم کنم، و می‌خواستم همان شیدخت باشم. می‌خواستم همان شیدختی باشم که در خانواده پدری، با غرور انصاری بودن بزرگ شده بود. به علاوه من اسمم را دوست داشتم. اسمی بود که با آن بزرگ شده بودم. اسمی بود که پدرم بارها با محبّت صدا کرده بود. اسمم، تکه ای از هویتم بود. پس چیزی نگفت، و پس از مدّتی، خیلی معمولی در جلسه‌ای رو به مادرش کرد، و گفت: «من که زن برادرم را بی‌بی عروس صدا نمی‌کنم. فکر می‌کنم همان «شیدخت جان»، هم برای خودش و هم برای سنش مناسب‌تر است». بی‌بی با مخالفت گفت: «این عروس اول من است و باید این لقب را داشته باشد». برادر شوهرم جواب داد: «نمی‌شود که همه خوبی‌ها برای پسر اول باشد. این لقب را بگذار برای زن من». و به این ترتیب رفته رفته بی‌بی را راضی کرد که مرا به نام خودم، «شیدخت» صدا کنند، ولی البته خدمتکاران خانه هنوز مرا بی‌بی عروس خطاب می‌کردند و در تمام سال‌هائی که در اصفهان بودم همین لقب را به یدک می‌کشیدم.

شوهرم مثل تمام جوانان بختیاری عاشق شکار و اسب سواری بود. و لااقل ماهی دوبار این برنامه را با جوانان فامیل خود انجام می‌داد و با دست پر، از شکار آهو بر می‌گشت. ولی با اینکه با خوردن گوشت مخالفتی نداشت، خودش هرگز از کباب گوشتی که خودش شکار کرده بود، نمی‌خورد. در تیراندازی و نشانه گیری رقیبی نداشت. بارها دیدم تفنگ را روی شانه‌اش می‌گذاشت و پشت به نشانه می‌ایستاد و با نگاه کردن در یک آئینه کوچک هدف را نشانه می‌گرفت و از پشت سر درست به هدف می‌زد.

یکی دیگر از تفریحاتش اسکی بود، و مدال طلائی هم در یک مسابقه اسکی در سوئیس به دست آورده بود. به خاطر این علاقه‌اش به ورزش اسکی، اولین پیست اسکی اصفهان را درست کرد و سر و سامان داد و آماده بهره برداری کرد. سیروس مردی ورزشکار، و پرانرژی بود، و در کنارش زندگی خوب و قشنگی داشتم و دیگر آن تشریفات و تجملی را که همیشه به دنبالش بودم، به دست آورده بودم و از آنجائی که دیگر نگران تنهائی پدر هم نبودم، از همه نظر زندگی‌ام کامل شده بود. از دید آن زمان، من چیزی کم و کسر نداشتم، و به طور واقعی احساس خوشبختی می‌کردم.

البته سختی‌هایی هم وجود داشت. من هنوز به سختگیری‌های بی‌بی عادت نکرده بودم، و همیشه با خود فکر می‌کردم: «عروس بی‌بی شیرین بودن آسان نیست. بگویم سخت است، هم کافی نیست. اصلاً «سخت»، به خودی خود، کلمه رسائی نیست. پوست کرگدن می‌خواهد...» ولی حالا می‌دانم که قضاوت عادلانه‌ای نبود. زمان لازم بود که بفهمم که وجود

بی‌بی در کنارم، هدیه‌ای خدادادی بود. انگار خدا مادر دیگری برایم آفریده، و در کنارم گذاشته بود.

با اینکه از کودکی، همیشه احساس کمبود مادر را داشته‌ام، در اوائل با دیدن بی‌بی این کمبود را بیشتر احساس می‌کردم. نبود مادرم برایم همیشه مانند یک حسرت، یک آه، یک افسوس تمام نشدنی بوده است، و ترس از بی‌بی این کمبود را چند برابر کرده بود. ولی پس از مدّتی، ترس جایش را به احترام داد. توانستم ببینم که تمام سخت‌گیری‌های بی‌بی دلیل خودش را داشت، و هیچ کارش بی‌دلیل نبود. شاید طول کشید که ببینم و بفهمم، امّا سرانجام از دید من، مادر شوهرم از بد به خوب، از خوب به عالی، و از عالی به شاهکار مهر و انسانیت و والائی رسید، و حالا این من بودم که باید برایش جایگزین دختر نداشته‌اش می‌شدم. رفته رفته رابطه‌ای بسیار صمیمی بین ما برقرار شد، در واقع من اینگونه یاد گرفتم جواب مهر را با مهر پاسخگو باشم.

باید تلاش می‌کردم تا یاد بگیرم چگونه با بی‌بی رفتار کنم. بابا تقی همیشه می‌گفت: «آدم بدون آب، شنا یاد نمی‌گیرد». خوب می‌گفت. من محبّت مادری ندیده بودم، که بدانم در حضورش چگونه رفتار کنم. یعنی آن آب گوارا را قبلاً در دسترس نداشتم، امّا حالا که دریائی از محبّت را در کنار خود داشتم، چرا شنا کردن یاد نگیرم؟ من هم یاد گرفتم نقش عروس را به نقش دختر تغییر دهم، و موفق هم شدم. یاد گرفتم که با اینکه دل انسان شاید به اندازه یک کف دست است، ولی دریایی گنجایش مهر ورزی و عشق دارد.

البته شاید دیدن فرزند خودم، و مادر شدنم هم به بهبود رابطهٔ من با

بی‌بی و بهتر شدن درک من از زندگی کمک کرد. پس از به دنیا آوردن پسرم، آنچنان غرق محبّت و گل و چشم روشنی شده بودم که باور کردنی نبود. در پس افکارم، امّا، با خود می‌اندیشیدم آیا اگر به جای یک پسر، یک دختر به دنیا آورده بودم هم، همین تشریفات برگزار می‌شد؟ نمی‌دانم، و هرگز نخواهم دانست.

به هر صورت، پسرم چشم و چراغ یکایک ما بود. شیرین زبان بود و حرکات دلنشینی داشت. اولین دندانش مرواریدی در قلب بود. راه رفتنش قند را در دلمان آب می‌کرد و اولین کلماتش، و «مامّان» و «بابا» گفتنش برایمان بهترین آهنگ دنیا شده بود. چهار سال چنین به خوبی و خوشی سپری شد و من کوچک‌ترین ناراحتی در زندگی‌ام نداشتم.

پس از مدتّی، مجدداً حامله شدم. این بار پدر شوهرم آرزوی داشتن یک نوه دختر را داشت ولی مادر شوهرم باز هم به دنبال نام‌های پسرانه بود. پس از نه ماه و نه روز و نه ساعت دخترم به دنیا آمد، که بعد از من، بیش از همه، اسباب خوشحالی پدرشوهرم را با خود به ارمغان آورد. پدر شوهرم نام مریم را برایش انتخاب کرد، که باعث تعجّب همگان شد. تا آن روز، کسی جرأت نکرده بود اسم سردار مریم بختیاری را برای دختر و یا نوه‌اش انتخاب کند. پس از کمی صحبت، قرار بر این شد که اسمش را در شناسنامه مریم بگذاریم، امّا تا به سن بلوغ و کمال نرسیده است، به نام دیگری صدایش کنیم.

در آن زمان که من دارای یک همسر ایده آل، یک پسر، و یک دختر بودم، از خدا هیچ چیز دیگری به جز سلامتی این عزیزانم، نمی‌خواستم. از سویی دیگر، با اینکه هنوز جوان و بی‌تجربه بودم ،ولی با افراد کلیدی

و مهم مملکت آشنائی پیدا کرده بودم و هر از گاهی در باغ خانه خان مهمانی‌های مجلل و چشم گیری به مناسبت‌های مختلف برگزار می‌شد که در آنها من توانستم با افراد زیادی، مثل جناب عَلَم، وزیر دربار شاهنشاهی، و آقای رستم خان امیر بختیار، رئیس کل تشریفات دربار، تیمسار تیمور بختیار، رئیس سازمان امنیت کشور، آقای دکتر شاپور بختیار، که بعدها برای مدّت کوتاهی نخست وزیر ایران بود، خلیل خان اسفندیاری، پدر علیاحضرت ثریا و بیژن پسرشان، آقای ابوالحسن بختیار، سفیر ایران در کانادا، عباسقلی خان بختیار، وزیر اقتصاد و صنایع که بعدها در زمان نخست وزیری شاپور بختیار به سمت وزارت بازرگانی منسوب شد، آقا خان بختیار، یکی از مهمترین رجال صاحب منصب شرکت نفت، سرهنگ ضرغام، فردی بلندپایه در ارتش، و بعدها محافظ دکتر بختیار، تیمسار نادر جهانبانی که در آن زمان خلبان بسیار مشهوری بود و در عرصه جهانی از او به عنوان یکی از بهترین خلبانان زمان خود یاد می‌شود، و عقاب بلند پرواز ایران نامیده می‌شد، و خواهر نازنینشان خانم منیر جهانبانی که مسئولیت مهمی در سازمان جلب سیاهان داشت، و بسیار افراد بلند پایۀ دیگری را در کنار خانوادۀ همسرم پذیرا بودم.

چه سخت است به یاد آوردن اینکه سرانجام این افراد وطن‌پرست و افتخارآفرین چقدر غم‌انگیز بود. تنها کاری که می‌شود کرد، حفظ حرمت و به یاد آوردن نام آن وطن‌پرستان است که هر کدام یا به قتل رسید و یا آواره در غربت شد. آنها افرادی بودند که یک ذره اصالت و وطن پرستی آنان را نمی‌توان زیر سؤال برد. چه بزرگانی که رفتند و چه دونپایه‌هائی جانشین آنها شدند. ما برای خود مملکتی آبرومند، و پرقدرت داشتیم، ولی

دیگر هیچ نداریم. آن زمان هر کدام، خانه و کاشانه‌ای در یکی از شهرهای زیبای وطنمان داشتیم، سقفی بالای سر و دلی شاد... کجا رفت آنهمه آرامش و امنیت؟ کجا فراری‌شان دادیم؟ به قول معروف خوشی زیر دلمان زده بود، که چنین بلایی به سر خودمان آوردیم، و این وطن‌فروشان را حاکم سرزمینمان کردیم. فعلاً که حال خوبی نداریم. امّا من هنوز در دل امید دارم، و در انتظار روزهای بهتری خواهم ماند، چون گفته‌اند چراغ ستمگر تا صبح نمی‌سوزد. شاید صبر برایمان سخت باشد، شاید بگوئیم: «بیشتر از چهل سال گذشته است! پس کی شب تار ستمگر فرا می‌رسد؟» برای تاریخ، چهل سال، لحظه‌ای بیش نیست. صبر ما کم است. منتظر رفتن این شب تاریک باید بود، و صبح فردایش نور خورشید را در بالای کوه دماوند باید جشن گرفت.

به هر حال، قصه زیاد است و زمان محدود... قبل از آشنایی با این بزرگان، همیشه فکر می‌کردم که این افراد خود را بهتر از افراد معمولی می‌دانند، و بسیار پرتکبر هستند. ولی وقتی خوب با آنها آشنائی پیدا کردم، عقیده‌ای متضاد عقیدۀ پیشینم را پیدا کردم. آنها افرادی بسیار پرمهر و مهربان و فروتن و ساده دل بودند.

زمانی که آقای خلیل خان اسفندیاری، از آلمان به ایران سفر می‌کرد، بعد از چند روز اقامت در تهران و شرفیاب شدن به حضور شاهنشاه، به اصفهان می‌آمد. شب‌ها را در هتل به سر می‌برد و سر ساعت ۱۲ ظهر در خانه برادرش برای دیدن فامیل و صرف ناهار حضور پیدا می‌کرد. پس از او، یواش یواش، دیگر خوانین هم وارد می‌شدند و در تالار خانه روی زمین، بر روی پتو می‌نشستند. همگی شلوار سیاه، و گشاد و بلند ایل را

می‌پوشیدند، و پس از صرف ناهار که خوراک‌های مخصوص طبع ایلیاتی بود و بوی مطبوعش تمام خانه و باغ را در بر می‌گرفت، در تالار، در کنار بساط منقل و تخته حاضر می‌شدند.

وقتی به این جمع نگاه می‌کردی، نمی‌توانستی بدانی یکی از آنها پدر ملکه پیشین مملکت است، و یا اینکه دیگری وزیر یا کدام سناتور یا وکیل مجلس شورای ملی است و یا اینکه کدام بازنشسته و خانه‌نشین. من هم با اینکه بسیار از دیگر مدعوین جوان‌تر بودم، این جلسات را دنبال می‌کردم و دوست داشتم اوقاتم را در بین این افراد میان سال و یا مسن بگذرانم. چند بی‌بی بختیاری را هم گاه گداری در کنار آتش منقل می‌دیدم. اوائل باعث تعجّبم بود ولی کم کم چشمانم عادت کرده بود، و برایم عادی شده بود. صحبت‌هایشان که از شکار، سیاست، و اوضاع اجتماعی و اقتصادی بود، برایم جالب بود. تخته بازیها که شروع می‌شد، حال و هوای دیگری داشت. صداهای آرام و منطقی، تبدیل به فریادهای «جفت شش» و «سه و یک»، و «شش و یک»، و «مارس شدی» میشد. صدای بازنده را می‌شنیدیم که می‌گفت: «این بار باید طاس را در استکان بیندازی» و یا «شانس آورده‌ای» و یا «تقلب کرده‌ای».

در این جلسات فقط افراد خانواده‌های خود بختیاری شرکت داشتند و هیچ غریبه‌ای حضور نداشت. بسیار معمول بود که در این جلسات افراد به نقل خاطرات گذشته و یا داستان‌های خانوادگی بپردازند. من که هنوز زن بسیار جوانی بودم، دوست داشتم به این داستان‌ها گوش فرا دهم، و به خصوص مشتاق بودم که در مورد ملکه سابق ایران، ثریا اسفندیاری بختیاری، بیشتر بدانم. دومین همسر شاه ایران، محمد رضا شاه دوم، دختر

بسیار زیبائی از خانواده معروف اسفندیاری بختیاری بود.

می‌گفتند ازدواج اول و دوم شاه ایران با سیاست در هم آمیخته شده بود. در مورد ازدواج اوّل، باز هم دست کشور فخیمه انگلستان در کار بوده است. ایرانی‌ها نفت داشتند و مصری‌ها ترعه سوئز را. در اینصورت آن ازدواج، یک وصلت حساب شده بود. ازدواج دوم پادشاه ایران، با عشق آغاز شده بود ولی باز هم کمی حساب شده بود.

قبل از وصلت شاه با ثریا، بین ایل بختیاری و دودمان پهلوی، به خاطر اعدام‌های چند تن از سران بختیاری به دست رضا شاه پهلوی نمی‌توانم بنویسم دشمنی، ولی دوستی هم وجود نداشت. امّا با وصلت شاه با دختری از آن ایل و تبار، دشمنی‌ها کنار گذاشته، و تا حدود زیادی آتش بس اعلام شده بود.

ثریا اسفندیاری از یک مادر آلمانی به نام اوا کارل، و یک پدر بختیاری به نام خلیل اسفندیار بختیاری، فرزند اسفندیار خان سردار اسعد، در سال ۱۳۱۱ شمسی در قَهفرِخ[۲۰] شهر کرد، به دنیا آمد و در هشت ماهگی به آلمان، کشور مادرش برده شد و در سال ۱۳۱۶، زمانی که پنج ساله بود، مجدداً به اصفهان آورده شد و در مدارس آلمانی به تحصیل پرداخته بود. آنگونه که از خانواده بختیاری در مورد دوران کودکی ثریا شنیدم، او دختری شاداب، سرزنده، فعال، باهوش، و بسیار پر جنب و جوش، و شیرین بود. پس از اشغال ایران در جنگ جهانی دوم، زمانی که مدارس آلمانی تعطیل شده بودند، ثریا به اتفاق خانواده‌اش مجددا به آلمان برگشته و در آنجا به فراگیری زبان انگلیسی پرداخته بود، و بعدها در یک مدرسه

[۲۰] قهفرخ: فرخ‌شهر امروزی، شهری در استان چهارمحال بختیاری

شبانه روزی در سوئیس به تحصیل خود ادامه داده بود. اینگونه بود که در زمانی که افتخار مقام همسری شاهنشاه را نصیب خود کرد، به چندین زبان زندهٔ دنیا تسلط کامل داشت، و از آداب و رسوم، و تربیتی که شایسته یک ملکه بود، برخوردار بود.

در یک سفر که خواهر شاه، شاهدخت شمس پهلوی، به همراه همسرش، آقای پهلبد، به اروپا کرده بود، با ثریا اسفندیاری دیداری داشت، و به اعلیحضرت درباره یک دختر اصیل و زیبای ایرانی پیشنهاد دیدار می‌دهد، و چند عکس هم برای او از ثریا می‌فرستد. در مدّتی که خواهر شاه در اروپا بود، چندین دیدار دیگر هم مجدداً بدون ابراز اینکه ثریا را برای همسری شاهنشاه ایران کاندیدا کرده‌اند، به عمل می‌آورد، و نظر مساعد برادر برای دیدن آن دختر جوان و زیبا را جلب می‌کند، و سپس جریان را در یک جلسه خصوصی با خانواده اسفندیاری در میان می‌گذارد. خانواده ثریا پس از چند هفته بدون اطلاع وارد تهران می‌شوند، و مستقیماً به خانه یکی از بزرگان خانواده رفته، و در آنجا اقامت می‌کنند. همانطور که قبلاً هم نوشته‌ام، قبل از دیدار با شاهنشاه، آقای خلیل خان، به دخترش یادآوری می‌کند که در ازدواج اجباری نیست، و ثریا باید از صمیم قلب خواهان این وصلت باشد و درست فکر کند. ثریا هم گفته بود: «اگر نخواستم اجازه دارم هنرپیشه شوم؟» و پدر قول موافق داده بود. امّا می‌گفتند آقای خلیل خان برای چندی نگران عشق ثریا به هنرپیشگی بود، و تصوّر مخالفت را هم مد نظر داشت، ولی ثریا خیلی زود عاشقانه دل به همسر آینده‌اش داد و موافقت کرد. آنطور که می‌گفتند، لبخندی بر صورت شاه دائمی شده بود.

خبر نامزدی، و انتخاب ملکهٔ ایران در سر تا سر کشور به گوش رسید، و صدای دهل، کرنا، و ساز و نقارهٔ ایل بختیاری به آسمان رسیده بود. داشتن یک ملکه از ایل و تبارشان باعث افتخار بود. قرار بر این گذاشته شد که قبل از ماه مبارک رمضان، مراسم عقد و ازدواج رسمی به عمل آید، ولی در همان زمان، عروس آیندهٔ دربار به طور ناگهانی مبتلا به حصبه گشت، و روز به روز ضعیف‌تر شده، و در تب می‌سوخت، و قدرت حرکت را از دست داده بود.

در دوران بیماری ثریا، اعلیحضرت هر روزه به دیدار عروس برگزیده خود می‌رفت، و ساعت‌ها را با وجود خطر ابتلا به حصبه، در کنار ثریا می‌گذراند.

در این زمان یک تابلوی طلاکاری از طرف خوانین توسط سرکار فروغ ظفر بختیاری ارسال شده، و در بالای سر تخت عروس نصب گشته بود، که با خطی بسیار زیبا بر آن نوشته شده بود:

«گر طبیبانه بیائی به سر بالینم به دو عالم ندهم لذت بیماری را»

پس از بهبود ثریا، زمانی که هنوز دوران نقاهت را می‌گذراند، مراسم رسمی عقد به سبک ایرانی، و ازدواج، توسط امّام جمعه وقت، مرحوم دکتر حسن امامی به انجام رسید، و عروس دربار در لباس زیبای عروسی، دوخت کریستن دیور، در شکوت یک ملکه دست در دست شاهنشاه، با وقار و متانت، وارد جشن عروسی شاهانه‌اش می‌شود، ولی از شدّت ضعف دوران نقاهت، بر شانه شاه تکیه می‌دهد، به طوریکه اطرافیان به خوبی متوجّه بی‌حالی شدید ملکه می‌شوند. در همان شب، کارهای اولیه معاینات توسّط پزشک دربار به آرامی و در خفا به عمل می‌آید. به گفته پزشک،

بدن ملکه طاقت حمل آن لباس بسیار سنگین را نداشت، و به این دلیل، در اطاق استراحت، دور تا دور دامان لباس عروس، با قیچی بریده می‌شود. در همان زمان بی‌بی‌هائی که در مراسم عروسی شرکت داشتند، آن واقعه را علامت خوش یمنی نمی‌دانند، و به دل بد می‌آورند.

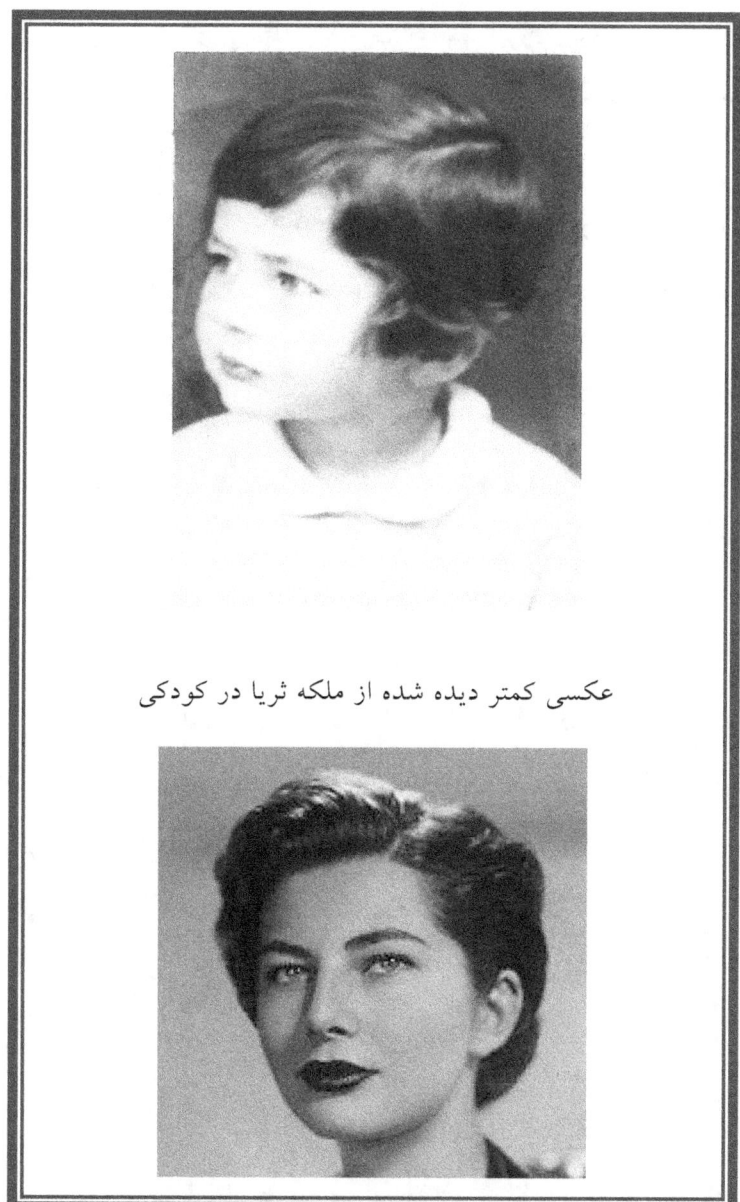

عکسی کمتر دیده شده از ملکه ثریا در کودکی

به هر صورت، مراسم عروسی با شکوه به پایان میرسد، و زوج جوان در نهایت عشق زندگی مشترکشان را آغاز و سال‌ها در انتظار فرزند باقی می‌مانند. البته پادشاه، از ازدواج با ملکه فوزیه دختری به نام شاهدخت شهناز پهلوی، و چندین برادر از همسر رضا شاه که از سلسله قاجاریه بودند در کنار داشت، ولی مطابق قانون اساسی ایران ولیعهد و پادشاه آینده ایران باید پسر می‌بود و بقیه فرزندان مذکر رضا شاه که مادری از خانواده قاجار داشتند از حق سلطنت محروم گشته بودند. از آنجائی که عشق آن عروس و داماد جوان بی‌حاصل بود، و منافع آیندهٔ ایران مهم‌تر از عشق بود، به ناچار ازدواجی که در سال ۱۳۲۹ شمسی با رد و بدل کردن دو حلقه پیوند خورده بود، هفت سال بعد، در سال ۱۳۳۶ به جدائی انجامید که باعث دل‌شکستگی بسیار برای هر دو دلداده شد.

در دورانی که ثریا ملکهٔ ایران بود، از او به عنوان ملکه‌ای غمگین با چشمان زمردی یاد می‌شد که بسیار خجالتی، کم حرف، و تا حدودی متکبّر بود. ولی با این حال، او ملکه‌ای بسیار محبوب در دنیا، به خصوص در ایران و آلمان به شمار می‌رفت.

یکی دیگر از افرادی که بختیاری‌ها از او داستان‌های بسیاری می‌گفتند و به او افتخار می‌کردند، اسفندیار خان بختیاری ملقب به سردار اسعد، فرزند ارشد حسینقلی خان ایلخانی، سردار بزرگ بختیاری، و پدر آقای خلیل خان و هرمز خان اسفندیاری، و پدر بزرگ ملکه ثریا اسفندیاری، و همسر من، سیروس بود.

در زمان حکومت ظل السلطان، حسینقلی خان به علّت مخالفت با حاکم اصفهان، به همراه دو فرزندش، اسفندیار خان و علی‌قلی خان، به

اصفهان برای مشق سربازان احضار شدند، و پس از اتمام مشق، او و پسرانش را به دربار دعوت کردند، و در آنجا حسینقلی خان را با ریختن زهر در فنجان قهوه‌اش به قتل رساندند، و دو فرزندش را هم روانهٔ زندان کردند.

به نقل از دختر حسینقلی خان، بی‌بی مریم، که یکی دیگر از سرداران شجاع بختیاری بود، می‌گفتند که فردای قتل حسینقلی خان، شایعه کردند که او سکته کرد، و زنان بختیاری شیون کردند و به نمادی از سوگواری، گیسوهای خود را بریدند.

پس از یک سال، علی‌قلی خان، برادر کوچک‌تر اسفندیار خان، آزاد شد و به ایل بازگشت، ولی اسفندیار خان، که پسر ارشد حسینقلی خان بود، و خطر بزرگتری محسوب می‌شد، به مدّت هفت سال تمام با غل و زنجیر در بند بود، و روزگار سختی را گذراند. پس از عزل ظلّ‌السلطان، بالاخره اسفندیار خان آزاد و به لقب سردار اسعد مفتخر شد، و به ریاست ایلخانی بختیاری منصوب گشت، و به رسم آن زمان لباس و شمشیر و حمایل[۲۱] و کلاه مخصوص (همانگونه که در عکس مشهود است) برای ایشان از طرف ناصرالدین شاه ارسال شد.

---

[۲۱] حمایل: دوال شمشیر، و آنچه بر شانه و پهلو آویزند (لغت نامه دهخدا، فرهنگ معین)

اسفندیار خان، معروف به سردار اسعد

پس از عزل امامقلی خان ایلخانی، عموی اسفندیار خان، از سمت ایلخانی، اسفندیار خان با احترامات ویژه، و تأیید بقیه سران بختیاری، و مهر فراوان افراد این ایل بزرگ و سلحشور که از بین آنان سرداران و جنگجویان بزرگی افتخار خدمتگزاری به ایران زمین را به نام خود ثبت کرده‌اند، وارد قلمروی بختیاری‌ها شد، و به عنوان اسفندیار خان بختیاری سردار اسعد اول، رئیس ایل بختیاری، با خدمات ارزنده اش نام نیکی از خود به جای گذاشت.

به علاوه گوش فرا دادن به این داستان‌های تاریخی ایلخانی، به زودی بسیاری از آداب و رسوم مخصوص ایل بختیاری مرا تحت تأثیر قرار می‌داد. برای مثال در میان این ایل و تبار، احترام بزرگتر بسیار واجب بود، و با وسواس مراعات سن را می‌کردند. کسی که سن کمتری داشت، حتّی اگر فقط یک سال از برادرش کوچکتر بود، باید پشت سر برادر بزرگتر راه می‌رفت، و یا وارد می‌شد.

به چشم خود در یک جلسه ختم دیدم که تیمسار تیمور بختیار، که در آن زمان رئیس سازمان اطلاعات وامنیت کشور بود و تمام افراد مملکت از او حساب می‌بردند، در پشت سر ده نفر از خوانین وارد مجلس شد و زیر دست آنها نشست و هنگام خداحافظی هم دست بزرگترها را بوسید و رفت. در بین خوانین شغل و مقام، و رتبه اجتماعی ملاک نبود. داشتن حرمت بزرگتر، حرف اول را می‌زد.

دیگر نکته‌ای که در بارۀ بختیاری‌ها نظرم را جلب کرد، این بود که همگی مثل یک زنجیر به هم متّصل بودند، و اگر پستی خالی می‌شد، همگی به کمک می‌آمدند تا شاید بتوان آن پست را از آنِ داوطلب مورد

نظری در بین جوانان تحصیل کردهٔ خانواده کنند. رقابت و کارشکنی هم در کار نبود. فقط می‌خواستند در دربار، در مجلس سنا، مجلس شورای ملی، وزارتخانه‌ها، سفارتخانه‌ها و شرکت نفت و غیره یک فرد از طرف بختیاری‌ها هم وجود داشته باشد، و در این مورد همه متّحد بودند، و تلاش و حرکت از همه طرف به یک سو بود، و بدین ترتیب، اغلب هم همه جا حضور مؤثری داشتند.

من تا آن زمان، هنوز موفق نشده بودم دکتر شاپور بختیار را از نزدیک ملاقات کنم، چون وی در تهران اقامت داشت، و همیشه زیر نظر بود. در یکی از همین جلسات صحبت به آقا شاپور رسید، و اینکه در آن زمان ایشان همراه با داریوش فروهر و عده‌ای دیگر در زندان بود.

آقای خلیل خان گفت: «نمی‌دانم تا کی می‌خواهد عمرش را در زندان بگذراند و دست از یکدندگی بر ندارد». سپس گلویی تازه کرد و ادامه داد به تعریف خاطره‌ای: «روزی که ثریا ملکه شده بود، اعلیحضرت برای شاپور توسط من پیغامی فرستاد، و گفت: «من نمی‌خواهم با ایل بختیاری خصومتی داشته باشم. جریان زمان رضا شاه هم ربطی به زمان و سلطنت من ندارد؛ مربوط به گذشته و زمان پدر من و پدر دکتر بختیار بوده است، و در حال حاضر عدهٔ زیادی از خوانین یا فرزندانشان متصدّی کارهای مهم مملکتی شده‌اند. از طرف من به دکتر بگو سفارت فرانسه و یا پست وزارت امور خارجه را به تو خواهم داد، و تو با این تحصیلات و عرق ملی که داری، باید در صندلی خدمت جای داشته باشی و خودت را در خدمت ملّت بگذاری». رفتم و عین فرمایشات ایشان را در زندان به دکتر گفتم. خندید و گفت: «اول اینکه ازدواج ثریا و شاه مبارک باشد. ولی من

هم پیغامی دارم. من یک لر بختیاری هستم و پسر سردار فاتح. بگوئید پدر کشته را کی بود آشتی؟» و هیچ شغل و مقامی را قبول نکرد و دست از عقیده‌اش برنداشت». من اینگونه، دکتر شاپور بختیار را، قبل از اینکه وی را ملاقات کنم، از نقل قول‌ها و خاطرات خوانین شناختم.

تا آنجائیکه من شنیده‌ام آقای بختیار طرفدار مکتب مرحوم دکتر محمّد مصدق بود، و در زمان صدراعظمی دکتر مصدق به معاونت وزارت کار گماشته شده بود، و پس از آن هرگز به دنبال شغل و مقام دولتی با وجود امکاناتی که داشت نبود.

در این جا بد نیست مقایسه‌ای بین تیمسار سرلشگر فردوست، دوست گرمابه و گلستان اعلیحضرت برای بیش از پنجاه و چند سال، و دکتر شاپور بختیار که قتل پدر خود را چون خنجری در سینه داشت، و اصولا معتقد بود پادشاه باید سلطنت کند و دولت حکومت، به عمل آورم. او مثل مرحوم مرادش دکتر مصدق، با اصل سلطنت مخالف نبود، و وجود شاه را برای بقا و سربلندی و تاریخ ایران لازم و ضروری می‌دانست، امّا می‌خواست شاه دست از دخالت در حکومت بردارد، و بگذارد دولت و مجلس حکومت کنند.

از طرفی دیگر، تیمسار سرلشگر فردوست، دوست نارفیقی بود، که خنجر دشمنی را در لوای دوستی و برادری بر پیکر شاهی که عاشق ایران بود فرو کرد، و حسادت و کینه توزی را بالاخره با نشان دادن قلب پلید و نمک ناشناس خود بروز داد و خاندان و کشوری را، به سوی نابودی سوق داد. تیمسار حسین فردوست، دست نشانده انگلستان و یک خائن بیش نبود. در مقایسه با او، زمانی که اعلیحضرت دست کمک به سوی شادروان

دکتر شاپور بختیار دراز کرد، او درد پدر کشتگی را به گذشته سپرد، و با شجاعت و دلاوری‌اش که از پدر بختیاری، و نیاکانش به ارث برده بود، سینه را سپر بلا کرد و با جان و دل آمادهٔ فداکاری و نجات کشور شد.

شاپور بختیار، طالب نام، و یا شغل دهان پرکن نخست وزیری نبود، بلکه جز سربلندی و شکوه ایران فکر و ذکر دیگری نداشت. او می‌دانست با وجود تشکیل این حکومت آخوندی، کشور به سوی فنا می‌رود، و به این خاطر با وجود اینکه دیگر همسنگرانش جواب رد به شاه بیمار کشور داده بودند، او مسئولیت کشورش را قبول کرد، و مردانه جنگید. آنچه از دستش بر می‌آمد، در مدّت نخست وزیری کوتاه سی و سه روزه‌اش انجام داد، و پس از رفتن به خارج از مملکت هم تا جایی که می‌توانست به مبارزات خود ادامه داد تا اینکه بالاخره به دست دو ناجوانمرد از ایل و تبار خودش، با ضربه‌های بی امان یک چاقوی کند آشپزخانه، بیرحمانه به قتل رسید و خون پاکش به زمین ریخته شد. او مردی بود که روزی نام پرافتخارش زینت بخش تاریخ ایران، و نام ایل غیورش با زر نوشته خواهد شد. تاریخ قضاوت خواهد کرد که چه کسی خدمتکار، و چه کسی خیانتکار بود. تاریخ را فردا باید خواند. امروز هنوز زود است.

همانطور که گفتم من دکتر شاپور بختیار را تا زمانی که در اصفهان بودم ملاقات نکرده بودم، ولی در تهران چهار بار ایشان را در مجالس عروسی و یا ختم دیدم. مردی میان سال، لاغر اندام، و بسیار مؤدب و آداب دان بود. سخندان برجسته‌ای بود و چشمان نافذی داشت. دکتر بختیار فرزند محمدرضا (سردار فاتح) بختیاری و ناز بیگم بود، و در سال ۱۲۹۴ در منطقه چهارمحال و بختیاری به دنیا آمد. بختیاری‌ها از زمان

صفویه، ریاست این ایل را به عهده داشتند.

در اوج قدرت رضا شاه چند نفر از خوانین بختیاری به علّت مخالفت با حکومت مرکزی اعدام شدند، که پدر دکتر بختیار، سردار فاتح، یکی از همین افراد بود. کتابخانه بسیار پرارزش دکتر که از پدر کتابخوانش به ارث برده بود، در خود گنجینه‌هایی از کتب خطی و قدیمی داشت، که در نوع خود بی‌نظیر بود. در روزهای اول فتنه خمینی ضد علم و دانش، انقلابیون اسلامی، این کتب پرارزش را در استخر ریختند، و این گنجینه ملی را نابود کردند.

دکتر شاپور بختیار مردی تحصیل کرده و متفکر، و دارای درجه دکترای حقوق از پاریس بود. در بازگشت به ایران به علت مخالفت علنی و روشن با طرز حکومت شاهنشاهی در ایران، حدوداً مدّت پنج سال و هشت ماه را در زندان به سر برد، و برای مدّت هفت سال هم ممنوع‌الخروج شد. در هر زمانی، به او پیشنهاد کار در دولت شاه داده شد، پیشنهاد را با احترام رد کرد. به خصوص در زمان حکومت دولتی سرلشگر فضل‌الله زاهدی، که به ایشان پیغام داده شد که «شما هیچ عمل خلافی انجام نداده‌اید و من شما را برای وزارت کار انتخاب کرده‌ام. فردا به فرودگاه بیائید تا شما را به اعلیحضرت معرفی کنم»، دکتر بختیار در جواب رد گفت: «روزی من به دست شما و این حکومت داده نمی‌شود». او طالب شغل و مقام و شهرت نبود؛ خود-شناس خوبی بود و به خوبی می‌دانست هدفش چیست و برای ایران چه می‌خواهد. معتقد بود دین و حکومت و سلطنت باید جدا باشند، و هر انسانی یک مادر، یک کشور، و یک عقیده سیاسی و یک باور دینی شخصی دارد. هدفش از همان زمان جوانی همین بود: حفظ

موجودیت ایران، سربلندی ایران و رفاه هر ایرانی در هر گوشه و کنار مملکت. در حقیقت او یک سوسیال دموکرات بود، با افکاری مثبت و مفید برای سرزمینش، ایران.

عده‌ای کارشناس اعتقاد دارند که اگر این وطن پرست لر غیور ایرانی زودتر به صحنه سیاست ایران پا گذارده بود، امیر کبیر زمان خودش، و یا شاید هم فراتر، می‌شد. او برای پست رئیس‌الوزرا شدن به میدان نیامده بود، برای هر چه بزرگتر کردن نام وطنش به رزم برخاسته بود... روحش شاد و نامش در تاریخ ایران جاودانه باشد.

به یاد آوردن چهره و نام این بزرگان دلم را می‌فشرد. هر بار خاطراتم را مرور می‌کنم، دلتنگ وطن می‌شوم. دلتنگ مهربانی‌ها و یکدلی‌های گذشته، دلتنگ شنیدن زبان شیرین فارسی، در هر گوشه و کناری، دلتنگ آزادی، و غروری که در آن زمان از ایرانی بودنمان احساس می‌کردیم. با این حال، هنوز پس از گذشت بیش از چهار دهه، امیدوارم که روزی همان غرور و عزت و احترام را در عرصهٔ جهانی بتوانیم با چشم خود ببینیم.

زمانی که پسر من شش سال داشت، و دخترم دو سال، جریان تیمسار بختیار[۲۲] و تبعید او به پیش آمد، که در نتیجهٔ آن اتفاق، تقریباً بیشتر بختیاری‌هایی را که در اقصی نقاط کشور دارای پست‌های مهمی بودند، به

---

[۲۲] در سال ۱۳۳۹ شمسی، تیمسار بختیار در سفری به آمریکا با رئیس جمهور جدید آمریکا، جان اف کندی، دیداری داشت که در آن دیدار کندی از دولت ایران انتقاداتی کرد و تمایل نشان داد به برکنار کردن شاه، و یا تبدیل حکومت به حکومت مشروطه. این دیدار موجب ترس شاه از بختیار شد، و او را برکنار کرد، و اول به او اجازه داد در تهران دفتری اداری داشته باشد ولی بعد از انتقادات بختیار از دولت، در سال ۱۳٤۰ او را تبعید کردند، و در سال ۱۳٤۹ در بغداد ترور شد.

پایتخت انتقال دادند تا دولت بتواند آنها را به طور کامل زیر نظر داشته باشد. از آنجائی که شوهر من رئیس جلب سیاحان اصفهان بود، خانواده من هم شامل این فرمان شدند و ما به تهران نقل مکان کردیم، و سیروس به عنوان مشاور وزیر در سازمان جلب سیاحان، مشغول به خدمت شد و پس از چند سال، به عنوان رئیس جلب سیاحان در پاریس گمارده شد، و باید نقل مکان می‌کرد.

پس از کمی مشاوره و صحبت، تصمیم گرفتیم که او برود به پاریس، و من و فرزندانم در تهران بمانیم و بعداً ما هم در زمان کوتاهی به او ملحق بشویم.

سیروس اسفندیاری بختیاری در پاریس، در حال بوسه زدن

به دست شهبانو فرح

با اینکه دوری سیروس برایم سخت بود، امّا کاملاً هم تنها نبودم، چراکه بی‌بی شیرین بین تهران-اصفهان در سفر هفتگی بود. یک پا در اصفهان و یک پا در تهران داشت، و مسئولیت پسر دور از خانه‌اش را به عهده گرفته، و نمی‌گذاشت من دست تنها فرزندانم را بزرگ کنم. پس از گذشت چند ماه، من به همراه بچه‌هایم و مادر شوهرم، عازم پاریس شدم، و همگی در آپارتمان بسیار زیبا و مجلل همسرم اقامت کردیم. بی‌بی پس از دو هفته، برای دیدار برادر شوهرم به آمریکا رفت، و سه ماه بعد برگشت. زمانی که در پاریس بودم، کمی در مورد نقل مکان به پاریس فکر کردم. با اینکه در ایران پدر بچه‌ها و همسر من پیش ما نبود، و کمبودش را به خوبی احساس می‌کردیم، امّا آسان‌تر از ماندن در کشوری بود که زبانش را نمی‌دانستم، و باید همیشه تنها می‌ماندم.

راستش را بگویم هوای غربت برایم اکسیژن کافی برای نفس کشیدن، نداشت. حالم را خوب نمی‌کرد، و همه کس و همه چیز بو و رنگی بیگانه داشت. حتّی در این سفر کوتاه سه ماهه، دلم به شدّت برای کشور خودم تنگ شده بود، و به این دلایل، نتیجه گرفتم که بهتر است که بعد از این سه ماه به ایران برگردیم، و در فرصت‌های مناسب دیگری برای دیدار سیروس به پاریس برویم، و همسرم هم برای ایّام تعطیلات سالانه، و یا کریسمس، به ایران بیاید.

این برنامه برای سه سال باقیماندۀ خدمت سیروس در پاریس به همین نحو ادامه داشت. ولی در دوّمین سفر تابستانی‌مان به پاریس، متوجّۀ تغییری در رفتار شوهرم شدم. دیگر اصراری برای ماندن ما نداشت، و به نظرم می‌آمد که شاید کمی هم برای رفتن ما عجله دارد. دیدن این تغییر، احساس

خوبی نداشت، امّا من هم چندان پیگیر قضیه نشدم، و فکر کردم شاید خیلی کار دارد و ما مزاحم کارش هستیم. به هر صورت، خیلی به این تغییر فکر نکردم، و به ایران برگشتم. برای کریسمس همان سال، و تعطیلات تابستانی سال بعد، سیروس، خودش برای چند هفته‌ای به ایران برگشت و کنار ما بود، امّا تغییرات رفتار او بیشتر، و محسوس‌تر شده بود. بی‌حوصله بود. انگار چیزی، یا مطلبی رنجش می‌داد، و اصلاً هم میلی به اینکه با من نگرانی‌اش را در میان بگذارد نداشت.

پس از برگشت سیروس به فرانسه، همه چیز برای مدّتی به طور معمولی پیش رفت، تا اینکه یک روز توسّط وزیر وقت برای صرف ناهار، به هتل هیلتون تهران دعوت شدم.

ملاقات وزیر و صرف ناهار با او، به تنهایی و بدون همسرم، برایم کمی دلهره آور بود. بی‌بی هم آنقدرها راضی به رفتنم نبود، امّا پیش خود فکر کردم که نمی‌توانم دعوت وزیر وقت را رد کنم. پس محتاطانه رفتم و ایشان را با خانمش منتظر خود دیدم، و با مهر، استقبال و پذیرائی شدم. راستش دیدن خانم وزیر در آنجا کمی آرامم کرد.

پس از مدّتی حال و احوالپرسی و رعایت آداب، جویای دلیل آن دیدار شدم. وقتی علّت آن ملاقات را پرسیدم، آقای وزیر با عذرخواهی، به گوشه‌ای از سالن رفت، و خود را مشغول صحبت کردن با تلفن کرد، و خانمش پاسخگوی سؤال من شد. آن نازنین بانو با مهربانی از من پرسید: «چرا شوهرت را تنها گذارده و با او نرفتی فرانسه، و وقتی رفتی، چرا نماندی؟» علّت را صادقانه گفتم. بعد از مدّتی صغرا و کبری کردن، به من فهماند که پای زن دیگری در میان است، و اینگونه بود که من، به این دلیل

به وجود آمدن دیوار عاطفی بین خودم و همسرم پی بردم.

زمانی که آقای وزیر به نزد ما بازگشت، من با رنگی پریده، بی‌اختیار و ناباورانه پرسیدم: «آیا حقیقت دارد؟» و او در پاسخ گفت: «متأسفانه بله. ولی از آنجائیکه خانواده شما، و شخص تو را خوب می‌شناسم، و این دوری را خطرناک می‌دانم، برایت پیشنهادی دارم: یا تو و بچه‌ها بروید و تا پایان چهار سال خدمتش در پاریس باشید، و یا اینکه او را به تهران احضار می‌کنم. تصمیم با خودت است». پس از لحظه‌ای تأمل، با لحنی آرام پاسخ دادم: «رفتن من به آنجا که مسئله‌ای را حل نمی‌کند. در آنجا هم کاری از دستم ساخته نیست، بلکه در تنهائی و بدون کمک احدی، ممکن است حتّی دچار مشکلات بیشتری هم بشوم. دیگر ماندن یا آمدنش هم برای من فرقی ندارد... من در تهران می‌مانم». نمی‌دانم چگونه خود را نگاه داشتم، و تسلیم احساساتم نشدم، و وقار خود را حفظ کردم. چنان شوک عاطفی شدیدی بر من وارد شده بود، که هنوز پس از گذشت ده‌ها سال از آن موضوع، نوشتن در مورد آن روز برایم دشوار است.

احساس می‌کردم زانوهایم سست شده، و بدنم یخ زده بود. سرم گیج می‌رفت، و مات و مبهوت به مقابل خود خیره شده بودم. احساس سنگینی به خصوصی چنان قلبم را می‌فشرد، که واقعاً احساس درد می‌کردم. باور آن مسأله برایم به شدّت مشکل بود. سیروس همیشه می‌گفت: «من و تو مثل دو انگشت یک دست هستیم»، و من باور می‌کردم، و حتّی پس از دیدن تغییرات رفتاری‌اش، لحظه‌ای به فکرم نرسیده بود که شاید پای زن دیگری در میان باشد.

در آن زمان بحرانی، به شدّت نیاز به بودن بابا تقی، آن سنگ صبور

همیشه مهربانم را، در کنارم احساس می‌کردم. به هیچکس حرفی نزدم، و از پدر خواستم بابا را به تهران بفرستد.

وقتی در فرودگاه مهرآباد بابا را دیدم، تمام غصّه‌هایم را فراموش کردم، و آنقدر بوسیدمش که به عمق نیازم به بودنش در کنارم، پی برد. وقتی که به طرف خانه به راه افتادیم، با مهربانی گفت: «ببم چه بلائی به سرت آمده؟ زود بگو نصف عمر شدم». زبانم به حلقم چسبیده بود. گفتم: «فقط دلم برایت تنگ شده است. مگر چه می‌شود اگر چند هفته‌ای هم پیش من باشی؟» با تیزهوشی خاصی که داشت، گفت: «نه. من تو را خوب می‌شناسم. مطلب چیز دیگری است. من می‌دانم و می‌فهمم». پرسیدم: «مگر تو علم غیب داری؟» گفت: «اگر تو بچه کلاغی من خود کلاغم. بگو و جانم را راحت کن». جواب دادم: «باشد می‌گویم. بگذار رانندگی‌ام را بکنم، به خانه که رسیدیم و یک چای پررنگ و داغ نوش جان کردی برایت همه چیز را می‌گویم». در اینجا نتوانستم جلوی خود را بگیرم، و اشک‌هایم به آرامی از چشمانم بر روی گونه‌هایم غلطیدند. بابا در سکوت محض، تنها به فرو ریختن قطره‌های اشکم زل زده بود.

به خانه که رسیدیم، به یک اطاق پناه بردیم، و من در را پشت سرمان بستم، و سرم را مثل زمان کودکی بر سینه‌اش تکیه دادم، و عقدهٔ دل را گشودم، و همه چیز را از سیر تا پیاز، با هق هق برایش تعریف کردم. فقط گوش داد. پس از مدّتی سکوت، گفت: «تو داری برای کسی که قدرت را ندانسته گریه می‌کنی؟ اگر حقیقت داشته باشد، حیف است از خودت ضعف نشان دهی. تو باید صبور و خوددار باشی. شاید از پایهٔ دروغ باشد». گفتم: «مگر کسی مرض دارد که چنین تهمت بزرگی را بر زبان بیاورد؟

کسی که به من گفت وزیر این مملکت است». گفت: «خودش به تو نظری ندارد؟» با بی‌حوصلگی گفتم: «بابا باز شورش را درآوردی. وقتی که رفتم، زنش در کنارش بود. این را دیگر از کجایت درآوردی؟» گفت: «شاید»، و سکوت کرد. البته، بابا هم حق داشت نگران باشد. می‌دانست که مادر خودم، سر یک دروغ دربارۀ خیانت پدرم به او جان خود را از دست داده بود. غم و نگرانی در صورت بابا موج می‌زد، امّا نمی‌دانست چگونه می‌تواند به من کمک کند. این بار این مشکل گشای همیشگی‌ام هم، نتوانست برایم مشکل گشا باشد.

روز بعد، به آشپزخانه رفت و یک خورشت قیمه که می‌دانست دوست دارم برایم پخت و قاشق اول را خودش در دهانم گذاشت و مثل همیشه سر شوخی را باز کرد و گفت: «ببین این خورشت، و آن خورشتی که کَل نظر، آشپزِ خان، می‌پزد چه فرقی با هم دارد؟» با شوخی گفتم: «هیچ. مثل هم است. بی‌مزه و بد طعم». گفت: «هنوز هم بچه و هم نادانی. وقتی فرق خورشت با خورشت را نمی‌دانی، معلوم است که این بلا سرت می‌آید و خودت اینجا می‌مانی و شوهر جوانت را به دیار فرنگ می‌فرستی و منتظری جوانمرد باشد و دست از پا خطا نکند». دلم رنجید. با ناراحتی گفتم: «خورشت قیمه چه ربطی به پاریس و خیانت دارد؟» گفت: «حالا ربطش را به تو می‌گویم. اگر از کَل نظر بپرسی قیمه را با «ق» می‌نویسند و یا با «غ»، می‌گوید: «با گوشت!»، در این صورت پسر اربابش هم، اصالت قیمه را نمی‌فهمد، و فقط گوشتش را می‌شناسد». مقصودش را خوب فهمیدم ولی حال و حوصله بحث را نداشتم. دلم را خالی کرده بودم ولی این بار پند و اندرزهای بابا تقی، و راهنمائی‌اش کارساز نبود. خودش هم

نمی‌خواست باور کند و در عین حال، درد و رنج من هم برایش قابل تحمل نبود. آمدنش تسکینم نداد، امّا از دیدنش، و تجدید دیدارش خوشحال بودم. دو هفته‌ای را در کنارم ماند، و بعد بار سفر بست تا دوباره به اصفهان برگردد. هنگام خداحافظی به بابا تقی تذکّر دادم: «مبادا در این مورد حرفی به پدرم بزنی که هنوز درست نمی‌دانم موضوع تا چه حد حقیقت دارد، و چقدر پیشرفت کرده است». گفت: «ببم اگر خدای نکرده راست باشد، بدین معنی است که آب، چاله را پیدا کرده، و شپش لحاف کهنه را. من تا تو نخواهی دهانم قرص است». بعد در حالی که اشک می‌ریخت، سر و رویم را بوسید، و با بغض گفت: «خیلی درد در صورتت داری. یا از عشق است و یا از عذابی که می‌کشی». با تلخی لبخندی زدم و گفتم: «برو به سلامت و نگرانم نباش. می‌دانی که بالاخره آفتاب پشت ابر نمی‌ماند، و همه چیز هویدا می‌شود. من هم راهی پیدا می‌کنم. بالاتر از سیاهی که رنگی نیست». گفت: «منظورت چیست؟ یعنی طلاق؟» گفتم: «به کسی نگوئی، یعنی همین که تو گفتی، ولی بین خودمان باشد. باز هم سفارش می‌کنم: جائی درز نکند. وگرنه دیگر نه من و نه تو». برای اینکه کمی آن مهربان مرد پیر را خوشحال روانه کرده باشم، پرسیدم: «دوستان پدر هنوز هم با وجود همسرش در خانه، به دور پدر جمع می‌شوند یا نه؟» خندید و گفت: «این میرزا قشمشم ها هم دیگر پیر شده‌اند، و در لاک خود رفته‌اند. ولی خوب گاهی همدیگر را پیدا می‌کنند و یاد جوانی‌شان را می‌کنند و با اغراق از شهامت‌هایشان می‌گویند، و لاف می‌زنند». هردو به اجبار خندیدیم، و او سوار شد و رفت.

با دیدن رفتن بابا، دلم به یکباره فرو ریخت. یک حس نامرئی به من

می‌گفت که این آخرین دیدار ما بود. و واقعاً هم دو ماه بعد با دلی شکسته و سینه‌ای پردرد، برای حضور در مراسم ختم و خاکسپاری بابای عزیزم، راهی اصفهان شدم. تمامی خانواده پدری‌ام به سوگ بابا نشسته بودند و به قول عمّه خانم جایش را هیچ کس نمی‌توانست برایمان پر کند.

بعد از رفتن بابا از پیش من، امید را به بی‌بی، و اقتدار او بستم و تمام داستان را برای بی‌بی بازگو کردم. او ناباورانه به تمام داستان گوش داد و بعد توصیه کرد که اصلاً به روی خود نیاورم، و چیزی نگویم، و بگذارم که سیروس برگردد، که پس از دیدن خانواده‌اش، همه چیز به روال معمول خود باز خواهد گشت.

سه ماه از دیدار من و آقای وزیر گذشت، و شوهرم به تهران احضار شد. بنا به توصیهٔ بی‌بی، من هیچ به روی خود نیاوردم، چون واقعاً نمی‌خواستم زندگی‌ام از هم پاشیده شود. چند ماه پس از برگشتن سیروس به ایران، جلسه خانوادگی سران بختیاری تشکیل شد، و به توصیهٔ آقای رستم خان امیر بختیار، که رئیس کل تشریفات دربار بود، تصمیم بر این شد که سیروس در دربار شاهنشاهی دارای شغل و مقامی گردد، و پس از تحقیقات فراوان توسط سازمان امنیت حکمی رسمی او، به عنوان معاون تشریفات دربار، صادر شد. او هم مثل گذشته، در شغل جدید خود، خوب درخشید.

بی‌بی چندان به این تغییر شغل و رفتن به دربار راضی نبود، و می‌گفت: «روزی ثریا، دختر عمویت، ملکهٔ ایران، در این دستگاه سلطنتی بود، و اینک که شهبانو فرح بانوی اول این مملکت است، ممکن است مورد رضایت ملکهٔ جدید نباشد». ولی پس از چندی که از خدمت وی

گذشت، همگی پی بردیم آن بانوی پر مهر، از اصالت ذاتی خاصی برخوردار است، و بانوئی است که در قلبش فقط محبت و گذشت وجود دارد، و آنچنان ساده و بزرگوار است که زندگی و حیات و امید را می‌توان در چهره و لبخندش دید، و آشکار است که وجودش را تنها به روی همدلی و خدمت باز گذاشته است، نه کینه و نفرت و حسادت.

عکسی از سیروس اسفندیاری بختیاری در حال بوسیدن دست

محمّد رضا شاه

روزی در برگشت از خراسان و دهکدهٔ جذامی‌ها، آقای امیر بختیار مستقیماً به دیدار ما آمد، و از خوبی ملکه و مهرش گفت. تعریف می‌کرد که همگی می‌ترسیدند به افراد جذامی نزدیک شوند، ولی در میان حیرت عموم، به خصوص افراد مذهبی مسیحی که داوطلب خدمت بودند، و بدین خاطر با دعوت شهبانو به ایران آمده بودند، ناگهان و به طرزی غیرمنتظرانه علیاحضرت به میان این مردم بیگناه رفته، و آنها را در آغوش گرفته بود، و حتّی اجازه داده بود که آنها دست و صورت این فرشته را لمس کنند.

آقای رستم خان می‌گفت: «این تظاهر نبود. شجاعت و مهر و همدلی بود. او ملکهٔ قلب مردم بود». پس از این، دیگر بی‌بی نگرانی خاصی برای خدمت پسرش در دربار ملکه نداشت.

با اینکه بیش از یک سال بود که سیروس به ایران برگشته بود، ولی پس از نزدیک سه سال و نیم دوری از هم، آن صمیمیت قبل را دیگر با هم نداشتیم، و هر یک رازی را در سینه از دیگری پنهان کرده بودیم. البته بگویم که راز من، مرا شکنجه می‌داد. سکوت کردن در بارهٔ رابطهٔ همسرم با زنی دیگر دردناک بود.

در واقع تظاهر به ندانستن و احمق بودن بیشتر از خیانت رنجم می‌داد. در همین زمان بلاتکلیفی و سردرگمی، خبر رسید که پدر به ناگهان بیمار شده، و در بیمارستان بستری است، و در حالت بیهوشی به سر می‌برد. فوراً به اصفهان پرواز کردم، و به بیمارستان رفتم، و پدر عزیزم را چنان دیدم که هرگز نمی‌خواستم ببینم. دو روز و دو شب با عمّه خانم و همسرش بر بالینش بیدار و نگران نشستیم. هیچ عکس‌العملی از خود نشان نمی‌داد، تا اینکه برای لحظه‌ای، فقط یک بار دستم را فشار آرامی داد، و

برای همیشه چشم از جهان فرو بست. این فشار دستش، هنوز برایم یک دلگرمی است که شاید مرا شناخت، و با این فشار گفت که هنوز دختر کوچولوی خودم هستی. کی بزرگ شدی که من نفهمیدم؟ کی خانم شدی که من ندیدم؟

آن روزها برایم تیره و تار بودند، و مدّت چهل شب و روز را در جهنمی ظلمانی طی کردم. این‌بار، پاره‌ای از جانم را از دست داده بودم احساس می‌کردم تکّه‌ای از وجودم را در کنار پدرم دفن کرده‌اند. تنهائی‌ام حدّی نداشت. دیگر نه پدرم را داشتم، و نه بابا تقی را. احساس می‌کردم که تمامی جهان مرا تنها گذاشته است. هنوز که هنوز است، دوری پدر را روزانه احساس می‌کنم، و روزی نیست که عکس پدر را بعد از بیدار شدن از خواب نبوسم و به او سلام نکنم. هنوز هم اگر کار خلافی بکنم، سرم را به زیر لحاف، پتو و یا ملافه می‌کنم، و به جای پدرم خودم، خودم را تنبیه می‌کنم.

بعد از مراسم ختم و بزرگداشت، با دلی شکسته به تهران برگشتم و به ادامه زندگی تلخم، روز را به شب، و شب را به روز رساندم. چندی بود حلقه‌ام را از دستم بیرون آورده بودم. دیگر رغبتی به داشتنش نداشتم. سیروس که تعصّب خاصی به در دست داشتن حلقه‌ام داشت، وقتی متوجّه نبود آن شد، علّتش را پرسید، و من گفتم: «گم کرده‌ام»، ولی نگفتم: «پس حلقه خودت چه شده است؟ تو هم که در دست نداری!». دو شب بعد وقتی به خانه آمد، یک دسته گل نرگس که می‌دانست پس از یاس، گل محبوب من است، همراه یک بستهٔ کادوئی، با یک بوسه بر روی گونه‌ام، در حضور بی‌بی به دستم داد. وقتی بسته را باز کردم، یک انگشتر، و یک

عطر نینا ریچی[۲۳] که همیشه مورد علاقهٔ او و خودم بود را یافتم. خوشحال شدم و به دلم اجازه دادم که امید را دوباره در خود بپروراند، تا اینکه درست فردا شب آن روز، هنگامی که داشتم برای خواب آماده می‌شدم، در آئینه دیدم سیروس یواشکی بسته‌ای را در جیب پالتویش گذاشت. با دیدن این کارش، بدون اینکه حرفی بزنم، رفتم و دست در جیب پالتو کردم. خیلی آرام و مؤدبانه گفت: «خواهش می‌کنم این کار را نکن». مگر می‌شد؟ ماه‌ها بود که می‌دانستم سرش کجا مشغول است. چه شب‌هایی که از غم از دست دادن اعتمادم به شوهرم، با دلی ریش گریسته بودم. نه. باید می‌فهمیدم که اینبار دارد چه چیزی را از من پنهان می‌کند.

با عجله بسته‌ای که در جیب پالتویش بود، و با روبان زیبائی بسته بندی شده بود، بیرون کشیدم و با دیدنش در جا خشکم زد. جعبه‌ای دقیقاً همانند همان هدیه‌ای که دیشب در دستم گذاشته بود، دوباره در دست خود دیدم. سیروس روی صندلی اطاق خواب، بدون هیچ عکس‌العملی به من زل زده بود. با نرمی بازش کردم، و حلقه و عطری را که هدیه گرفته بودم، دوباره به چشم دیدم. لحظه‌ای با ناباوری حلقه و عطر خود را با حلقه و عطری که در دست داشتم مقایسه کردم، و به ناگهان خنده‌ای عصبی کرده، و همانطور که می‌خندیدم، پرسیدم: «این‌ها را می‌خواستی به خانم فلان هدیه کنی؟ خوب هدیه دادن که خیلی کار خوبی است. ولی چرا مثل هم؟ چرا باید دو زن یک بو و یک حلقهٔ شبیه به هم داشته باشند؟» خودم را به شدّت کنترل می‌کردم که خونسردی و بی‌اعتنایی خود را حفظ کنم.

---

[۲۳] عطر نینا ریچی: Nina Ricci مارک عطری ایتالیایی

همانطور که به من زل زده بود، هاج و واج پرسید: «تو اسمش را از کجا می‌دانی؟» با لحنی خونسرد پاسخ دادم: «من همه چیز را مدّت‌ها است که می‌دانم. خوب می‌دانم که او دختر یک سرلشگر است، و دائی‌اش وزیر امور خارجه. در تهران اول منشی تو بوده، و وقتی رفتی به فرانسه تقاضا کردی که او را هم با تو به عنوان منشی به پاریس منتقل کنند». او در سکوت به حرف‌هایم گوش کرد، و هیچ نگفت. با خونسردی بسته‌ها را در جیبش گذاشتم، و حلقهٔ خودم را هم از دستم در آوردم، و بر روی میز توالت کنار همان عطر گذاشتم. با تلخی به او یک «شب به خیر» گفتم، و به اطاق دخترم رفتم، و در کنار او که در خوابی آرام بود، و از آینده بی‌خبر، خوابیدم، و در نهایت سکوت بالشتش را پر از اشک چشم کردم. صبح هم طبق معمول بچه‌ها را هر دو در کنار هم، با مهر به مدرسه فرستادیم، و بعد از رفتن بچه‌ها به مدرسه سر میز صبحانه سر صحبت را باز کردم، و جریان شب قبل را برای بی‌بی بازگو کردم. بی‌بی شوکه شد، و نگاه غضب آلودی به پسرش کرد و گفت: «احمقانه‌ترین کاری که می‌توانستی انجام دهی را دادی، و قلب زن صبور و مادر فرزندانت را شکستی! ولی بدان اگر پشیمان هستی، و تصمیم بگیری که از این به بعد همسر خوبی برای زنت باشی، من مثل همیشه در کنارت هستم و اگر خواستی رابطه‌ات را با آن زن ادامه دهی من دیگر نیستم. این آبروریزی را خودت به تنهایی به دوش بکش و در بزرگی فرزندانت هم، تنها خودت جوابگوی سؤالاتشان باش!» و با عصبانیت میز صبحانه را ترک کرده، و برای مدّتی طولانی، حتّی پس از رفتن پسرش، در اتاقش ماندگار شد.

زمانی که بی‌بی سرانجام از اتاقش بیرون آمد، به آرامی به طرفم آمد،

و مادرانه گفت: «من حرف خودم را زدم و روی حرفم هم ایستاده‌ام. دیگر هر چه شد، بین خود شما دو نفر است».

آن شب دوباره بعد از خوابیدن بچه‌ها، صحبت سه نفره ما در نهایت ادب و خونسردی ادامه پیدا کرد. سیروس که فرصت پیدا کرده بود کمی در مورد رابطهٔ رازگونه‌اش با خود فکر کند، به نظر می‌آمد که جرأت بیشتری پیدا کرده بود. روی به مادرش کرد و گفت: «بگو حلقه‌اش را به انگشت کند. من که قصد جدائی ندارم. او زن من است. فقط می‌خواهم اجازه دهد اوقاتی را هم با آن خانم دیگر بگذرانم و همان‌گونه که خودم می‌خواهم و می‌دانم، جریان را به پایان برسانم.» من به تلخی خندیدم و گفتم: «چه حرف‌ها! نه اجازه می‌دهم و نه طلاق می‌گیرم». گفت: «در تمام مراسم و مهمانی‌ها تو در کنارم هستی و فقط گاهی او را می‌بینم و تمام شب‌ها هم به خانه برمی‌گردم. من متوجّه موقعیت شــغلی خودم هم هستم و همه تو را به عنوان همسرم و یک خانم با شخصیت می‌شناسند و بچه‌هایم را هم که بیشتر از جانم دوست دارم. من اصلاً قصد جدائی ندارم».

حرف‌هایش قلبم را می‌فشرد. این درخواستش اصلاً برای من قابل هضم نبود. شمرده جواب دادم: «من هم قصد ذلیل شدن ندارم، و تصمیمم را عوض نخواهم کرد». احساس می‌کردم تنها و تنها به یک دلیل می‌خواهد با من بماند، و آنهم برای حفظ ظاهر و برای شغلش است، امّا در ته دلم، شاید امیدی هم داشتم که روزی آن زن را ول کند، و بر سر زندگی خود برگردد.

برای هفته‌ها این مجادله و دلخوری‌ها ادامه داشت، و ما روز به روز

نسبت به یکدیگر سردتر می‌شدیم. من روی حرف خود ایستاده بودم. نه طلاق می‌خواستم، و نه می‌خواستم اجازه دهم که همسرم را با زن دیگری تقسیم کنم. چند روزی به همین منوال به تلخی گذشت، تا اینکه روزی، هنگامی که می‌خواست برای رفتن به سر کار از در خارج شود، برگشت و گفت: «بگذار حقیقتی را به تو بگویم. دیگر دوستت ندارم. فقط می‌خواهم به نام زنم داشته باشمت، و تو بانوی این زندگی در کنارم باشی». پرسیدم: «راست می‌گویی؟ واقعاً دیگر دوستم نداری؟» سرش را به علامت مثبت تکان داد. لحظه‌ای سکوت کردم و بعد گفتم: «به سلامت». آن روز، تمام امیدی که برای دوباره به دست آوردن همسرم داشتم، از دست دادم. با خود در تنهایی، بسیار به زندگی مشترکمان فکر کردم، و تمامی قضایا را بالا و پایین کردم، و شب که از سر کار برگشت، بدون هیچ مقدمه‌ای به او گفتم: «حالا که دیگر علاقه‌ای به من نداری، و اجازه می‌خواهی قبول کنم زن دیگری بین ما باشد، باید بدانی برای من این غیر ممکن است. یک پادشاه برای یک سرزمین و یک ملکه برای یک سلطان کافی است، و چون نمی‌خواهم لاستیک یدک اتومبیلت باشم، و نمی‌توانم ذلّت قبول رابطه داشتنت با یک زن دیگر را به جان بخرم، من طلاق را انتخاب می‌کنم، و فقط فردا وقت داری که وسائل شخصیت را جمع آوری کنی، و از اینجا بروی. فردا لباس‌ها و کفش‌هایت بسته بندی خواهد شد. همین امشب یا فردا صبح می‌توانی خانه را ترک کنی، ولی باید بچه‌هایمان را از این تصمیم مطلّع کنیم».

نمی‌دانم خوشحال شد یا غمگین. تنها چیزی که به یاد دارم این است که آن شب کمی پریده رنگ به نظر می‌رسید. مدّتی با خود خلوت کردم

تا قلبم که به شدّت می‌زد آرام گیرد. وقتی که حالم کمی بهتر شد، جریان را برای مادر شوهرم بازگو کردم. با شنیدن تقاضای طلاق من، با بهت و حیرت نگاهم کرد و پرسید: «چرا این کار را کردی؟ بچه‌ها چه خواهند شد؟» با دلی سنگین پاسخ دادم: «مطمئن هستم آنها ضربه خواهند خورد ولی من که نمی‌خواهم آنها را از پدر جدا کنم. هر وقت خواستند می‌توانند با حضور شما، یا حتّی خود من، در جائی، پارکی، ویا رستورانی، یکدیگر را ملاقات کنند. ولی من دیگر نمی‌توانم. برای مدّتی بسیار طولانی درد خیانتش را در دلم نگاه داشته‌ام، و جز شما و بابا تقی، احدی خبردار نشد. ولی اگر بیشتر ادامه پیدا کند، می‌ترسم که همانند مادرم دیگر توان تحمل این همه درد از دستم خارج شود. اگر شما هم موافق باشید، من همیشه دختر، یا عروس شما خواهم ماند، و مطمئن باشید موفقیت فرزندانم، و بزرگ کردنشان اولین هدف زندگی‌ام است».

روز بعد، حرف سیروس مدام در گوشم تکرار می‌شد. هرگز فکر نمی‌کردم که روزی جملهٔ «دیگر دوستت ندارم» را، از دهان سیروس، آن شاهزادهٔ اسب سوارم، بشنوم. باورم نمی‌شد که حاضر باشد چنین به خاطر زنی دیگر، زندگی خوب و شیرین ما را از هم بپاشد. هر زنی تا یک حدی حاضر است زیر بار ستم برود؛ کدام زن حاضر است بدون غرور زندگی کند؟ نه. هیچ مردی نمی‌تواند غرورم را بشکند، و هر کاری که دلش خواست در خفا انجام دهد، و مرا نادیده پندارد. درخواست طلاق، برای حفظ غرورم بود. حاضر نبودم که تنها برای داشتن شوهری دارای مال و مقام، ذلت را به جان بخرم. من زنی نبودم که زیر بار ظلم و ستم و خودخواهی همسرم بروم. در عین حال، دلم به شدّت شکسته بود. زمانی

که من هنوز بسیار عاشقانه همسرم را دوست داشتم، او عشق مرا نادیده گرفته بود، و تنها به دلیل هوسبازی با زنی دیگر ارتباط پیدا کرده بود. به من دروغ گفته بود، و در آخر، با کلمات سردش شکستن دلم را تکمیل کرده بود.

طلاق از سیروس شاید یکی از دردناکترین، و در عین حال بهترین تصمیماتی بود که با خواست خود، و به کمک غرورم، در زندگی‌ام گرفتم. زندگی تصمیمات دشوار بسیار جلوی پایم گذاشت امّا به یاد آوردن این دوره، و این تصمیم، هنوز جور دیگری آزارم می‌دهد چرا که این درد، از کسی به من وارد شد که او را با اعتماد کامل بسیار دوست داشتم. این زخم را شریک زندگی‌ام، پدر فرزندانم و کسی که مثل پاره‌ای از جانم بود، بر قلب من زده بود.

چند روز بعد از تصمیمم به طلاق، به اتفاق بی‌بی و سیروس به یک محضر رفتیم و خودم قبل از آن دو نفر، تقاضا کردم جریان طلاق اجرا شود. در اینجا سیروس روی به مادرش کرد و گفت: «متوجّه هستید که خودش قبل از من درخواست جدائی را دارد؟ این جدائی خواسته من نیست!» فرد روحانی که وظیفهٔ اجرای طلاق را داشت، شروع به نصیحت من کرد، و سعی کرد که مرا از تصمیمم منحرف کند. امّا نصایح آن روحانی هم کارساز نبود، و من دفتر طلاق را امضا کردم، و هرکدام سوار ماشین خود شدیم، و به خانه برگشتیم.

احساساتم را حتّی خودم به درستی نمی‌توانستم درک کنم. انگار از درون تهی شده بودم. درد طلاق برایم، به شکستن دنده می‌ماند. ظاهرم شاید از بیرون خوب بود، ولی وقتی نفس می‌کشیدم، سینه‌ام چنان تیر

می‌کشید که نفسم را نیمه راه می‌بریـد. سخت‌ترین کار برایم گرفتن حکم از دادگاه و جاری کردن طلاق بود، ولی از آن که گذشت، بقیه کارها نسبتاً آسان بود. چند روز بعد به دادگاه خانواده رفتیم. به خاطر موقعیتی که در اجتماع داشتیم، قاضی درب دفترش را بست تا به صورت خصوصی کار ما را انجام دهد. نصیحت‌ها دوباره آغاز شد. من با لبخندی گفتم: «آقای قاضی، شوهرم همیشه در زندگی من به خاطر فرزندانم و مادر خواهد ماند، ولی اجازه دهید کار پایان پذیرد». سیروس ساکت و آرام با دکمه سردستش بازی می‌کرد، و گاهی نگاهی به ساعتش می‌انداخت، که بی‌بی به طور غیر منتظرانه‌ای لب به سخن گشود، و با حالتی پرجذبه شروع به مطرح کردن مسائل مادی کرد، و گفت: «حضانت بچه‌ها را به مادرشان بدهید. آنچه میراث پدری ایشان و من است، به فرزندان او تعلّق خواهد گرفت، و باید بین نوه‌هایم به طور مساوی تقسیم شود، و حق اعتراض را هم مـی‌خواهم از پسرم بگیرم». رئیس دادگاه رویش را به طرف سیروس برگرداند و با حالتی متعجّب گفت: «آیا شما با این خواسته‌های مادرتان موافق هستید؟» او نگاهی به من و مادرش کرد، و بعد در حالی که هنوز نگاهش به صورت من بود، با صدایی سنگین از غم که خوب می‌دانم حقیقی بود، گفت: «من موافقم. هر چه که مادرم می‌گوید انجام دهید».

خانه‌ای که در آن ساکن بودم، سه دانگش به نام من و سه دانگ دیگرش به نام سیروس بود. و پدرم، سه دانگ دیگر را از شوهرم برای من خریده بود، و پولش را پرداخت کرده بود، ولی چون سیروس در پاریس بود، امضا گرفته نشده بود، و من به علت اعتماد، و بعدش هم ناراحتی، فراموش کرده بودم. ولی بی‌بی گفت: «باید هرچه زودتر آن سه دانگ دیگر را هم

به نام عروسم برگردانده شود، و از طرف پسرم هم حقوق ماهیانه‌ای برای زن و فرزندانش معلوم و معین شود. نباید فراموش کند که در قبال فرزندانش وظایفی دارد که باید به انجام برساند».

به این نحو، همهٔ کارهای قانونی بدون وکیل به نفع من به انجام رسید. هنوز که هنوز است در عجبم از عدالت این زن شجاع و دلاور بختیاری، که به عنوان مادر شوهر، چنین مادرانه جانب حق را گرفت، و جگر گوشهٔ پر نام و افتخارش را کناری زد، و در عوض به حمایت من و فرزندانم برخاست. بی‌بی تا آخرین روز حیاتش از هیچ نوع فداکاری برای من و نوه‌های عزیزش دریغ نکرد، و ثابت کرد به حق از خون نژاد بی‌بی مریم، سردار رشید بختیاری است، که در جنگ مشروطیت در کنار دیگر خوانین بختیاری برای حفظ یک‌پارچگی ایران جنگید، و در کنار مردم قرار گرفت و خانه‌اش را بر ضد انگلستان و روسیه پناهگاهی برای سربازان آلمانی کرد، و خود سوار بر اسب، فرماندهی سربازان جوان بختیاری را به عهده گرفت.

بنا بر آنچه شنیده‌ام، بی‌بی مریم سوارکار ماهر و تیرانداز بی‌نظیری بود، و هردو پسرش، علی مردان خان و محمد علی خان را که علیه حکومت مرکزی به پا برخاسته بودند، از دست داد و نامشان در فهرست حماسه سازان تاریخ ثبت شد. درست به یاد می‌آورم که هرگاه خوانین دور هم جمع می‌شدند، و آن آهنگ معروف علی مردان خان را می‌شنیدند، همگی بدون استثنا، زن و مرد اشک به چشم، با خواننده‌اش هم‌صدا می‌شدند، و بارها داستان‌ها از شجاعت‌های بی‌بی مریم و پسرانش نقل می‌کردند.

بی‌بی مریم که برای زمان خودش بانویی تحصیل کرده بود، و طرفدار حقوق زنان، عده‌ای از زنان ایل بختیاری را بر ضد انگلستان و روسیه مجهز کرده بود، که اگر مردان در جنگ کشته شوند، قوای قوی زنان را به میدان بیاورد. بی‌بی مریم از فرط وطن پرستی حاضر نبود قوای انگلستان و روسیه ایران را بین خود تقسیم کنند، و به این جهت با دشمن این دو کشور، یعنی آلمان همدست شده بود، و در زمان حمله سردار اسعد به تهران، شخصاً بر پشت بام خانه‌ای که مشرف به میدان بهارستان بود مخفی شده، و آنجا سنگربندی کرده بود، که بتواند با سوارانش از پشت سر، با قزاق‌ها مشغول جنگ شود. او تفنگ به دست با سربازان روس جنگید. نقش او در فتح تهران، از او یک سردار ساخت و محبوبیت فوق‌العاده‌ای در ایل، و ایران به دست آورد، و معروف به سردار آزادگی شد.

بی‌بی مریم خواهری داشت به نام بی‌بی لیلی که او هم در شجاعت و اسب سواری و تیراندازی و ضد استعمارگری دست کمی از خواهرش نداشت، و خواهرش را همراه و همیار بود. در جنگی که لژیون‌های آلمانی شکست خوردند، آنها را به مدّت سه ماه و نیم در خانه‌اش پناه داد، و با قشون خودش جان آنها را حفظ کرد و سپس از راه کرمانشاه به آلمان بازگرداند.

در زمان ویلهم دوم، امپراطور آلمان، او به پاس شجاعت این سردار زن بختیاری، نشان امپراطوری آلمان، صلیب آهنین را، همراه حکم و تصویر مینا کاری و الماس نشان، برای سردار مریم ارسال داشت.

بگذریم، همانطور که می‌گفتم، مادر شوهر من، در خانوادهٔ کوچک خودمان، بر خلاف عرف و عادات مادران ایرانی رفتار کرده بود، و بدون

چشم پوشی فرزندش را مجازات کرده بود. بی‌بی شیرین، مثل خانم فخرالدوله، مادر دکتر امینی که حتّی در زمان نخست وزیری ماهیانه‌ای به او می‌داد، هر ماهه مبلغی به حساب پسرش واریز می‌کرد، که بعد از طلاق ما، آن کمک را هم قطع کرده، و به حساب نوه‌هایش واریز کرد. زمانی که آقای علم از موضوع با اطلاع شد، از آنجائیکه حقوق دربار خیلی نبود و مخارجش بسیار، هر ماهه چکی را به عنوان عطیهٔ ملوکانه امضا کرده، و به جبران کار بی‌بی، تحویل سیروس می‌داد.

به هر صورت، طلاق گرفته شده بود و کار دادگاه ما هم تمام شده بود. روز انجام طلاق، با خود گفتم: «این پایان یک ازدواج ناموفق، و شروع زندگی من در تنهایی خواهد بود». زمانی که طلاق را در شناسنامه‌ام دیدم، گویی تازه باور کردم، و به درستی درک کردم که آن عهد سفرهٔ عقد همیشگی نیست. نمی‌دانم، اگر عشق همیشگی نیست، چه حکمتی در عاشق شدن و به هم پیوستن است؟ به هر حال، با وجودی که من یک زن جوان، زیبا، و خوش نام بودم، امّا صفت مطلّقه بودن را هم به یدک می‌کشیدم، و در آن زمان، این موضوع برایم بسیار دردناک بود. این درد را در ظاهرم نمی‌شد تشخیص داد، ولی از درون می‌سوختم، در تنهایی اشک می‌ریختم، و هنگامی که به خود در آئینه نظر می‌انداختم، در حالی که فقط سی و شش سال سن داشتم، خود را زنی هفتاد ساله می‌دیدم. احساس پیری می‌کردم، و دل از همه بریده بودم. خسته بودم، امّا برای حفظ ظاهر، و برای اینکه ثابت کنم قوی و پابرجا هستم، به معاشرت‌های گاه و بیگاه نیز تن در می‌دادم.

تا مدّتی پس از طلاق، دوستان و فامیل همسرم، که در آن زمان تنها

افرادی بودند که در زندگی خود داشتم، از من فاصله گرفته بودند. من این فاصله را به حساب بی محبّتی گذاشته بودم، و احساس می‌کردم که به جای تنها یک همسر، تمامی دوستان و فامیل را از دست داده، و به تنهایی رها شده بودم. برای کمتر کردن درد، خود را با فرزندان و گرداندن خانه‌ام سرگرم نگاه می‌داشتم، و سعی می‌کردم که به دردی که در سینه داشتم فکر نکنم، مبادا که از شدّت درد دیوانه شوم.

مدّتی گذشت، کم کم به دردم عادت کردم، و آب‌ها که از آسیاب افتاد، دوباره مهربانی‌های بختیاری‌ها از سر گرفته شد. و شاید حتّی بیش از گذشته مورد لطف و مهرشان قرار گرفتم. دوستان درباری و رؤسای سیروس هم، از هیچ کمکی برایم مضایقه نداشتند، و اگر کاری برایم پیش می‌آمد، کارها را حتّی سریع‌تر از گذشته برایم انجام می‌دادند.

برای مثال، دکتر مخصوصی برای خانواده‌مان داشتیم به نام دکتر پرتو، که از اقلیّت دیانت بهائی بود، و توسّط مرحوم دکتر ایادی، پزشک مخصوص اعلیحضرت، به ما معرفی شده بود. او زمانی می‌خواست در شهرک غرب، قطعه زمینی بخرد، که توسط بانک صادرات به افراد تحصیل کرده و فرهنگی جامعه فروخته می‌شد، و پارتی بازی هم لازم داشت. از آنجائی که این دکتر بارها خانوادهٔ ما را مورد لطف خود قرار داده بود، و هرگز در کمک به ما از چیزی مضایقه نکرده بود، به محض شنیدن درخواست ایشان، بلافاصله به آقای رستم خان امیر بختیار تلفن کردم، و جریان را گفتم. جواب داد: «من این کار را برایت انجام می‌دهم ولی چرا برای خودت زمین را نمی‌خواهی؟» گفتم: «پولش را شخصاً ندارم». گفت: «این که مهم نیست. پرداخت می‌شود و تو بعداً پس بده». گفتم: «این دکتر

خیلی برای من و بی‌بی زحمت کشیده است؛ بهتر است به خاطر این همه محبّتی که به ما نشان می‌دهد، این کار را برایش انجام دهیم». با دیدن اصرار من قبول کرد، و پاسخ داد: «اگر خودت اینطور می‌خواهی، باشد؛ من هم حرفی ندارم. بگو به بانک صادرات مراجعه کند، و بگوید از طرف من آمده است»، سپس با شوخی ادامه داد: «اگر بهتر از دکتر ایادی است، بگو تا ما هم از این به بعد به او مراجعه کنیم». من هم با خنده تشکر کردم، و از اینکه توانسته بودم شاید حتّی اندکی جبران محبّت‌های دکتر را کرده باشم، خوشحال بودم.

فردای آن روز، دکتر رفت و زمین را گرفت، و از آن به بعد، توجّه‌اش به خانوادهٔ ما روز به روز بیشتر و بیشتر شد، و کم کم، مثل عضوی از افراد خانوادهٔ ما شد. احساس می‌کردم جای بابا تقی را، یک دکتر متشخص، جوان، تحصیل کرده، و دارای زن و دو فرزند گرفته بود. با او می‌توانستم آزادانه درددل کنم، و عقدهٔ دلم را پیش او باز کنم، و حتّی بعضی وقت‌ها در مقابلش گریه هم می‌کردم. نصیحت نمی‌کرد، طبابت هم نمی‌کرد؛ فقط می‌شنید، و می‌فهمید و می‌دانست که تنها احتیاج به کسی دارم که مرا درک کند. با سکوت کامل گوش می‌داد.

به یاد دارم که تنها یک بار در جواب دل‌شکستگی من، به من گفت: «عاشق که باشی نمی‌توانی فراموش کنی، ولی زندگی و زمان به تو یاد می‌دهد چگونه با خاطره‌ها و نبودنش سر کنی». گفتم: «غرور شکسته‌ام را چه کنم؟» گفت: «همان کاری که تا به حال کرده‌ای! یادت باشد که اگر خطری و پیش‌آمدی تو را نکشت، قوی‌ترت می‌کند. بگذار زمان بگذرد. همهٔ مشکلات با گذشت زمان حل می‌شوند، و به قول معروف، این نیز

بگذرد». راست می‌گفت، ولی در آن زمان من هنوز نمی‌توانستم پایانی برای دردی که در سینه داشتم، حتّی در عالم خیال هم، ببینم.

اولین تابستان جدائی بود و من حال خوشی نداشتم، بی‌بی که حال زار مرا می‌دید، با مهربانی به کنارم آمد و گفت: «تو آمریکا را ندیده‌ای، من هم دلم برای پسرم تنگ شده است. چطور است یک سفری بکنیم؟ هم فال است و هم تماشا». و من هم قبول کردم. مقدّمات فراهم آمد و من برای اولین بار عازم آمریکا شدم. سفر خوب و خاطره انگیزی بود. بچه‌ها با عموی‌شان آشنا شدند، و ایام خوشی با خرید، و گردش در هتل‌های خوب گذشت، و بعد از گذشت سه ماه از واشنگتن و نیویورک با یک پرواز مستقیم سیزده ساعتۀ بدون توقف، که تازگی‌ها برقرار شده بود، به تهران برگشتیم.

انسان در هر کجای دنیا باشد، حتّی اگر به بهترین وجه ممکن هم پذیرائی شود، وقتی خانه‌اش را می‌بیند، و چمدانش را در اطاقش می‌گذارد، بی‌اختیار می‌گوید: «هیچ کجای دنیا خانه خود آدم نمی‌شود». من هم از برگشت به ایران خوشحال بودم، و دیگر رفته رفته زمان کار خودش را می‌کرد، و کابوس کلمۀ طلاق جایش را به آرامش جسم و روح می‌داد. البته بی‌بی شیرین به این یک سفر هم اکتفا نکرد، و شروع به تعویض مبلمان و ایجاد تغییرات اساسی در دکور خانه کرد. حتّی اطاق خواب مرا هم بدون مشورت من، به یک اطاق دیگر انتقال داد، و گفت: «در صورت ناراحتی می‌توانیم خانه را هم عوض کنیم، و یا اگر مایل باشی به اصفهان برگردیم». ولی من ماندن در تهران را ترجیح می‌دادم، چون دیگر از خانواده پدری‌ام کسی در قید حیات نبود، و پدر شوهر عزیزم هم دیگر فوت کرده

بود، و دیدن اصفهان، و به یاد آوردن همگی رفتگانم فقط دلم را تنگ‌تر میکرد.

تمام هدف بی‌بی، خوسحال کردن من بود. به من نشان می‌داد که بیش از گذشته برایش اهمیت دارم. از طرفی هم می‌دید من هنوز جوان و زیبا هستم، و می‌خواست مرا در کنار خود و بچه‌هایم نگاه دارد، و شاید آرزو می‌کرد که ممکن است پسرش دوباره به سر خانه و زندگی‌اش برگردد، و مرتب در گوشم زمزمه می‌کرد که «سیروس به زودی سرش به سنگ می‌خورد و برمی‌گردد. او دوری تو بچه‌ها را نمی‌تواند تحمل کند». من ساکت گوش می‌دادم. چرا باید رویای این مهر بانو را خراب کنم؟

در زندگی‌ام کم و کسری به وجود نیامده بود. امورات ما مثل قبل چون ساعت بیگ-بن در لندن، با دقت و بدون هیچ تأخیری به خاطر سیاست و کیاست مادر شوهرم پیش می‌رفت. پیش مردم خم به ابرویم نمی‌آوردم، و بی‌بی نزد همه من را «عزیزم»، «دخترم»، و«عروسم» خطاب می‌کرد. بیش از پیش از صفات خوبی که نداشتم، تعریف و تمجید می‌کرد. مثل اینکه عزیزتر شده بودم. مرتب به حساب‌های بانکی من رسیدگی می‌کرد، و سعی می‌کرد دست مرا باز بگذارد. هر روز علاقه و دلبستگی من هم نسبت به بی‌بی، که جای مادر را برایم پر کرده بود، بیشتر و بیشر می‌شد. دوستش داشتم؛ به خاطر مهری که در چشمان غضبناکش می‌دیدم. چراکه آن غضب دلهره آور تبدیل به حریر لطیفی شده بود. قبلاً خدمتکاران برایم تعریف کرده بودند که نگاه بی‌بی، مثل رضا شاه است. زمانی که خشمگین است، کسی جرأت نگاه کردن در چشمان ایشان را ندارد، و مو را بر اندام آدمی راست می‌کند.

روزها می‌گذشت. بچه‌ها بزرگتر و شیرین تر و عاقل‌تر می‌شدند. پسرم بهترین شاگرد دبیرستان البرز بود و در کلاس نهم بین چندین کلاس رتبهٔ اول را از آن خود کرده بود، و به این دلیل در جشنی به او کتاب «امیر کبیر» را جایزه دادند، و مدیر مدرسه، مرحوم دکتر مجتهدی، بسیار پسرم را ستود و از من درخواست کرد که برای صحبت دفترش بروم.

وقتی که با پسرم در دفترش حضور پیدا کردیم، دیدم که به غیر از ما، آقای دکتر عالیخانی، وزیر اقتصاد ایران، که تازه از آمریکا بازگشته بود، هم حضور داشت. دکتر مجتهدی پس از کمی تعریف از استعداد پسرم، به من گفت: «به نظر من بهتر است پسرتان را به آمریکا بفرستید، و در یک مدرسه خوب بگذارید. او در آنجا موقعیت بیشتری برای شکوفا کردن استعدادهایش پیدا خواهد کرد»، سپس رو به پسرم کرد و با اشاره‌ای به دکتر عالیخانی، ادامه داد: «دلم می‌خواهد تو هم مثل ایشان بروی و موفق و با دست پر برگردی. باید مثل ایشان قدر شناس باشی، و یادت باشد شاگرد خوب مدرسه البرز بودی، و پس از برگشت، ملاقات اولت باید با من باشد». پس از کمی صحبت و شوخی، دوباره روی به من کرد، و تکرار کرد: «در مورد پیشنهاد من خوب فکر کنید. دوست دارم به حرفم گوش دهید. من شاگردانم را بهتر از پدر و مادرشان می‌شناسم». و به این ترتیب من با قلبی سرشار از غرور از دفتر مدیر مدرسه به همراه پسرم خارج شدم. هم از موفقیت پسرم خوشحال بودم، و هم از اینکه ممکن است از او کمی دور شوم، نگران.

وقتی جریان ملاقات را با بی‌بی در میان گذاشتم، گل از گل بی‌بی شکفت و گفت: «این بهترین کار برای آیندهٔ پسرت است، و صد در صد

باید انجام شود». البته ایشان به سنت بختیاری‌ها، به این روش عادت داشت که فرزندانشان را از سنین خیلی پائین برای تحصیل و تسلط به چند زبان خارجی، و فرا گرفتن آداب و رسوم اروپایی به فرنگ بفرستند. و بی‌بی هم آیندهٔ نوه را در کسوت وزارت، صدارت، سفیر، و یا سناتوری مجسم می‌کرد. در حقیقت بی‌بی تصمیم گیرندهٔ اصلی خانواده بود، و سرانجام با تکان دادن یک انگشتش، کارها صورت گرفت، و ما چهار نفری عازم سفر شدیم، و تا چشم باز کردم و به خود آمدم، دیدم که نام پسرم در یک مدرسهٔ شبانه روزی نمونه نوشته شده است، و ما باید ناچار بدون او به ایران برگردیم.

سقوط حکومت پهلوی

عکس با حجاب از من، بعد از انقلاب اسلامی

زمان ثبت نام پسرم در مدرسه، ما تصمیم گرفتیم برای سه ماه پیش پسرم در آمریکا بمانیم، و بعد بدون او به ایران برگردیم. در سه ماهی که آمریکا بودیم در تلویزیون، اخبار ایران را می‌دیدیم که به نظر می‌رسید نارضایتی‌های مردم و دشمنی با حکومت شاهنشاهی داشت فراگیر می‌شد، و مردم مدام دست به تظاهرات می‌زدند، امّا فکر نمی‌کردیم که ممکن است واقعاً خیلی جدی شود، و یا اینکه به طول انجامد. مدام با ایران هم تماس داشتیم، و افراد خانواده که در دربار سمت و رتبه‌ای داشتند، به ما می‌گفتند که اوضاع رو به بهبود است، با این حال سیروس عقیده داشت که بهتر است سه ماه دیگر هم در آمریکا بمانیم، و وقتی که اوضاع آرام شد، برگردیم.

ولی ما با خود فکر کردیم که از آنجائی که سال تحصیلی داشت شروع می‌شد، بهتر این بود که به ایران بازگردیم، و دخترم را در مدرسه‌ای در ایران ثبت نام کنیم. به این ترتیب، در روز شانزده شهریور هواپیمای ما در تهران به زمین نشست، و ما دوباره قدم بر خاک وطن گذاشتیم، امّا هر چه در فرودگاه صبر کردیم، خبری از رانندهٔ ما نبود.

کمی نگران شدیم. چرا راننده‌ای که همیشه به موقع حاضر بود و چون پدرش هم رانندهٔ بی‌بی و خان بود، همیشه حالتی پر از وفاداری و حق‌شناسی در خود داشت، و ما هیچوقت ندیده بودیم که بدون دلیل برای استقبال و یا بدرقه از ما حاضر نشود، امروز بدون خبر ما را چنین سرگردان کرده بود؟ نمی‌دانستیم چه کار کنیم. همه جا شلوغ به نظر می‌رسید، و به نظر می‌آمد که همه با عجله در حال رفت و آمد بودند. بالاخره یک ماشین وانت باری را راضی کردیم که ما را به خانه برساند. وقتی که به طرف

شهر به راه افتادیم، نمی‌توانستم چشم‌هایم را باور کنم. مردم از تیر چراغ برق و درخت بالا می‌رفتند، از هر گوشه و کناری صدای الله اکبر می‌آمد و ما همگی به خوبی می‌توانستیم صدای شلیک تیر را هم بشنویم. انگار این شهر، آن شهری نبود که سه ماه پیش از آن به قصد آمریکا ترکش کرده بودیم.

شعار «مرگ بر شاه» در همه جا موج می‌زد. دود آتش لاستیک‌هایی که مردم برای مقابله با سوزش گاز اشک‌آور به آتش کشیده بودند، چشم‌هایمان را می‌سوزاند. باورم نمی‌شد. با ترس نگاه می‌کردم، و احساس می‌کردم این کشور من نیست. انگار پا به یک کابوس گذاشته بودم. هر چه به خانه‌مان نزدیک‌تر می‌شدیم، نگران‌تر می‌شدم. شیشهٔ مغازه‌ها شکسته شده بودند، و هرج و مرج شهر را فرا گرفته بود. با هر نفس درد پشیمانی از برگشتمان در سینه‌ام تیر می‌کشید. خیابان‌ها چنان شلوغ بود که مدت‌ها در راه بودیم تا به خانه رسیدیم. همینکه پا به خانه گذاشتیم، به طرف تلفن دویدیم و شروع به تماس گرفتن با دوستان و آشنایان کردیم. با هر کسی صحبت کردیم، دیدیم که همه پر از ترس بودند، و مدّت‌ها بود که کسی هم از رانندهٔ ما خبری نداشت.

با وجود تمام چیزهایی که در راه دیده بودم، شنیدن ترس در صدای دوستانمان بود که به ناگاه مرا به خود آورد، و فهمیدم که این یک خواب نیست. متوجه شدم که این آشوب، یک موقعیت موقت و گذرا نیست، بلکه تغییریست اساسی. در یک آن متوجّه خطری که ما را به عنوان دو زن تنها و یک دختربچه تهدید می‌کرد شدم، و با ناباوری بر روی یک صندلی نشستم. نمی‌دانستم چاره چیست.

از آن روز به بعد، زندگی ما در ایران به کل عوض شد. روزها و شب‌ها به تلویزیون زل می‌زدیم، و به رادیو گوش فرا می‌دادیم. در بین مردم کوچه و بازار و حتّی در بعضی از محافل بین طبقات تحصیل کرده و فرهنگی جامعه، صحبت از یک مرد روحانی بیگناه و مقدس بود، که او را به عنوان ناجی تاریخ چندین هزار ساله ایران، و تنها راه نجات ما از فسخ و فجور و گناه جلوه می‌دادند. مردم چنان جو زده شده بودند، که به چشم خود دیدم، و به گوش خود شنیدم که بسیاری از افراد قسم می‌خوردند که موی خمینی را در لای قرآن‌های خود پیدا کرده‌اند و صورتش را در ماه دیده‌اند. بی‌بی‌سی هم به پراکندن این شایعات کمک می‌کرد و واقعاً در قدرت پیدا کردن این آخوندهای سر سپردهٔ انگلستان، تأثیر پررنگی داشت.

تظاهرات چند میلیونی در پایتخت و دیگر شهرها زلزله به پا می‌کرد. اعتصاب‌های مکرر بازار، اقتصاد مملکت را فلج کرده بود. ظاهر و باطن کشور یک پارچه سیاه شده بود، و احساس محبّت از میان مردم رخت بربسته بود. شک و تردید، و خشم، جای آرامش و اعتماد را گرفته بود.

یک روز، وقتی که طبق معمول تلویزیون را برای دیدن اخبار روشن کردیم، خبری وحشتناک ما را در جایمان میخکوب کرد. چهار مرد درب‌های سینما رکس آبادان را قفل کرده، و بر روی سینما بنزین ریخته، و سینما را به آتش کشیده بودند. مردم به طرف درها و پنجره‌ها هجوم آورده امّا درها را نتوانسته بودند باز کنند. بعضی‌ها توانستند از پشت بام و یا از پنجره‌ها فرار کنند، امّا با این حال، بیشتر از چهارصد نفر زن و مرد و بچه زنده زنده سوختند و نابود شدند.

این فاجعه بر آتش نارضایتی‌ها افزود. شاه مارکسیست‌ها را سرزنش

می‌کرد، روحانیون شاه را، و مردم واقعاً باور داشتند که این کار ساواک بود، و به همین دلیل نفرتی در دل‌ها ریشه انداخته بود، که نمی‌شد به راحتی از بین برد. خمینی به آتش کشیدن سینما رکس را «شاهکار بزرگ شاه برای بدنام کردن انقلاب» لقب داد، و برخی مردم زود باور هم حرفش را به جان خریدند. سال‌ها گذشت تا معلوم شد که سوزاندن سینما رکس، کار انقلابیون و مسلمانان افراطی بود. از چهار نفری که به این جنایت دست زده بودند، فقط یک نفر به اسم حسین تکبعلی‌زاده زنده مانده بود.

شور انقلاب عقل را از سر زن و مرد و پیر و جوان پرانده بود. ترس ما بعد از دیدن سوختن زنده زنده مردم چند برابر شده بود. می‌ترسیدیم که مبادا ما را هم، در خانهٔ خودمان به دام بیندازند، و زنده زنده آتش بزنند. در دلم، از یک طرف دلتنگ دیدن صورت پر از مهر پسرم بودم، و از طرفی دیگر از آمدنم به ایران پشیمان. خدا را شکر می‌کردم که پسرم در کنارمان نبود که از بابت جان او هم نگران باشم.

کشور در غوغا و هیاهو و هرج و مرج غرق بود. بوی آتش، و دود سوختن لاستیک‌ها در تهران، یک امر روزمره شده بود. در این دوره، در مدّت کوتاهی چند نخست وزیر عوض و بدل شد، که برای ایجاد آرامش کارساز نبود، و فریادهای مردم را فرو ننشاند. شاه که نمی‌خواست باعث کشته شدن بیشتر مردم ایران شود، به سوی جبههٔ ملی روی آورد. که یکی بعد از دیگری، رهبران جبههٔ ملی جواب رد به شاه مملکت دادند، و همگی طالب بازگشت آیت‌الله خمینی به ایران بودند. همگی در انتظار شنیدن بیانات گیرای آن ناجی شجاعشان که در زیر درخت سیب در پاریس نشسته بود، بودند. فکر می‌کردند با آمدنش، تمامی مشکلات جامعه به طور

معجزه‌آسایی درست خواهد شد. شبنامه‌ها با سرعت دست به دست می‌گشتند، و در خانه‌ها انداخته می‌شدند، که اطلاع رسانی شود، و از این طریق، محل و زمان تظاهرات بعدی را، به گوش همگی مردم می‌رساندند.

در یکی از همین شب‌های الله و اکبر گویان مردم بر پشت بام خانه‌ها، و آتش زدن لاستیک و شکستن درب و پنجره ادارات و راه ندادن وزرا به وزارت خانه‌ها و هرج و مرج مملکت، سیروس مخفیانه به خانه آمد و یک کیف سیاه رنگ که مملو از اسکناس‌های صد دلاری نو و بسته بندی شده توسط بانک بود را، نشانمان داد. برای رمز کیف، سال تولد پسرم را انتخاب کرده بود. آن کیف را در مخفی گاهی که در طبقهٔ دوم، در زیر پلکان خانه جاسازی شده بود، همراه با چندین سکهٔ ده پهلوی، پنج پهلوی و چند سکه تاج‌گذاری پنهان کرد و گفت: «اگر اتفاقی برای من افتاد و اوضاع مملکت خطرناک شد این می‌تواند کمکی برای فرار شما باشد. اگر شورش بیشتر شد، هر چه زودتر به آمریکا نزد پسرمان بروید، و من هم ابتدا به پاریس خواهم رفت، و سپس در آمریکا به شما ملحق خواهم شد، و دوباره همگی با هم یک خانواده خوشبخت خواهیم بود». در چشمانش هنوز مهرش را نسب به خودم دیدم. صورت دخترم را در خواب بوسید، و من و مادر را هم بوسید، و رفت. با دیدنش، باز گرمی امید داشتن یک خانواده را در وجودم پروراندم، و آتش عشقی که هرگز از دلم کاملاً بیرون نرفته بود، باری دیگر شعله‌ور شد. با این حال، ما تصمیم گرفتیم که باز هم صبر کنیم، و ایران را ترک نکنیم. فکر می‌کردیم که شاید دوباره کشور به حالت عادی خود بازگردد.

این تنها ما نبودیم که هنوز نا امید نشده بودیم. شاه، و بسیاری از افراد

بالا رتبهٔ مملکت هم، هنوز امیدی برای نجات ایران در دل داشتند. زمانی که شاه به جبهه ملی روی آورد، تنها کسی که به تقاضایش جواب مثبت داد، دکتر شاپور بختیار بود. هنگامی که اعلیحضرت دکتر بختیار را به حضور پذیرفت، مملکت در اوج بحران بود. دکتر با فروتنی به خاطر عشقی که به ایران داشت، با آن حس وظیفه‌شناسی نمونه‌اش که زبانزد خاص و عام بود، اطاعت امر کرد. از اعتقادات شخصی، و کینهٔ پدر کشتگی گذشت، و کمر به نجات ایران بست. او، برعکس دیگر رهبران جبههٔ ملی، نجات ایران را در دست یک آخوند نمی‌دید، و برعکس، همانند مصدق بزرگ عقیده داشت که برای سرفرازی ایران، سیستمی پارلمانی مشابه سیستم‌های سلطنتی-پارلمانی کشورهای اروپایی از قبیل سوئد و انگلستان لازم است. زمانی که سعی در معرفی هیئت دولت مورد اعتماد خودش داشت، دوستان هم‌رزمش در جبهه ملی بر ضدش قد علم کرده، و او را از این کار بر حذر داشتند. وقتی دکتر را مصمّم دیدند، او را از جبهه ملی طرد کردند، و تنهایش گذاشتند، و حتّی شایعه کردند که به زودی ترور خواهد شد.

در جواب این شایعات، دکتر پاسخ داد: «من مرغ طوفانم و ترسی برای جانم هم ندارم». بارها هشدار داد که او را از مرگ نترسانند که اثر نخواهد کرد. گفت و باز هم گفت: «ما گر زسر بریده می‌ترسیدیم در محفل عاشقان نمی‌رقصیدیم». شاید در ته دل، خودش هم می‌دانست سرانجام به جرم وطن دوستی و عشق به آب و خاک نیاکانش به قتل خواهد رسید.

زمانی که دکتر بختیار نخست وزیر ایران شد، کشور در تبی جنون‌وار می‌سوخت. دیگر عقل، منطق و دوراندیشی در کار نبود و احساسات، و

آرمان‌های دست نایافتنی، شیرازهٔ کار را در دست گرفته بودند و با سرعت به سوی نابودی ایران می‌تازیدند. مسلمانان تابع خمینی، از احساسات مردم، و وضعیت بحرانی کشورهم سوءاستفاده می‌کردند، و با تیزتر کردن هر چه بیشتر آتش این جنون ملی، سعی می‌کردند از آب گل آلود ماهی بگیرند، وخود را دارای نام و قدرت و مقام کنند.

به خوبی به یاد دارم که چگونه اغلب به تابوت‌های خالی مقداری رنگ قرمز می‌پاشیدند، و بر دوش انقلابیون می‌گذاشتند تا حس برادر دوستی را در مردم شدّت بخشند. با دیدن این تابوت‌ها و با آن شایعهٔ دروغین که جنایت سینما رکس، کار شاه بود، در بین انقلابیون شعار «می‌کشم، می‌کشم، آنکه برادرم کشت» رونق گرفته بود، و همهٔ گروه‌های مخالف حکومت که قبلاً سایهٔ یکدیگر را با تیر میزدند، حالا متحد و یکپارچه شده بودند.

به دلیل این تَنِش بود، که هم برای آرام کردن ملّت هم برای حفاظت از جان مردم، بعد از مشورت با چند وطن پرست دیگر، قرار شد شاه برای مدّتی از ایران برود، تا شاید پس از رفتنش اوضاع کمی آرام شود. درست مثل زمانی که ایران از هر گوشه‌ای، به نوعی تحت اشغال انگلستان و روسیه بود، و در ایران بنا به خواست و نارضایتی منافقین، راهی برای رضا شاه کبیر باقی نمانده بود مگر ترک مملکت. با این وجود رضا شاه نگران از آیندهٔ ایران بود و نمی‌دانست آیا رفتنش به سود ایران خواهد بود، یا ماندنش. به این دلیل بود که فروغی، نخست وزیر وطن پرستی که برای مدّت‌ها در حبس خانگی بود، را به حضور پذیرفت، و از این سیاس پیر نظرخواهی کرد،

رضا شاه می‌ترسید که با رفتنش ایران توسط انگلستان و روسیه بین خودشان تقسیم شود. آنگاه مرحوم فروغی به او در جواب گفت: «قربان، اگر بمانید، خطر تقسیم ایران بیشتر است تا اگر بروید و ولیعهد را جانشین خویش کنید». حکایت است که زمانی که فروغی خودنویس را برای امضا به دست شاهنشاه داد، به او گفت:«در بر شیر نر خونخواره‌ای، غیر تسلیم و رضا کو چاره‌ای؟»

در زمان انقلاب هم، دکتر شاپور بختیار که اوامر شاه برای حفظ ایران را به جان خریده بود، صلاح را در این دید که شاه برای مدّتی ایران را ترک کند، و زمانی که ولیعهد هفده ساله به سن قانونی رسید، او را رسماً جانشین شاه کنند.

خبر نخست وزیری بختیار باعث شادی بسیاری از هواداران مصدق، و اعضای قدیمی جبههٔ ملی شده بود. ما هم در دلمان قطره امید روشنی را می‌پروراندیم، و فکر می‌کردیم که شاید بختیار بتواند دوباره آرامش را به کشورمان بازگرداند. زمانی که شاه داشت ایران را ترک می‌کرد، بختیار هم به بدرقهٔ شاه رفت. فردی از فامیل که سرهنگی در ارتش بود، و همیشه در کنار دکتر بختیار حضور داشت، به من گفت که در آخرین لحظاتی که اعلیحضرتین در فرودگاه مهرآباد آمادهٔ ترک ایران بودند، دکتر بختیار پس از گرفتن رأی اعتبار از مجلس، بلافاصله و با عجله خود را برای بدرقهٔ شاه به فرودگاه رسانده بود. می‌گفت که در زمان رفتن شاه، هم شاه و هم بختیار اشک در چشم داشتند. فکر نمی‌کنم که هیچ کدام هرگز حتّی به خواب می‌دیدند که ایرانمان چنین ویران شود. آن روز، شاه با دلی سنگین ایران را ترک کرد، و بختیار با چشم‌های پر از اشک آخرین شاه وطن

پرست ایران را بدرقه کرد. شاه رفت به امید اینکه شاید بختیار با کمک ارتش بتواند آرامش را به وطن برگرداند.

بختیار پس از رفتن شاه، تمامی تلاش خود را کرد تا مملکت را به وضع عادی درآورد. در دوران کوتاه سی و هفت روزهٔ نخست وزیری بختیار، تمامی درخواست‌های بنیادی ملت اجرا شد: ساواک منحل گشت، زندانیان سیاسی آزاد شدند، و مطبوعات آزادی کامل پیدا کردند. امّا دیگر دیر شده بود. خمینی با به بازی گرفتن احساسات ملّت و حیله‌گری و دروغ‌گویی، توانسته بود چنان مردم را شیفته خود کند، که آنها کورکورانه چشم بر کارهای مثبتی که بختیار برای ایران انجام داد، بستند، و تنها درخواستشان برگشتن و رهبری کردن یک آخوند بی‌سواد بود. خواسته‌های اولیهٔ افراد ناراضی از حکومت شاه، داشتن مملکتی آزاد بود که در آن زندانی سیاسی و خفقان مطبوعات جایی نداشته باشد. این حیلهٔ خمینی، و دار و دسته‌اش بود که شعارهای مردم را کم کم از درخواست استقلال و آزادی، به سوی «استقلال، آزادی، جمهوری اسلامی» سوق داد. یک هواپیما با اشک چشم پادشاه ایران به پرواز در آمد و هواپیمای دیگری در فرودگاه مهر آباد بر زمین نشست، و بدین ترتیب خمینی مثل مرگی نابهنگام، دوباره بر خاک ایران قدم گذاشت.

خمینی با سلام و صلوات و استقبال میلیونی وارد کشور شد. صدای قدم‌های پای او بر خاک ایران، صدای پای قیامت بود. او در جواب سؤال «چه احساسی از برگشت به وطن دارید؟» پاسخ داد:«هیچ». پس از گفتن «هیچ» او، احساس وطن پرستی و ایران‌دوستی، در ایران دیگر جایی نداشت.

با آمدن خمینی، شنیدن مژدهٔ آزادی، تبدیل به یک آرزوی دست نیافتنی شد. در مدّتی که خمینی در پاریس بود، تظاهر می‌کرد که او بین دین و دموکراسی پل زده است، امّا به محض ورود به ایران، و سخنرانی در بهشت زهرا، دموکراسی را حفظ کرد، و دم از «آزادی اسلامی و نه آزادی غربی» زد. ملت ایران رفت که در تاریکی روزگار بگذراند، به امید اینکه شاید روزی دوباره روشنی را به چشم ببیند. از همان روزهای اول پیروزی انقلاب، روحمان را با حرف‌های رکیک و تندشان نوازش کردند، و با حکم یک دیوانه، خون جوانانمان را بر زمین ریختند. بسیاری از افرادی که برای خمینی سر و دست می‌شکستند، و مال و ثروت به پایش می‌ریختند، در اولین روزهای اعدام سران مملکت به خود آمدند، و فهمیدند که با آمدن این فرد، مملکت ما به جز آتش و خون، آینده‌ای نخواهد داشت، امّا دیگر دیر شده بود، و نوشداروی پس از مرگ سهراب بود.

اینطور نبود که بختیار کاملاً تسلیم شده باشد، اما دستش هم به جایی بند نبود. در ماه‌های آخر انقلاب، او تصمیم داشت به علاوه بر ایجاد اصلاحات مدنی، قاطعانه سر و سامانی به وضع از هم گسیختهٔ کشور هم بدهد، ولی نقشه‌اش توسط تیمسار سرلشگر حسن فردوست، نقش بر آب شد. حسن فردوست مردی بود که شاه از او به عنوان بهترین دوست و برادر یاد می‌کرد. شاید فردوست به بختیار حسادت می‌کرد که چنین مورد اعتماد شاه قرار گرفته بود. امّا با رفتن شاه که رئیس کل قوا بود، فردوست از اطاعت از بختیار سر باز زد، و با دسیسه و نیرنگ، بقیهٔ سران ارتش ایران را وادار کرد اعلام بی‌طرفی کنند، و به فرمان بختیار اهمیتی ندهند، به طوریکه حتّی وقتی مردم به خیابان می‌ریختند، و جایی را آتش میزدند،

بختیار نمی‌توانست از ارتش برای کنترل شورش استفاده کند. همین امر باعث کمکی بی‌اندازه بزرگ به انقلابیون شد. فردوست سرداران ارتش، از جمله تیمسار قره باغی، را مجاب کرده بود که هیچ‌گونه دخالتی در کمک به مهار کردن هرگونه شورش و تظاهراتی نکنند. با اینکه این فرمانش مورد اعتراض و مخالفت دیگر سران رده بالای ارتش، ژاندارمری، نیروی هوائی، نیروی دریائی، زمینی و گارد شاهنشاهی قرار گرفته بود، با این وجود بسیاری افراد ارتشی از فرمانش پیروی کردند، و به این نحو بود که دولت قانونی بختیار در نتیجه این حرکت نادرست شکست خورد، و رادیو و تلویزیون که رکن اصلی تبلیغات و پیروزی بود به دست انقلابیون افتاد.

دکتر بعدها بارها اظهار می‌کرد که در حقیقت نقشهٔ متلاشی کردن ارتش قوی و نیرومند ایران، به دست کسی به اجرا در آمد که شاه او را برادر و دوست خود می‌دانست، و او بود که در سقوط حکومت شاهنشاهی و افتادن ایران به دست جنایتکاران جمهوری اسلامی نقشی اساسی بازی کرد. مقایسهٔ بین فردوست، و بختیار مقایسهٔ روشنی روز، و تاریکی شب است. بختیار را در وطن پرستی، تنها شعر حضرت حافظ را به یادم می‌آورد که می‌فرماید: «ای خوشا دولت آن مست که در پای حریف، سر و دستار نداند که کدام اندازد».

زمانی که شاه داشت از ایران خارج می‌شد، درگیر سرطان بود ولی من واقعاً باور دارم درد دیدن آنچه به سر ایران و افسران دلاورش آمد، بیشتر از بیماری‌اش باعث رنج و مرگ زودرس او شد. به یاد دارم که در آن زمان در یک مصاحبه به خبرنگاری گفت که خیانتِ دوستی که از برادر به او نزدیک‌تر بود، او را بیش از هر چیز دیگری آزار می‌دهد.

پس از سرپیچی فردوست از دولت بختیار، دکتر بختیار برای ادامه مبارزه چاره‌ای جز ترک ایران به طور مخفیانه نداشت، و به گفتهٔ خودش، با لباس کشیشی از ایران خارج شد. او در فرانسه، تا روزی که به قتل رسید، به مبارزه‌اش برای آیندهٔ ایران ادامه داد.

پس از رفتن بختیار، بازرگان اولین نخست وزیر انقلابی ایران شد. گرچه او هم مذهبی بود، و هم وطن دوست، امّا چون از خود اختیاری نداشت، اوباش سالاری جانشین مردم سالاری شد. ویران کردن ایران، گویی برای این جماعت یک افتخار شده بود. حتّی به سنگ مزار شهریاران ایران از جمله رضا شاه کبیر هم رحم نکردند و آنرا تخریب کردند. دیگر احدی جرأت انتقاد از رژیم جدید را نداشت. زندان‌ها پر از زندانیان سیاسی شده بود، و ترس این رژیم در دل تمامی افراد موج می‌زد. با کمترین انتقاد از دولتمردان و انقلابیون، جان انسان به جرم ضد انقلاب بودن، و منافق بودن، و یا طاغوتی بودن، در خطر می‌افتاد. در اینجا جای دارد خاطره‌ای را عنوان کنم، و قضاوتش را به عهدهٔ خودتان بگذارم که خود تصمیم بگیرید آیا عدالت در زمان شاه، که آیت‌الله خمینی آن را طاغوت می‌خواند بهتر اجرا می‌شد، و یا حکومت عدل الهی ملاها؟

پس از برکناری تیمسار تیمور بختیار، تیمسار حسن پاکروان به جای او به ریاست سازمان امنیت و اطلاعات کشور(ساواک) منصوب شده بود، که نسبت به تیمسار بختیار آرامتر و صبورتر به نظر می‌رسید. در آن زمان که ما هنوز به تهران نقل مکان نکرده، و همچنان در اصفهان اقامت داشتیم، همسر تیمسار پاکروان، خانم فاطمه پاکروان که بانوئی بسیار با شخصیت، و در نهایت کمال بود به اتفاق سرکار خانم منیر جهانبانی، خواهر نازنین

تیمسار نادر جهانبانی و تنی چند از رجال، به اصفهان سفر نموده و در هتل شاه عباس که بسیار برای آن زمان مجلل و تشریفاتی بود اقامت کردند.

طبق رسوم مهمان نوازی، بی‌بی شیرین از آن افراد مذکور به علاوه برخی رجال شهر، از قبیل استاندار، فرماندار، و شهردار اصفهان، و دیگر دست اندرکاران دعوتی برای شام به عمل آورد. من در آن زمان هنوز جوان و بی تجربه بودم و برگزاری و ادارهٔ این قبیل مهمانی‌های پر از تشریفات برایم خیلی سنگین و دور از انتظار بود.

شام در محیطی صمیمانه و پر مهر خاتمه یافت، و همگی برای صرف کنیاک و قهوه به سالن پذیرائی راهنمائی شدند. گفتگو به تئاتر سپاهان، و هنرمند محبوب اصفهان، ارحام صدر کشیده شد. خانم پاکروان اظهار کرد که بسیار مایل است در این دو شب باقی مانده در صورت امکان برنامهٔ آقای ارحام صدر را از نزدیک ببیند، چون بسیار از او و اینکه برنامه را مطابق گفته‌های خود اداره می‌کرد، و حاضرجواب قهاری بود، شنیده بود، و لذت یک شب خوب و خاطره‌اش را می‌خواست با خود به تهران ببرد.

بنا به خواست خانم پاکروان و دیگر حضار، با یک اشارهٔ بی‌بی، بلافاصله برنامه ریزی برای شب بعد انجام شد، و آقای ارحام صدر هم از حضور مهمانان و مقام مسئولین مطلع شد.

فردای آن شب همگی با ذوق و شوق و برای داشتن یک شب خوش و فراموش نشدنی به تئاتر رفته، و همگی در ردیف اول و دوم ودر جایگاه‌های خود نشستیم.

تماشاگران کوچکترین اطلاعی از حضور چنین مهمانانی در سالن

نداشتند. برنامه در ساعت معین، با سرود ای ایران که همگی به احترام به پا خاسته بودند، آغاز شد. پرده بالا رفت و دست زدنها شروع شد، که ناگهان صدای ارحام صدر به گوش رسید که فریاد زنان می‌گفت: «نفس گیر و نفس گیر» و خودش با لباس یک داش مشتی، با یک کت و شلوار سیاه، پیراهن، دستمال گردن بلند سپید، و یک کلاه شاپو بر سرش، وارد شد. جمعیت دوباره بر پا خاست، و تا مدّت‌ها هنرپیشهٔ محبوب خود را تشویق کرد.

ارحام همانطور که فریاد نفس گیر نفس گیر را تکرار می‌کرد، با حرکات شیرین وسط سن آمد، و در حالیکه یک چاقوی کوچک را هم به عنوان تهدید بالا و پائین می‌برد، با همان لهجهٔ قشنگ اصفهانی ادامه داد: «نفس می‌گیریم، زمین می‌زنیم، اگر کسی بگویه اصفهان نصف جهان‌س. اصفهان خود جهان‌س. دیگر نشنفم، نبینم که کسی بگویه اصفهان نصف جهان، که آنوقت سر و کارش با منه. ولی اگر آجان آمد، می‌گم چاقوی چی؟ هندوانه قاچ می‌کنم. پیاز پوست می‌کنم. خیار نصف می‌کنم. اگر سیب گلاب اصفهان هم ارزون بشه و گیرم بیاید و بتوانم بخرم، آن را هم قاچ می‌کنم، و می‌خورم».

ارحام صدر، در ضمن اجرای نمایش بدون توجّه به برنامهٔ معمول شب‌های قبل، لبهٔ تیغ انتقاد را بر روی گردن مسئولین گذاشت، و در پردهٔ اول آنچه می‌توانست از وضع بد شهر، گرانی، مصائب، و کمبودها، چاله چوله‌ها، مشکلات ایاب و ذهاب و ترافیک، با طنز و شوخی به گوش افراد به قول خودش «از ما بهتران» رساند و مورد تشویق مردم قرار گرفت.

در زمان انتراکت[24]، بحث و خنده و شوخی در میان مهمانان ما لحظه‌ای قطع نمی‌شد، و قلم و کاغذی در دست آقای شهردار بود که مطالب مورد نقد را یادداشت می‌کرد. پس از مشورت، قرار شد در پشت صحنه برای آقای ارحام فرستاده شود و در خواست شود که او مطالب را به صورت کتبی بنویسد و در پایان به دست مسئولین بدهد.

در پرده دوم، ارحام با حرکاتی بسیار شیرین که مخصوص خودش بود، شروع به جستجو در جیب‌هایش کرد، و آنچه در آنها بود بیرون آورد، و بر روی میز و روی صحنه ریخت، چند پول خرد را در جیبهایش پیدا کرد که آنها را در دست گرفت، و در حالی که آنها را در دست می‌گرداند، و بالا و پایین می‌انداخت، روی به جمعیت کرد و گفت: «شماها شاهد هستید که سی سال است دارم خاک صحنه می‌خورم و خون جگر. دارائی من از مال دنیا همین چندر غاز است، ولی در کیف بغلی بعضی‌ها، صدتومانی فت و فراوان است که حسابش از دستشان در رفته است. سپس سرش را به آسمان بلند کرد، و گفت: «به عدالتت شکر. به یکی هر شب نان و پلو و مرغ و فسنجان می‌دهی و به ما فقیر بیچاره‌ها هر شب اشکنه و سیب‌زمینی و تخم‌مرغ. دستت درد نکند. آن دنیا من می‌دانم و تو»

سپس پول خردها را در جیبش گذاشت و گفت: «بروید با شپش‌ها قایم موشک بازی کنید».

دوباره کمی بیشتر جیب‌هایش را گشت، و یک باره کلاهش را از سر برداشت و کاغذی را بیرون آورد، و آرام آرام با همان لهجهٔ شیرین اصفهانی‌اش گفت: «یکی از ما بهتران برایم نوشته است به طور کتبی

---

[24] انتراکت: میان پرده

برایشان بنویسم که چه بل بشوئی در شهر است، که خر هم صاحبش را نمی‌شناسه. می‌خوان بنویسم و مدرک بدم که پدر پدرسوخته‌ام را در آورند، ولی نمی‌دانند سر بچه اصفهانی که می‌داند یک من شیر چقدر کره دارد، نمی‌شود شیره مالید. همین شفاهی گفتن هم دل شیر می‌خواد. فردا اگر گرفتند و گفتند این مزخرفات چه بود که به این کشور و شهر گل و بلبل زدی؟ مگر بدنت خارش گرفته؟ می‌گویم کی؟ کجا؟ چی؟ مثل خودشان رنگ عوض می‌کنم، که امروز می‌گویند، و وعده می‌دهند حقوق‌ها را چند برابر می‌شه، و قند و شکر و برنج و روغن را ارزان می‌شه، و بعد هی می‌زنند زیرش. شتر دیدی ندیدی». دست زدن‌ها قطع شدنی نبود و فریاد آفرین آفرین فضا را پر کرده بود.

یک نفر از میان جمعیت گفت: «به حق که شکرپاره هستی. باز هم بگو! کم نیاور!» که یکباره ارحام به طرز زیبائی سکوت معنی داری کرد، و پس از لحظه‌ای گفت: «اگر جرأت داری خودت بیا بالا، و جلوی این از ما بهتران جولان بده. اگر اینجا بودی تا به حال دوبار شلوارت را عوض کرده بودی! من که دارم از ترس قالب تهی می‌کنم، و زانوهایم دیگر این هیکل نحیف گشنگی خورده‌ام را سرپا نگاه نمی‌دارد. تا هوا پس نشده الفرار الفرار» و صحنه را ترک گفت، و به علت دست زدن‌های شدید تمام حضار، به خصوص مهمانان آن شب مجبور شد به صحنه برگردد و با خنده و شوخی گفت: «حلالم کنید اگر به من رحم نمی‌کنید به زن و بچه‌ام رحم کنید. الحلال الحلال پا به فرار».

البته در سالن پشت صحنه وسائل پذیرائی از قبیل شربت سکنجبین و خیارِ خنک، و گیلاس اصفهان هم فراهم بود، و پس از اتمام برنامه،

شادروان ارحام بسیار شیک و برازنده و کراوات زده، به یکایک مهمانان خوش آمد گفت، و مورد تشویق بسیار هم قرار گرفت. مقصود من از نوشتن این خاطرهٔ شیرین این بود که با وجود آن همه انتقادهای شدید به صورت طنز که واقعاً ارحام صدر مسئولین را شست، و روی طناب پهن کرد، نه به زندان انداخته شد، نه مصادره اموال گشت، نه اعدام و زخم شدن بدنش به علت ضربات شلاق را تجربه کرد، و نه تئاتر سپاهان مهر و موم شد. بلکه برعکس بسیاری از انتقادها هم کارساز شد و کمبودها به گوش مسئولین رسید. امّا پس از انقلاب دیگر کسی جرأت انتقاد، حتّی اگر آن انتقاد به صورت طنز عنوان میشد را نداشت.

هوای کشور نم دار شده بود و دیگر وطن بوی وطن نمیداد. علم و کتل به راه انداختند و صدای مداوم تلاوت قرآن دل آدمی را پر غصه میکرد. گویی همه ما را به مراسم ختم بزرگی در ایران دعوت کرده بودند. این آیت‌الله‌های سرسپرده انگلستان، و وارداتی از مهر انسانی بویی نبرده بودند. تمامی وجودشان پر از نفرت بود. نمی‌دانم این همه تنفر و خشونت از کجا می‌آمد، امّا من در آن زمان به جز ترس و نا امیدی احساس دیگری نداشتم. تا آن زمان نمی‌دانستم ترس چگونه می‌تواند به اعماق وجود یک انسان رسوخ کند، ولی هنوز نمی‌دانستم که حتّی بدتر از آنچه احساس می‌کردم را هم تجربه خواهم کرد. بیشتر افراد تصور می‌کردند که پس از پایان نخست وزیری بازرگان، آخوندها به مساجد و تکیه‌ها بازمی‌گردند و می‌گذارند که ملت خود دولت دلخواه خودشان را انتخاب کنند.

امّا آن رأی کذایی به جمهوری اسلامی ایران، به جای جمهوری ایران، آن کلمه اسلامی، و رهبری خمینی، سرنوشت ایران را کاملاً عوض کرد.

به جای شاهان بزرگی چون کریم خان زند، لطفعلی خان زند، نادر شاه، کورش و داریوش، رضا شاه بزرگ و محمدرضاشاه و دیگر شاهان و بزرگان مثل امیر کبیر، مرحوم فروغی، مصدق‌السلطنه، قوام‌السلطنه، و دکتر بختیار، سرنوشت کهنسال و تاریخی مملکت ما به دست افرادی دونپایه افتاد.

از خودمان که پنهان نیست، و نمی‌توانیم حاشا کنیم که در هیچ کجای دنیا آن احترام قبل را نداریم و پاسپورت ما در فرودگاه‌ها با احترام و لبخند خوش‌آمدگوئی به دستمان داده نمی‌شوند. زمانی بود که اگر هرکدام از ما ایرانی‌ها به خارج از ایران می‌رفتیم، حتّی اگر در بهترین هتل‌ها و خانه‌ها هم اقامت می‌کردیم، دلمان برای ایران لک می‌زد، و نمی‌توانستیم از ایران دور بمانیم. امّا امروز، همه دنبال راهی برای فرار از کشوری هستند، که برایشان جهنم شده است. ما ملّتی هستیم که خودمان، با دست خودمان برای خود چاهی کندیم و درونش افتادیم. ولی می‌دانم که سرانجام این جوانان مملکت خودمان هستند که در اثر محرومیت‌ها و ظلم‌هایی که دیده‌اند، بین خود کاوه‌ها، فریدون‌ها، رستم‌ها، و گردآفریدهایی را هم پرورش داده‌اند. مردان و زنان جوان امروزی ایران، آن ترسی که ما در اوائل هرج و مرج در دل احساس می‌کردیم را، دیگر ندارند. با این حکومت بزرگ شده‌اند و در بیباکی یگانه‌اند. روزی خواهد آمد که جوانانمان با همراهی و همدلی ایلیات غیور کرد، ترک، لر، و بلوچ متحد شده و دست آخوندها را از کشورمان کوتاه خواهند کرد. آن روز، روزی برای جشن ملی تمامی ما خواهد بود. کشور را دوباره خواهیم ساخت. امیدوارم زمانی که آن روز فرا رسید، فرزندان ایران هوشیار و بیدار باشند

و فرصت فرار را از این جنایتکاران بگیرند. دنیای بزن و فرار کن، بکش و زنده بمان، و اموال مردم را ببر و خوش بگذران، تمام شده است. جهان مثل یک دهکدهٔ کوچک شده است که از آن هیچ راه فراری نیست. هرکجا که بروند، جوانان ما پیدایشان خواهند کرد، انتقام خواهند گرفت، و عدالت را اجرا خواهند کرد.

باید اقرار کنم که قبل از انقلاب، بسیاری از مردم ایران به شدّت مذهبی بودند، و در نتیجه روحانیت مقام والائی داشت. خود من، قبل از انقلاب، و قبل از دیدن جنایت‌هایشان، روحانیت را در قلب و فکر خود بسیار محترم داشتم. ولی پس از شناخت واقعی آنها، خیلی سرخورده شدم و به سادگی خود پی بردم. وقتی حقیقت وجود آنها را درک کردم، و متوجّه مگس وزنی آنها شدم، باورم نمی‌شد که ما تا چه حد از افکار این اسلامیون افراطی و روحانیت و عقاید پوسیده هزار و چهارصد ساله ایشان بی‌خبر بودیم.

پس از پیروزی انقلاب، انقلابیون شروع به کشتن افراد بلند پایهٔ حکومت قبلی کردند. پایه و اساس دادگاه‌های انقلاب توسّط ابراهیم یزدی پایه‌گذاری شد، و حاکم شرع دادگاه‌های انقلاب، صادق خلخالی، که عصارهٔ عشق حضرت آیت‌الله بود، و محمدی گیلانی، با برپایی دادگاه‌های مضحک یک دقیقه‌ای، بدون هیچ وکیل و مدافعی برای متّهمین، حکم قتل بسیاری از سران کشور، و حتّی افراد دونپایهٔ وابسته به حکومت پهلوی را صادر کردند.

هر روز اخبار شومی از سرنوشت افراد فامیل و دوستانمان به گوشمان می‌رسید. مصادرهٔ اموال، شکنجه و به قتل رسیدن توسط جانیان جمهوری

اسلامی تنها اخبار آن دوره بود. تمام مدّت گوشمان به رادیو و چشمانمان به تلویزیون بود که امروز چه کسانی را اعدام کرده‌اند. یک روز خبر اعدام برادر بی‌بی به گوشمان می‌رسید، و فردایش خبر اعدام پسر دائی‌اش. بی‌بی انگار خالی از احساس و یخ شده بود. بهت زده به تلویزیون زل می‌زد و منتظر خبری از سرنوشت پسرش بود، و هر روز با دلهره اخبار را دنبال می‌کرد که ببیند آیا اسم فرزندش جزء اسامی اعدام شده‌ها است یا نیست.

با وجود تمامی این اخبار شوم، بی‌بی از پوشیدن مشکی و یا ریختن یک قطره اشک در مقابل دیگران خودداری می‌کرد. هدفش مراقبت از ما بود، و تا حد امکان می‌خواست ما را قوی نگاه دارد. شاید در تنهایی خود بغضش را می‌شکست، شاید احساس بی‌کسی می‌کرد. نمی‌دانم. امّا در مقابل چشمان خود، می‌دیدم که بی‌بی دیگر آن بی‌بی سابق نیست. می‌گفت: «ما بختیاری‌ها در زمان‌های گذشته هم ظلم حکومت قاجاریه را بسیار دیده و مزهٔ بی‌عدالتی را چشیده‌ایم. ما با سیاست آشنائی داریم و این دردها تازگی ندارد ولی اینها دیگر شورش را در آورده‌اند». من به او نگاه می‌کردم، و در دلم آرزو می‌کردم که ای کاش من هم می‌توانستم مثل بی‌بی قوی باشم؛ به این خاطر که احساس بی‌پناهی مرا دیوانه کرده بود. تمامی دوستانمان هم از کنارمان رفته بودند. همه از هم دوری می‌کردند، و هیچ کس به کسی اعتماد نداشت. مملکت آشوب بود؛ پر از تنفر و خشونت.

در خانواده‌ها و در میان دوستان، بدبینی و بی‌اعتمادی بیداد می‌کرد. هرگز هیچکدام ما در زندگی اینهمه وحشیگری را به چشم خود ندیده بودیم. تحمل درد برای هر کسی، حد خودش را دارد. یک روز می‌رسد

که دیگر بی‌اراده می‌خواهد برود در خیابان و فریاد بزند. تحمل بی بی هم به این حد رسیده بود ولی با این حال همیشه ظاهر پر صلابت و قدرت ذاتی‌اش را حفظ می‌کرد.

سر انجام، اتفاق شومی افتاد که از حد تحمل بی‌بی خارج بود، و بی‌بی را از پای انداخت: خبر دستگیری فرزند و زندانی شدنش در زندان جمشیدیه توانش را از دست داد، و صد چندان دردش تشدید شد. دیگر کمتر سخن می‌گفت، و هر روز حالش بدتر از روز پیش بود. من می‌ترسیدم که هر لحظه بریزند و ما را هم به عنوان خانواده سیروس دستگیر کنند.

روزها با همین دلهره ادامه داشت، و ما نمی‌دانستیم با آن وحشتی که در دل احساس می‌کردیم چه کنیم. بسیاری از شب‌ها عده‌ای از طرف مسجد محل در مقابل خانهٔ ما جمع شده و شعارهای «مرگ بر شاه»، «مرگ بر سلطنت طلب»، و «مرگ بر بختیار» سر می‌دادند. ما کاملاً خود را بی‌پناه و تنها احساس میکردیم. دل کوچک دخترم پر از نگرانی و تشویش بود و مدام نگران برادر و پدرش بود، و زمانی که اوباش در مقابل خانه ما جمع می‌شدند، از ترس زیر میز غذاخوری و یا زیر پله‌های طبقه دوم خانه، قایم می‌شد و با دستان کوچکش سعی می‌کرد گوش‌ها و چشم‌های خود را ببندد. من و بی‌بی تمام سعی خود را می‌کردیم که آرامش کنیم، و به نزد او زیر همان میز و یا پلکان می‌رفتیم، بغلش می‌کردیم و صورتش را می‌بوسیدیم و به او می‌گفتیم که هیچ جای نگرانی نیست. تلاش می‌کردیم که اگر بتوانیم کمی حداقل در مقابل او خود را آرام نشان دهیم، هرچند که خودمان هم بسیار نگران بودیم. یک بار که برای آرام کردنش به کنارش رفتم، دیدم که با یک دست روی گوش راست و با دست دیگر روی چشم

چپش را گرفته بود. دستان کوچکش نمی‌توانستند به اندازه کافی به او احساس امنیت دهند. هنوز که هنوز است، با به یاد آوردن چهرهٔ معصوم پر از ترس و بدن لرزانش، دلم می‌شکند و چشمانم پر از اشک می‌شوند. من نتوانستم از او در مقابل این افراد جنون زده محافظت کنم. دخترکم زود با ترس و تاریکی و وحشت آشنا شد، و در سن کم مجبور به درک زشتی و پلیدی بعضی افراد شد.

در آن دوران، ما نه در خانه خود آرامش داشتیم، نه جایی را داشتیم که به آن پناه ببریم، و به زودی، مشکلات مالی هم به دیگر مشکلاتمان افزوده شد. از آنجائی که دربار شاهنشاهی منحل شده بود، مبلغی که من قانوناً برای مخارج زندگی خود، و دخترم دریافت می‌کردم را، توسط حکمی رسمی قطع کردند. حساب‌های بانکی را هم مسدود کردند و ما از نظر مالی در تنگنای بی‌سابقه‌ای قرار گرفته بودیم. مبلغی که در بانک شاهنشاهی برای تحصیلات فرزندانم کنار گذاشته بودیم، و برای آن زمان مبلغ قابل توجّهی بود را هم مصادره کردند. من که از جریان مصادره بی‌خبر بودم، روزی برای گرفتن مقداری پول برای ارسال به آمریکا جهت ادامه تحصیل پسرم به بانک مراجعه کردم، و با مردی با ریش و پشم سیاه و چهره‌ای وحشتناک مواجه شدم. او دفترچه بانک را گرفت و چند امضا هم از من خواست ولی پولی تحویلم نداد.

وقتی اعتراض کردم، نگاهی پر از تنفر به طرفم انداخت، و با لحنی تهدید آمیز و بی‌ادبانه گفت: «کدام پول؟ تا دستور نداده‌ام جلبت کنند فورا از بانک برو بیرون! این بانک منحل شده است و هیچ کجا نام همسرت هم قید نشده و اصلاً حسابی به این اسم و حق برداشت تو نیست. تا به زندانت

نیانداخته‌ام راهت را بگیر و برو» و بعد با لحنی بدتر از قبل افزود: «یک نگاهی هم به سر و وضع خودت در کشور اسلامی بینداز و خجالت بکش»، و همچنان که زبری کلمات توهین‌آمیزش را نصیبم می‌کرد، مرا با تهدید و هول دادن به بیرون پرتاب کرد. هنوز از در بانک چند قدمی دور نشده بودم که وامانده ایستادم و دو دستی چندین بار محکم به سر خود کوبیدم. دیوانه شده بودم. هرگز در طول عمر خود چنین توهین و تحقیر ندیده بودم، و حالا پولی که پدر فرزندانم، برای تحصیل آنها کنار گذاشته بود، انقلاب اسلامی به جیب خود زده بود، و من نمی‌دانستم چگونه میتوانم پسرم را در آمریکا از نظر مالی حمایت کنم و یا اینکه چگونه می‌توانم خود، و مادر و دخترم را با این ضربه مهلک مالی در آرامش نسبی قرار دهم. با قلبی پر از درد، و دستی خالی به خانه برگشتم. پیش از این، جامعه‌ای داشتیم که هرکجا می‌رفتیم، از هر طبقه‌ای بودیم، همه با هم با احترام صحبت و رفتار می‌کردند امّا در زیر سلطه این اوباش، احترام به هم‌نوع فراموش شده بود. در آن زمان آنقدر ناراحتی و نگرانی زیاد بود که افراد متوجّه نبودند کم احترامی و بی‌حرمتی اساسی‌ترین درد ما، و بازگرداندن حرمت به افراد، درمان جامعه ما بود. از بین بردن حرمت بین افراد، از بین بردن تمدّن آن جامعه است.

ماه‌های اول پس از پیروزی انقلاب، هنوز کشور آرام نشده بود، و بسیار مشوش بود. افراد را به کوچکترین بهانه‌ای می‌گرفتند، و مورد آزار قرار می‌دادند. در این ایام، من و پرستار بچه‌ها شب‌زنده‌داری فراوانی داشتیم. ما شب‌ها بیدار مانده و مدارک بسیار مهم و حکم‌ها و ابلاغ‌ها را که در جلدهای زیبا و محکمی قرار داده شده بودند، در وان حمام خیس

می‌کردیم و به سختی آنها را قیچی می‌کردیم. مشکل‌ترین کارها قیچی کردن لباس‌های رسمی با آن ملیله‌ها و روبان‌ها و زرق و برق طلائی رنگی بود که تمام دستمان را زخمی کرده بود. اغلب در حیاط خلوت خانه، آن زن مهربان آتشی در منقل درست می‌کرد و یک کله گوسفند را در آن قرار می‌داد و وقتی بوی دود کباب به خانه همسایگان می‌رفت ما تکه لباس‌ها را در آن آتش می‌انداختیم و می‌سوزاندیم، و شب‌ها جعبه‌های فشنگ برای شکار را، در بسته‌های بلژیکی که تعدادشان هم بسیار زیاد بود، در ماشین می‌گذاشتیم، و در جاهای دور از خانه در کنار خیابان یا سطل آشغال رها می‌کردیم، و به سرعت و پر از ترس به خانه برمی‌گشتیم. نمی‌دانم که آن جرأت به خاطر جوانی ما بود، و یا محصول ترس از مرگ، اما حالا از به یاد آوردن آن شب‌ها هم می‌ترسم.

در یکی از همان روزها، تعدادی از طرفداران شاه، که من هرگز نفهمیدم چه کسانی بوده‌اند، در زندان را باز کرده بودند و زندانی‌ها را فراری داده بودند، و سیروس هم در میان همان فراری‌ها بود. او هر چه سریعتر خود را به خانه رساند، و من نمی‌دانم با کدام جرأتی او را در طبقه دوم خانه پنهان کردم، و به احدی هم حتّی کلمه‌ای دربارهٔ بودنش در خانه به زبان نیاوردم. آنطور که می‌گفت، ده یا بیست نفر را در شرایطی غیر انسانی، توی یک اتاق تنگ جا داده بودند به گونه‌ای که زندانیان حتّی جای خواب نداشتند و مدام می‌بایست می‌ایستادند و گرسنگی و تشنگی را تحمل می‌کردند، و مرتّب کتک می‌خوردند و توهین می‌شنیدند.

به هر صورت، نمی‌دانم با کدام جرأت او را در طبقه دوم، و بعضی وقت‌ها بر روی پشت بام خانه پنهان کردیم، تا راهی برای نجاتش پیدا

کنیم. بارها پیش می‌آمد که افرادی را از فامیل مادری‌ام در خانه خود به عنوان مهمان پذیرا بودم، در حالی که سیروس در طبقه بالا مخفی بود، و آن مهمانان حتّی روحشان هم خبر نداشت که یک زندانی فراری را ما در خانه خود پناه داده‌ایم. مدّتی او را در پیش خود نگاه داشتیم، تا سرانجام با کمک و یاری همان دوست دکتر که از اقلیت دیانت بهائی بود، توانستیم از ایران فراری‌اش دهیم. قضیه از این قرار بود که دکتر، توانست از بین بیمارانش به آیت الله کنی دست رسی پیدا کند، و ایادی آیت‌الله کنی، با گرفتن چهارصد هزار تومان پول آن زمان از بی‌بی، سیروس را از ایران به پاریس فراری دادند، و اتومبیل شخصی او را که آرم دربار شاهنشاهی را بر خود داشت، و بسیار شیک و

گران قیمت بود، با کمک همان افراد در یک باغ در کرج، پس از نوار پیچی و حفر یک گودال بزرگ، در زیر خاک مدفون کردند.

واقعاً شانس آوردیم که توانستیم او را از ایران فراری دهیم، به این دلیل که هنوز چندی از رفتن او از پیش ما نگذشته بود، که روزی، برای اولین بار، چندین بسیجی تفنگ به دست بدون هیچ اطلاعی به خانه ما ریختند، و خانه را زیر و رو کردند و تمامی عکس‌ها و مدارکی را که در خانه داشتیم، با خود بردند. بعد از آن، این بازرسی‌های گاه و بی‌گاه خانه بارها تکرار شد. مثل اینکه می‌خواستند قاتلی دستگیر کنند به خانه هجوم می‌آوردند، و خانه را زیر و رو می‌کردند، و از آنجائی که دیگر عکس و مدرکی در کار نبود، هر بار چیزی از اموالمان را با خود به غنیمت می‌بردند.

سیروس اسفندیاری بختیاری قبل از انقلاب

سیروس اسفندیاری بختیاری پس از گذراندن مدتی در زندان جمشیدیه

در آن زمان من مقداری طلا و جواهر را در دو گلدان مخفی کرده بودم، و اگر یکی از آن دزدان مذهبی پر ریش و پشم، حتّی برای لحظه‌ای به صورتم دقّت کرده بود، شاید از مسیر نگاه‌های من به طرف گلدان‌ها می‌توانست به راز من پی ببرد. امّا خدا را شکر که هرگز به طرف آنها نرفتند و داشتن همان مقدار جواهرات در آینده ما بسیار کارساز شد.

در آن دنیای پر اضطراب و جهنم وار سر تا پای بدنم می‌سوخت و با هر صدای زنگ تلفن، و یا زنگ در خانه، رعشه به تنم می‌افتاد. سردردهای میگرنی مزمن هم دیگر امانم را بریده بود، و هر روزه بر شکنجه روحی و روانی من می‌افزود. شبی نبود که کابوس به سراغم نیاید. به یاد دارم که یکی از کابوس‌هایی که برایم شب‌ها تکرار میشد این بود که در اطاقی تنگ و تاریک زندانی هستم و صدای شیون دخترم را می‌شنوم که دارند با زور از کنارم دورش می‌کنند. کمتر از خانه بیرون می‌رفتم. در خانه و کشور خود تبدیل به یک غریبه و زندانی شده بودم. حتّی زمانی که در آئینه نگاه میکردم، خودم را نمی‌شناختم و به جای صورت آشنای خود، زنی لاغر، زشت، و رنجور را می‌دیدم.

چندی پس از ادارهٔ مملکت به دست ملاها، از آنجائی که وضع اقتصاد مملکت به هم ریخته بود، هر کس که پس اندازی داشت، سعی می‌کرد با پولش را به دلار تبدیل کند، و یا شمس طلا بخرد. در همان زمان، سیروس چهار شمش طلا خریده بود که آورد و به دست من داد، و من آنها را در دو بخاری نفتی قدیمی که پر از دوده بود پنهان کرده بودم. در یکی از دفعاتی که این پاسدارها برای غارت به خانه ما ریختند، آنها را پیدا کرده

و با خود بردند. خداوند را به شهادت میگیرم که حتّی گونی برنج را هم خالی کرده بودند تا شاید پولی یا مدرکی در آن پیدا کنند.

هر بار که این بی‌صفتان تفنگ به دست به خانه ما می‌ریختند، در تمام مدّت بی‌بی با همان صولت و بزرگی همیشگی روی مبل یا صندلی می‌نشست و به من هم آمرانه می‌گفت: «مبادا اشک از چشمت بیرون بیاید». ساکت و آرام در گوشه‌ای می‌نشستیم، و هرچه این مردان می‌شکستند و می‌دزدیدند، ما لب به اعتراض باز نمی‌کردیم. تنها باری که من لب به سخن گشودم زمانی بود که دیدم یکی از آن بسیجی‌ها به پیانوئی که در سالن پذیرایی داشتیم لگد می‌زند، و با هر لگد، آن مجسمه‌ای که سیروس در ماه عسلمان در شیراز برایم خریده بود میلرزید، و من از ترس آنکه مبادا بیفتد و بشکند، رو به آن پاسدار کرده و گفتم: «ببخشید آقا...» گفت: «برادر»، گفتم: «ببخشید، اگر می‌شود لطفا فقط همین مجسمه را به من بدهید». نگاهی به مجسمه و بعد به من کرد و گفت: «صد البته، اشکالی ندارد»، و بعد به آرامی مجسمه را از روی پیانوی آلبالویی ما برداشت، و به طرف من آورد، و همین که دستم را دراز کردم که مجسمه را از دست ناجوانمردش بگیرم، آن را بر زمین زد، و سپس پایش را بر آن کوبید و چنان خرد و تکه تکه‌اش کرد که مرا سرانجام به گریه وادار کرد. با شکستن این مجسمه، دل من بود که زیر پایش هزار تکه شد و این باعث شد که بی‌اراده قطره‌های اشک از چشمان پرغرور من خود را رها کرده و بر گونه‌ام جاری شوند.

از دیدن ناراحتی و چشمان اشکبارم پر از غرور شد و خندید و گفت: «می‌دانستم بی‌دین و ایمانید، نمی‌دانستم بت‌پرست هم هستید». بی‌بی که

صورتش حتّی ذره‌ای از احساستش را نشان نمی‌داد پاسخ داد:«ما مسلمانیم و بت‌پرست نیستیم. شما چطور؟ آیا شما خود را مسلمان می‌پندارید؟ من که باور نمی‌کنم» از جواب نیشدار این شیرزن بختیاری وحشت کرده بودم.

نمی‌توانم برایتان داستان تک تک دفعاتی را که به خانه ما آمدند بازگو کنم. سال‌ها است که تلاش کرده‌ام تا شاید بتوانم آن روزها را فراموش کنم. با گذشتن این همه سال، هنوز بعضی خاطرات چنان بغض به گـلویم می‌آورند که نفس کشـیدن برایم مشکل می‌شود. برای مثال دو سگ کوچک و ظریف، از نژاد شیواوا داشتیم که خیلی برای ما عزیز بودند. در یکی از همین دیدارهای «دوستانه» یکی از آنها با پوتینی که به پا داشت سگ‌ها را لگد میزد و به گوشه‌ای پرتابشان می‌کرد، و کلمه «نجس نجس» را مرتبا تکرار می‌کرد، و من نمی‌توانستم برای نجات آنها از دست آن سنگدل از جایم تکان بخورم. هنوز که هنوز است، به یاد آوردن صدای زوزه و نالهٔ آن سگ‌ها آزارم می‌دهد و صدها نفرین را نثار آن مرد می‌کنم.

با اینکه ما بعد از انقلاب دیگر آرامشی نداشتیم، با شروع جنگ ایران و عراق در سال ۱۳۶۰، زندگی‌مان از همان هم که بود ترسناک تر شده بود. بیشتر مردم در زمان بمب باران از تهران به خارج از شهر می‌رفتند ولی ما در خانه می‌ماندیم چون کسی را برای کمک نداشتیم. به ما لقب طاغوتی داده بودند، و با ما چنان رفتار می‌کردند که گویی طاعون داشتیم.

یک شب پاسداری از دیوار خانه ما به داخل پرید، و در را برای دیگران باز کرد و تعدادی جوان و بسیجی به درون خانه ما ریختند. زمانی که علت را جویا شدیم، یکی جواب داد: «مسجد محل اعلام کرده است در موقع بمب باران افراد باید بتوانند بیایند و در استخر خانه شما پناه بگیرند». البته

این حرف احمقانه‌ای بود. چگونه یک استخر سر باز می‌تواند برای افراد، پناهگاهی از بمب باشد؟ این فرمان را در واقع برای تصاحب خانه پدری من داده بودند. روز بعد من به همراه بی‌بی به مسجد محل رفتیم و بی‌بی بدون بیم و ترس، و با لحنی محکم گفت: «استخر که خالی است و سرپوشی ندارد و جای امنی برای یک پناهگاه نیست. در ضمن عروس من جوان است. آیا شما حاضر می‌شوید چندین غریبه داخل منزل سه زن تنها شوند؟» آن مرد ریش‌دار عباپوش، با آن عمامه سفیدش نگاهی به من کرد و گفت: «البته که نه» و بعد با لحنی چرب و معنا دار، در حالیکه نگاه بی‌شرمش به طرف من بود، ادامه داد: «از این به بعد، هر کاری که داشته باشید بیایید به خود من خبر دهید و من در خدمت حاضرم». که صد البته من هرگز دوباره پا به آن مسجد نگذاشتم. انگار این رژیم که با وعده مجانی کردن آب و برق و مسکن و آوردن پول نفت به سر سفره‌های مردم بر سر کار آمده بود، جز غارت مال مردم و راضی کردن چشمان هیز و ناپاک خود، کار دیگری نداشت. می‌دانم ما تافته جدا بافته‌ای نبودیم، بسیار بودند خانواده‌هایی که مثل ما، تمام زندگی‌شان به غارت رفت. کشور به دست دزدان افتاده بود. به یاد دارم که یک بار مقداری سکهٔ پهلوی که داشتم فروختم تا پولش را به طور قاچاق یا از طریق بازار کویت برای پسرم بفرستم، زمانی که برای باز کردن در خانه از ماشین پیاده شدم، به یک باره مورد هجوم یک پسر جوان قرار گرفتم که کیفم را ربود، من به طرفش رفتم تا کیفم را پس بگیرم که او تا وسط خیابان مرا کشاند و به شدّت با لگد و ضربه‌های محکمی که به بدن و کمرم زد توانست از شر من راحت شده و بر پشت یک موتور سیکلت که فردی اسلحه به دست،

با ریش و پشم و بر آن نشسته و منتظر آن پسر جوان بود، پریده و به اتفاق هم فرار کردند. تمام بدنم کبود شده بود، امّا دردم بیشتر از این بود که این بار هم نتوانسته بودم برای پسرم این پول را بفرستم. با اینکه همسایه‌ها شاهد و ناظر جریان بودند ولی کسی را یارای کمک به من نبود، چرا که همه کسبه و همسایگان محل از اسلحه آن مرد ریشو ترسیده بودند.

روزها پس از دیگری می‌گذشتند و هر کدام خبر ناگوار دیگری را با خود به ارمغان می‌آوردند. تا اینکه صبح زود یک جمعه شوم، زنگ خانه ما به صدا در آمد. در را باز کردم، و با مردی اسلحه به دست و پر از ریش و پشم مواجه شدم که مؤدبانه به من سلام کرد. چشمان خود را نمی‌توانستم باور کنم. رانندهٔ سابق خود ما بود که حالا مشخصاً یکی از اعضای همین رژیم جنایتکار شده بود. هاج و واج ایستاده بودم، و نمی‌دانستم چه کنم. فکر می‌کردم آمده تا دستگیرم کند. حاضر بودم مرا بکشند ولی بلائی به سر بی‌بی عزیز، و دخترم نیاورند. با مِن و مِن کمی احوالپرسی کردم، و اضافه کردم که بی‌بی هم مریض است و تازه از بیمارستان آمده است. با دو دلی پرسیدم که آیا آمده است که بی‌بی را ببیند، که در جواب من گفت: «من برای امر مهمی مخفیانه به اینجا آمده‌ام. نباید کسی من را ببیند. اجازه دهید تنها با شما در اطاقی به طور خصوصی حرف بزنم». قلبم بیشتر فرو ریخت نمی‌توانستم با این ظاهرش به او اعتماد کنم. شکل و شمایلش بسیار تغییر کرده بود و دیگر شبیه آن راننده ما نبود. در دل خود مطمئن بودم که نقشه شومی در سر دارد، وگرنه، چرا باید در اطاقی با من، تنها، و بدون حضور بی‌بی حرف بزند؟ امّا چاره‌ای هم نداشتم. با بی‌رغبتی و دودلی او را به داخل خانه هدایت کردم؛ هر چند که او خود کاملاً با خانه

آشنائی داشت چون سال‌های سال در این خانه با دیگران مثل پرستار بچه‌ها و طباخ، نان و نمک خورده بود.

وارد اطاق پذیرائی که شدیم آرام گفت: «نترسید. لازم نیست روسری داشته باشید». نمی‌دانستم چطور احساساتم را پنهان کنم، و از شدّت ترس، مرتب حال مادرش را می‌پرسیدم. صندلی تعارف کردم و خودم با فاصله بسیار زیادی بر یک صندلی دیگری قرار گرفتم. گفت: «آمده‌ام که ببینمتان ولی خبر خوبی هم ندارم. آقای اسفندیاری در زندان هستند و حالشان وخیم است.» برایم باور کردنی نبود. ما سیروس را به فرانسه فراری داده بودیم. چگونه امکان داشت که در زندان جمهوری اسلامی باشد؟ با چشمانی متعجّب ناباورانه گفتم: «غیر ممکن است. چندی پیش از پاریس کسی با ما تماس گرفت و خبر داد که او آنجاست. چطور ممکن است در زندان باشد؟» عکسی از جیب بیرون آورد که در آن آثار شکنجه فراوان در صورت و بدن شوهر سابقم بطور وضوح نمایان بود. اشک‌هایم بی‌اختیار سرازیر شدند. دیگر یک زن طلاق گرفته نبودم. زنی بودم که همسرش در زیر شکنجه زجر می‌کشید و کاری هم برای کمکش از دستم برنمی‌آمد.

بی‌بی با حال نزار از اطاقش به نزد ما آمد و من را گریان و پریشان دید. با اینکه او هم بدون شک از دیدن رانندهٔ سابق ما با آن شکل و شمایل جا خورده بود، بدون نشان دادن هیچگونه ضعفی از خود، پرسید: «برای چه به اینجا آمده‌ای؟ تو را با ما دیگر چه کاری است؟ حتماً برای مأموریت آمده‌ای؟ از جان ما چه می‌خواهی؟» او تمام قد در جلوی این بانوی پرصلابت ایستاده بود و لب به سخن نمی‌گشود. مثل اینکه این وظیفه را با نگاهش به من محول کرده بود و این من بودم که چنین خبر ناگواری را

باید بازگو می‌کردم. به ناچار تمامی توانم را به کار گرفتم، و گفتم: «مثل اینکه سیروس برگشته و او را گرفته‌اند و در زندان است. البته سلامت و زنده است. نگران نباید بود...» امّا قبل از اینکه بتوانم جمله‌ام را تمام کنم، رنگ از صورت بی‌بی چنان پرید که گویی هرگز خونی در آن جریان نداشته است. کمرش را راست نگاه داشته بود مبادا که زیر بار سنگین این خبر خم شود، پاهایش امّا سست شدند، و او بیحال خود را در صندلی کنارش رها کرد و مدّتی ساکت و مبهوت آن مرد را نگاه می‌کرد.

این بار آن مرد نمک خورده و نمک دان را شکسته، صحبت را با احتّیاط شروع کرد و گفت: «تا آنجائی‌که من اطلاع دارم، گویا ایشان در جریان طرح کودتای نوژه[۲۵] دست داشته و برای اجرای برنامه‌هائی برای سرنگونی رژیم مخفیانه به ایران آمده و بعد از فاش شدن اسرارشان، ایشان را هم با عده‌ای دیگر از افسران و دیگر دست اندرکاران گرفته‌اند. عده‌ای را اعدام کرده‌اند ولی ایشان زنده هستند. نگران نباشید. اگر می‌خواستند او را بکشند، خب تا به حال اعدامش کرده بودند».پس از پایان این حرف، او عکس سیروس را که هنوز در دست داشت، به من داد و رفت. من هرگز این عکس را به مادر نشان ندادم.

از همان اوائل انقلاب به علت فشارهای زندگی، بی‌بی مشکل قلبی پیدا کرده بود، و دوبار هم دچار سکته قلبی شده بود، و این ضربه ناگهانی خبر بی‌بی را برای سومین بار دچار سکته قلبی کرد و مدّت‌ها در بیمارستان بستری بود، تا اینکه بالاخره دکتر به من گفت که بهتر است بی‌بی عمل

---

[۲۵] کودتای نوژه، طرحی بود برای حذف آیت‌الله خمینی، و بازگرداندن دکتر بختیار به کشور، که به شکست انجامید.

شود، و تعبیه پیس میکر[۲۶] را توصیه کرد. دو شب بعد از عمل جراحی، از آنجائی که حال بی‌بی بسیار بد بود، ما از ترس اینکه ممکن است اتفاق بدی برایش بیفتد، همگی با لباس خوابیدیم که اگر چیزی پیش آمد بتوانیم با سرعت خود را به بیمارستان برسانیم. برای اینکه تنها نباشم، دختر دایی مهربانم هم به پیش من آمده و هر دو بر یک تخت در خواب فرو رفته بودیم که ناگهان صدای انفجاری ما را از خواب بیدار کرد. دختر دائی‌ام اظهار کرد که فکر می‌کند صدای انفجار از مسجد محل بود، که ناگهان صدای به در کوبیدن‌های محکم و زنگ زدن‌های ممتد ما را به خود آورد. با اینکه ترس تمامی وجودم را فرا گرفته بود، به دختر و دختر دائی‌ام گفتم که بیرون نیایند، و خودم تنها با ترس و لرز به پایین رفتم تا ببینم این صدا از کجا بود، و چه کسی دارد بر در آهنین بزرگ خانه ما می‌کوبد.

وقتی که به حیاط خانه رسیدم، دیدم که تمامی پنجره‌های هر دو طبقه خانه، و پنجره‌های ماشین و شیشه کنتور برق خرد شده بودند، و سوراخ بزرگی در درب ورودی به وجود آمده، و نامه‌ای هم به درب خانه چسبانده بود که بر آن نوشته بود: «به شما طاغوتی‌های رژیم گذشته اخطار میکنیم که اینجا را ترک کنید وگرنه...». دو نفر از همان پاسداران جمهوری اسلامی پشت در بودند که می‌خواستند من در را بر رویشان باز کنم، ولی من در را باز نکردم، و شاید چون همسایه‌ها هم با این سر و صدا از خواب بیدار شده بودند، آن دو پاسدار به ناچار از جلوی خانه ما رفتند.

سه روز بعد از آن روز، همسایه‌ای مسیحی با اشاره به من فهماند که

---

[۲۶] پیس میکر: Pacemaker، دستگاهی که برای کنترل ضربان نامرتب قلب در سینه گذاشته می‌شود.

می‌خواهد مطلبی را به من بگوید. ما جدا جدا از هم به سر کوچه رفتیم، و زمانی که مطمئن بودیم کسی ما را دنبال نکرده بود، او به من گفت که آن انفجار در خانه ما کار دو تن از افراد رژیم بوده است. یکی از آنها دست‌هایش را قلاب کرده و به دیگری کمک کرده بود که از دیوار بالا برود و این نامه را به درب خانهٔ ما بچسباند، و بعد هم بمب دست سازی را به درون خانه ما پرتاب کرده، و فوری فرار کرده بودند و پس از مدّتی، برگشته بودند و مدعی بودند که نگران بمبی هستند که در خانهٔ ما منفجر شده بود تا من مجبور شوم درب را برای آنها باز کنم، که البته تیرشان به سنگ خورد. هنوز لرزش دست‌ها و تپش قلبم در آن شب را به خوبی به یاد دارم و بارها خدا را شکر میکنم که بی‌بی با آن قلب ضعیف در خانه نبود، و هیچ کدام از ما هم در این انفجار آسیبی ندیدیم.

در یکی از همان روزها که از عیادت بی‌بی برمی‌گشتم، و منتظر تاکسی بودم یک سواری جلویم ترمز کرد، و در جلو را برایم باز کرد. من بدون اینکه نگاهی به راننده بیاندازم، درون ماشین نشستم و آدرس خیابان را دادم. پس از اینکه شروع به رانندگی کرد، در یک آن، نگاهم به اسلحه‌ای که در کنار مرد راننده بود جلب شد. با وحشت برگشتم و به طرفش نگاه کردم. لباس پاسداری به تن داشت، صورتی باریک، استخوانی و سیه چرده، گونه‌هایی برجسته، و قدی بلند داشت، امّا آنچه بیش از هر چیز صورتش را برای من غیر قابل تحمل جلوه می‌داد، دندان‌های زرد و درازش بود که بسیار مشمئز کننده بودند. همین که متوجّه نگاه من به اسلحه‌اش شد، با لحنی تهدید آمیز و خشن شروع به بد و بیراه گفتن، و فحش دادن کرد. من کار خود را تمام شده می‌دیدم، و اطمینان داشتم که مرا می‌خواهد

دستگیر کند. هنگامی که گفت می‌خواهد مرا به کمیته ببرد تا حقم را کف دستم بگذارد، با لکنت زبان پرسیدم: «به چه جرمی باید مرا به کمیته ببری؟» گفت: «به جرم زیبائیت و پوشیدن لباس و روسری سفیدت». ولی به جای اینکه مرا یکراست به کمیته ببرد، مدام در خیابان‌ها می‌چرخاند، و بد و بیراه می‌گفت. از بی‌بی یاد گرفته بودم که حتّی در بحرانی‌ترین مواقع خونسردی خود را حفظ کنم، و ترسی از خود بروز ندهم. با لحنی معمولی گفتم: «هر کاری میخواهی انجام بده فقط بگذار به خانه بروم و دخترم را آگاه کنم و به دست کسی بسپارم چون مادرشوهرم در بیمارستان بستری است، و کسی در خانه نیست که به مراقب دخترم باشد». به ظاهر قبول کرد، و مرا به طرف خانه برد. قبل از اینکه به در خانه برسیم گفتم: «لطفاً همین جا نگه دار تا من برگردم. جلوی همسایه‌ها خوبیت ندارد». قبول کرد و با شرط گرفتن شماره تلفن، گذاشت من پیاده شوم. من هم هر شماره‌ای را که به ذهنم رسید گفتم، و پیاده شدم.

خانهٔ ما دو در ورودی داشت. درب اصلی در خیابان باز می‌شد، و درب حیاط پشتی خانه، در کوچه. به درون کوچه پیچیدم و از آن در به خانه رفتم چون نمی‌خواستم بفهمد کدام خانه، خانهٔ من است. تنم می‌لرزید. جریان را به دختر جوانم گفتم، و سعی کردم خونسردی خود را حفظ کنم. امّا او بسیار نگران و وحشت‌زده شد. برایش توضیح دادم که چاره‌ای ندارم، و اگر به پیش آن مرد بازنگردم، ممکن است خانه را پیدا کند و آنگاه ممکن بود حتّی جان او هم در خطر باشد. سپس قبل از برگشتنم، روپوشم را عوض کرده و رنگ سیاه به تن کردم، و به اجبار، دخترم را وحشت‌زده ترک کردم، و در حالی که نمی‌دانستم آیا آن روز به

خانه باز خواهم گشت یا نه، با او خداحافظی کردم.

همینکه آن راننده مرا در کوچه دید که به طرف ماشینش می‌رفتم، لبخند کریهی زد و هنگامی که در ماشین را باز کردم، گفت: «خوب شد خودت آمدی، در غیر این صورت خانه را بر سرت خراب می‌کردم!» سپس دوباره آن دندان‌های کثیفش را با لبخند پلید دیگری نمایان کرد و گفت: «رفتی سیاه پوشیدی؟ خب از اول این را می‌پوشیدی، ولی حالا خوب شد که نپوشیده بودی چون آنوقت نظر من را جلب نمی‌کردی!» زمانی که با من صحبت می‌کرد، مدام با دستان ناپاکش پای من را لمس می‌کرد. از برخورد دستانش به پایم چندشم می‌شد، در عین حال ساکت بودم و اعتراضی نمی‌کردم. نمی‌خواستم او را عصبانی کنم. فکرم نگران دخترم بود که اگر مرا ببرند و بکشند، چه بلایی به سر او خواهد آمد. در بین راه همانطور که داشت مرا نصیحت می‌کرد، بی‌سیمش هم گاه به گاه صدا می‌کرد و می‌شنیدم که در جواب مرتب فرمان صادر می‌کرد که «آن مرد به حکم حاج آقا اعدامی است فردا بعد از نماز صبح اعدامش کنید، بعدا به خانواده‌اش خبر می‌دهیم». بار دیگر صدایی از پشت بیسیم پرسید: «با آن زن چه کار کنیم؟» جواب داد: «هنوز نمی‌دانم. باید حاجی دستور بدهد. حتماً سنگسار می‌شود. امّا به آن دختر کاری نداشته باشید، خودم که آمدم به سراغش می‌روم. و به او می‌فهمانم کشور دیگر اسلامی شده است و قانون یا روسری یا تو سری اجرا می‌شود!» در آن زمان خوب می‌دانستیم که این جنایتکارانی که خود را مسلمان می‌نامیدند به دختران جوان قبل از اعدامشان تجاوز می‌کردند و بعد از کشتن آن زیبا رویان برای خانواده‌ها شیرینی می‌بردند که «بدان دخترت باکره از دنیا نرفت». گفتار و

تهدیدهایش بند بند دل مرا پاره می‌کرد. خودم را به خدا سپردم و در دل گفتم: «خدایا اگر این سرنوشت من است، حرفی ندارم. چاره‌ای جز تسلیم ندارم فقط محافظ دخترم باش، و پسرم را هم در غربت خودت سرپرستی کن» که دوباره با دستش پای مرا لمس کرد، امّا این‌بار تنها یک لمس گذرا نبود، و با دفعات پیش فرق می‌کرد. مو بر تنم سیخ شد. خودم را به عقب به طرف پنجره کشاندم. آرام آرام لحن حرف زدنش عوض شد، و شروع به تمجید و تحسین از من کرد. با آن صدای مستهجن و ناخوشایند به من می‌گفت: «برای خودت می‌گویم. مردها هوسباز و ناپاک هستند. باید حجابت را به خوبی حفظ کنی تا گرفتار این هرزه‌ها نشوی» و این بار بازوی چپم را لمس کرد و گفت: «فهمیدی چه گفتم؟» من هم سری به تأیید حرف‌هایش تکان دادم. به نظرم می‌آمد که رانندگی‌اش پایانی نداشت. مرتب خیابانها را دور می‌زد و مجیز مرا می‌گفت، و بدن مرا لمس می‌کرد. با لحنی آرام و محتاط گفتم: «مگر کمیته کجاست که اینقدر در راه هستیم؟ من بسیار تشنه هستم». با خنده‌ای شیطانی جواب داد: «کی حرف کمیته را زد؟» آناً حالم بهتر شد. ادامه داد: «مگر دلم می‌آید تو را ببرم تحویل برادران حزب‌اللهی بدهم؟» فهمیدم قصدش شکار کردن خود من بوده و از اول هم قصد کثیفش هیچ ربطی به قانون حجاب و اسلام نداشته است. سپس گفت: «از این به بعد خودم در خدمت هستم، و شمارۀ تلفنم را به تو می‌دهم. هرکاری داشتی و اگر کسی برایت دردسر درست کرد به من تلفن کن. می‌برمش آنجائی که عرب نی انداخت». در دلم خنده‌ام گرفته بود. پیش خود خیال می‌کرد که ماهی را به تور انداخته و دیگر فکرش راحت شده بود. حتّی در بین راه برایم یک نوشابه هم خرید، و مدام هم

آن لبخند همیشگی‌اش را به من هدیه می‌داد. من هم که دیگر خاطرم از بابت جانم راحت شده بود، دوباره با تشکر و یک لبخند گفتم: «پس بهتر است مثل قبل نزدیک خانه من را پیاده کنید چون خوبیت ندارد جلوی همسایه‌ها در ماشین شما باشم». شنیده بودم زن حتّی شیطان را هم گول می‌زند، راست گفته بودند. او هم فریب خورد و قبول کرد و گفت: «فردا به تو تلفن می‌کنم و باهات قرار می‌گذارم» آرام سری تکان دادم و محکم و استوار، به داخل کوچه رسیدم، و بعد از در پشتی خانه وارد خانه شدم. زمانی که به خانه رسیدم دخترم را بغل کردم و بسیار بوسیدمش. باورم نمی‌شد که به چنین طرز معجزه‌آسایی نجات پیدا کرده بودم.

پس از این اتفاق، برای چند روزی از خانه بیرون نیامدم. مدام خدا را شکر می‌کردم. البته من آدمی مذهبی نیستم امّا به نیروئی والاتر از انسان باور دارم. در جائی خواندم که ژان ژاک رسو، فیلسوف فرانسوی هم که به خدا عقیده نداشت، گفته است خدا واجب الوجود است، ولی ای کاش این واجب الوجود واقعاً وجود داشت. یعنی از دید او، لازم است برای انسان که بتواند باور کند که تنها نیست، و کسی با قدرت و ذکاوتی بیشتر از او، ناظر و هدایت کننده امور است. به هر صورت، من واقعاً دوستی دیرینه‌ای با این خدای خودم دارم. و باور دارم که نیروئی همیشه محافظ من و فرزندانم بوده است.

از آن روزی که راننده ما به ما از سیروس اطلاع داد، هر از چندی به صورت پنهانی با ما تماس می‌گرفت، و به ما خبری از حال او می‌داد. امّا یک روز، فرد ناشناسی، به صورت تلفنی به ما اطلاع داد که مردی با کارت شناسائی سیروس اسفندیاری در یک پیاده رو بیهوش افتاده است. با عجله

من و بی‌بی به آن آدرس رفتیم و پیرمردی موی سپید با چهره در هم شکسته و لاغر و تنی زخمی و نزار که آثار شلاق را به وضوح، به خصوص بر صورت خود داشت، در مقابل خود دیدیم. باورم نمی‌شد. با هر بدبختی که بود او را در ماشین گذاشتیم، و به بیمارستان بردیم امّا هیچ بیمارستان و درمانگاهی حاضر به کمک و درمان نشد، و همگی به بهانهٔ اینکه به خاطر جنگ ما برای بیمار دیگری جا نداریم، دست رد به سینه ما زدند. ناگفته نگذارم که به هر جا مراجعه می‌کردیم، چندین پاسدار را در اطراف خودمان مشغول گفتگو با پرسنل بیمارستان می‌دیدیم. دوباره دست به دامّان همان دکتر مهربان که بارها به کمک ما شتافته بود شدیم، که این‌بار هم او از یاری به ما مضایقه نکرد.

در آن زمان، وی بدون دریافت حقوق به خاطر دیانتش، برای خدمت به جنگ زده‌ها و مجروحین در جبهه، در جنوب کشور مشغول به جراحی شبانه‌روزی بود. به محض اینکه از او کمک خواستیم، دستور داد که با مسئولیت خود او، دوستش در کلینیک خصوصی او بستری شود، و از طرف خودش از چند متخصص درخواست شد که برای معالجه به درمانگاه بیایند، و در مدّت سه روزی که سیروس در این درمانگاه بستری بود، همگی سنگ تمام گذاشتند، امّا دیگر کار از کار گذشته بود، و او، به علت ضرب و شتم وحشیانهٔ شکنجه‌گران نظام، و تزریق بی حد و اندازه مواد مخدر به بدنش، همسرم در سن چهل و شش سالگی برای همیشه از پیش ما رفت. قبل از سپردنش به خاک، به دستور نظام، جسدش را کالبد شکافی کردند، امّا علت مرگ را سکته نوشتند، در حالی که این دروغ محض بود.

فتوکپی عکس‌های سیروس اسفندیاری پس از شکنجه، که در آنها آثار شکنجه به خوبی نمایان بود.

اصل عکس‌ها در پروندۀ سازمان ملل هستند

بعضی وقت با خود فکر می‌کنم که ای کاش هرگز به ایران باز نگشته بود. آخرین باری که دیده بودمش، به من گفته بود که ما بار دیگر همگی خارج از وطن دور هم جمع خواهیم شد. ولی در بدن سیروس بختیاری، خون نیاکانش در جوش بود، و هیچ نیرویی نمی‌توانست او را در پاریس، و دور از وطن نگاه دارد. سیروس برگشت که شاید بتواند برای نجات کشورش بجنگد، و در این راه، جان خود را در کشور عزیزتر از جانش از دست داد. بعدها شنیدیم که حتّی بعضی شب‌ها را در پارک به سربرده بود، و گاهی با نزدیک‌تر شدن خطر، در سطل‌های بزرگ زباله‌دانی مخفی می‌شده است. او هم با فدا کردن جان خود، می‌خواست سهمش را برای کشورش و نجات از دست این اجانب ادا کند. به دلیل فداکاری این افراد است که ما نمی‌توانیم، و نباید سکوت کنیم. مرگ این عزیزان بیهوده نبود. برای وطن بود، و هرگز نباید از خاطر ما ایرانیان بروند.

در روزهای آخر زندگی سیروس، دخترم توانست که پدرش را ببیند و از او خداحافظی کند، امّا پسرم هرگز چنین فرصتی پیدا نکرد، و من هم برای سال‌ها این خبر را از او پنهان کردم، و نمی‌دانستم چگونه بگویم که پدرش برای همیشه چشم از جهان فرو بسته است. خود من هم دلم خون بود و آتش. بی‌بی امّا حال دیگری داشت؛ مرگ فرزند برایش غیر قابل تحمل بود، و او را از پا انداخت. او با زحمات زیاد فرزندش را از ایران خارج کرده و جانش را نجات داده بود، امّا سیروس برای نجات کشورش برگشته بود، و حالا، مادر باید پسر ارشدش را با دست خود به خاک می‌سپرد. بی‌بی شب‌ها سرش را بر روی سینه من می‌گذاشت و اشک‌های بی‌پایانش تمام وجودم را به درد می‌آورد. رنجش چنان محسوس

بود که انگار هر قطرهٔ اشکش به تک تک سلول‌های بدن من هم سرایت می‌کرد. برای اولین بار مشکی به تن کرد. صدای ناله و گریستنش آسمان شب را تیره‌تر می‌کرد، و در چشمان نافذش جز غم دیگر احساسی را نمی‌شد دید. از شدّت درد به خود می‌پیچید، و انگار با چکیدن هر قطره اشک، قسمت دیگری از جانش را از دست می‌داد و هر روز رنجورتر از روز پیشین به نظر می‌آمد.

من به شدّت نگران بی‌بی بودم، و سعی می‌کردم که سنگ صبورش باشم، امّا با این وجود درد در سینه خود من هم بسیار بود. احساس می‌کردم که همسرم را از دست داده‌ام. من هرگز نتوانسته بودم از نظر احساسی از سیروس جدا بشوم. برای من، طلاق ما تنها بر کاغذ بود، و بس. هرگز نتوانسته بودم شاهزاده اسب سوارم را از دل خود بیرون کنم. دخترم، پس از مرگ پدرش مات بود. انگار خود را در میان اینهمه درد و رنج گم کرده بود. گیج بود، و وحشت زده. از هشت سالگی با فریادهای پر تنفری که او را به خاطر فامیلش محکوم می‌کردند خو گرفته بود، در میان جنگ بزرگ شده بود، و هراس، همدم همیشگی‌اش بود و اکنون، در سن پانزده سالگی، پدرش را نیز از دست داده بود.

دو، یا سه روز پس از مرگ سیروس، بدن سردش را به اصفهان منتقل کردیم، و در مقبره خانوادگی در کنار پدرش به خاک سپردیم. به ما اجازه دادند کلیهٔ مراسم را انجام دهیم، و ما هم مراسم خاکسپاری مفصلی برایش اجرا کردیم. آن زمان نمی‌دانستم، امّا بعدها فهمیدم که به این دلیل به ما اجازه انجام تشریفات را داده بودند که می‌خواستند ببینند که آیا دیگر افرادی که دست در طرح کودتای نوژه داشته‌اند را می‌توانند در دام

بیاندازند یا نه، که البته نتوانستند. در مراسم خاکسپاری بیشتر افراد خانواده انصاری‌ها و بختیاری‌ها با احترام و تأسف و گل‌های فراوان حضور داشتند. پس از اتمام خاکسپاری، در تهران هم در خانه شخصی خود، با کمک و یاری چند دوست مراسم ختم را با گل و شمع برگزار کردیم.

برای مدّت‌ها همگی ما سیاه‌پوش و عزادار بودیم، امّا مرور زمان درد را کمتر کرد. هر چند که بی‌بی هرگز به آن حالت قبلی خود بازنگشت، چیزی از آن اقتدار و بزرگی و صلابتش هم کم نشده بود، ولی دیگر ساکت و آرام، و غرق در افکار خود، بدون شکایتی روزگار را می‌گذراند. کسی که زمانی با یک تماس تلفنی قدرت داشت استاندار استان اصفهان را عوض کند و با یک درخواست پسرش را در رکاب شاه مملکت بگمارد، حالا باید در مقابل مرگ زودرس فرزند و برادران و افراد خانواده‌اش، ساکت و تنها به گوشه‌ای پناه ببرد و روزها را برای رسیدن مرگ خود شماره گذاری کند.

ماه مهر نزدیک بود، امّا زمانی که دخترم را برای نام نویسی در کلاس دهم دبیرستان بردم، مدیر مدرسه گفت: «من نمی‌توانم دخترت را نام‌نویسی کنم». در جواب سؤالات اعتراض‌آمیز من، گفت: «دستور آمده است که کسانی که فامیل بختیاری دارند را دیگر در مدارس عمومی نباید ثبت نام کرد». دنیا بر سرم خراب شد. مگر می‌شد آیندهٔ دخترم را به این راحتی از او بگیرند؟ امکان نداشت بگذارم چنین با سرنوشت دخترم بازی کنند. فردای آن روز با رشوه دادن یک پنج پهلوی، نظر مدیر مدرسه به ناگاه عوض شد و گفت: «حالا شاید بتوان او را با نام اسفندیاری تنها، ثبت نام کنیم، و فعلاً بختیاری را ثبت نکنیم». این اتفاق باعث پیدایش احساس

گناه شدیدی در من شده بود، چراکه نتوانسته بودم تحصیلاتی را که برای پسرم مهیا کرده بودم، در اختیار دخترم هم بگذارم. از سوی دیگر، هشت سال بود پسرم را ندیده بودم، و با اینکه مدت‌ها از مرگ سیروس می‌گذشت، او هنوز از سرنوشت پدرش بی‌اطلاع بود. از اینکه شاهد بزرگ شدنش نبودم احساس گناه می‌کردم. نرفتنم به علت بی‌مهری‌ام نبود؛ به علت نداشتن پاسپورت و جنگ ایران و عراق بود. بالاخره آنقدر به این در و آن در زدم، و اصرار کردم، که قرار بر این شد که اگر دخترم در ایران بماند، من بتوانم برای چند ماهی ویزای آمریکا را گرفته، و به دیدار فرزند ارشدم بروم.

زمانی که قدم بر خاک آمریکا گذاشتم، و پسرم را دیدم، احساس کردم قسمتی از زندگی‌ام را از من گرفته بودند. برای اینکه رشد و بزرگ شدن پسرم، و قد کشیدنش را ندیده بودم. زمانی که او را در آمریکا به مدرسه سپرده بودم، نوجوانی بیش نبود، امّا در آن روز بازگشت به آمریکا، مرد رشید و جوانی را در مقابل خود می‌دیدم.

پس از اینکه پسرم را در آغوش کشیدم و بارها او را بوسیدم و بوئیدم، با قلبی سنگین و به سختی خبر مرگ پدرش را به او دادم. پسرم در حالی که به سخنان من گوش می‌داد، بدون کلمه‌ای سست شد، و همانطور که هنوز گوشش به من بود، بر زمین در کنار دیوار، در مقابلم نشست. در سکوت کامل، مات و مبهوت سعی داشت که معنی حرف‌هایم را بفهمد. با چشمانی پر از اشک، به خاطر اینکه برای این همه مدّت خبر فوت پدرش را از او پنهان کرده بودم، تقاضای بخشش کردم. در جواب، با صدایی شکسته گفت: «من متأسفم که نتوانستم در چنین شرایطی در کنار

شما، و مادر بزرگ باشم». حتّی در قبال خبر مرگ پدر، او بیشتر از فکر کردن به دردی که خود در سینه داشت، نگران دردی بود که ما تحمل کرده بودیم. حدود سه ماه در کنارش ماندم و سپس دوباره بار سفر بستم، و باری دیگر از پسرم خداحافظی کردم، و به ایران برگشتم.

زمانی که به ایران بازگشتم، متوجّه شدم که بیش از پیش احساس اختناق و خفگی می‌کنم. جای نفس کشیدن برایم نبود و شب‌ها خواب درست و حسابی نداشتم. همانطور که زمانی دور از ایران نمی‌توانستم به راحتی نفس بکشم، حالا هوای کشور خودم برایم سم شده بود. یکی دو سال بعد هم، دختر نوجوانم با پسر جوانی آشنا شده و با او ازدواج کرده بود، و پس از مدّتی، یک نوهٔ دختر به ما هدیه داده بود، و با آمدن این فرشته کوچک به خانه ما، من در سن چهل و پنج سالگی مادربزرگ شده بودم. از آنجائی که دخترم هنوز بسیار جوان بود، و بی‌بی هم دیگر آن توان و سلامتی قبل را نداشت، من خود را مسئول دو فرد جوان، یک نوزاد، و مادر پیرم می‌دیدم، و احساس می‌کردم که اگر بمانم، آیندهٔ دختر و نوه‌ام تیره و تار است، و اگر برویم بدون شک زندگی بی‌بی در خطر است. پس از مدّتی کلنجار رفتن با خود، بالاخره تصمیم گرفتم که باید از وطنم دل کنده، و بار سفر بر دوش گیرم. زمانی که موضوع را با بی‌بی در میان گذاشتم، اودر نهایت فداکاری گفت: «نگران من نباش. بچه‌هایت را بردار و به یک گوشه این دنیا برو». من با صراحت جواب دادم: «یا همه با هم می‌رویم و یا همه با هم می‌مانیم». پس از مدّتی تفکر، بی‌بی گفت: «می‌دانم زنده نخواهم ماند، ولی اگر بدون من حاضر به رفتن نیستید، پس من هم با شما می‌آیم که نگران حال من نباشید». وقتی خیالم از بابت بی‌بی

و موافقت ایشان راحت شد، مشغول فراهم کردن مقدمات سفر به طور مخفیانه شدم. با این حال، نه دل ماندن داشتم و نه پای رفتن. قبلاً بارها فرصت داشتن یک زندگی خوب در خارج از ایران برایم پیش آمده بود، امّا هرگز دل رفتن از سرزمینم را نداشتم. بعد از شورش بد یمن سال ۵۷، انقلابیون طبقه ما را می‌کردند توی لجن و در می‌آوردند، و من هم واقعاً بریده بودم. به قول شهبانو فرح: «گر گریزم کجا گریزم؟ گر بمانم کجا بمانم؟»

نوشتن و بازگو کردن بلاهائی که سرِ ما آمد، و زخم‌های عمیقی که در روح خود با خود حمل می‌کنم برایم بسیار دشوار است. امیدوارم که به زودی اشک‌ها و آه‌های همه ما دامن این دزدان کثیفی که مملکت ما را ویران کرده و مال مردم را به تاراج بردند، بگیرد.

در زمان خمینی، به نظر می‌آمد که یک روز به مرگ انسان حکم می‌کنند، و یک روز به زندگی. یک روز راحت میتوانی بیرون از خانه قدم بزنی، و روز بعد، هیچ تضمینی برای زنده بودنت نبود. برای زنده ماندن خانواده‌ام باید از ایران می‌رفتیم ولی کجا، نمی‌دانستیم.

می‌دانستم مسافر راه سخت و دشواری خواهم بود، و به همین دلیل، باید با هوشیاری بار سفر را می‌بستم، و نمی‌توانستم هر آنچه می‌خواهم را با خود ببرم. فراموش نکرده بودم که در این مهاجرت هزار درد بی‌درمان در پیش دارم. تنها نبودم. چهار همسفر با خود داشتم که جوانترین آنها فقط دوازده هفته و مسن ترین آنها هفتاد و چهار سال سن داشتند. می‌دانستم که گرگ‌های گرسنه هم در کمین خواهند بود، و مشکلات ندانستن زبان، فرهنگ، و ندیدن چهره دوستان و آشنایان بر سختی راه ما

خواهند افزود. بعضی وقت که به سختی‌هایی که ممکن بود در پیش رو داشته باشیم فکر می‌کردم، از تصمیم خود پشیمان می‌شدم و با خود می‌گفتم: «بمان. خون تو که از دیگران رنگین‌تر نیست. قوانین ضد انسانی این حاکمان را قبول و اجرا کن، و دم هم بر نیاور.»

یک عمل زشت و مشمئز کننده هم به تازگی در بین مردم رواج پیدا کرده بود به نام صیغه کردن. این واژهٔ ننگ آور خون را در رگ‌های من منجمد می‌کرد. به خود می‌گفتم: «به تو چه مربوط که سنگ زنان دیگر را به سینه می‌زنی؟ مگر تو وکیل و وصی تمامی زنان ایران هستی؟ شاید خودشان مایل باشند. اصلاً خداوند برای این دو گوش داده است. از گوش راست کلمهٔ صیغه را بشنو و از گوش دیگرت بیرون کن و لعنت را به هوادارانش بفرست». امّا تصور بزرگ شدن نوهٔ زیبایم در سرزمینی که چنین تحقیر زنان را عادی جلوه می‌داد، برایم غیر قابل تحمل بود، و به همین دلیل، ترس و پشیمانی نمی‌توانستند مرا از رفتن بازدارند.

در یکی از همان روزها، این وحوش دوباره هوس کرده بودند بیایند تن ما را بلرزانند، و در حقیقت چیزی پیدا کنند و به غنیمت ببرند. در طبقهٔ بالا در اطاق خوابم بودم، که صدای ممتد و بلند زنگ گوش خراش درب خانه، فضا را پر کرد. وقتی به بیرون نگاه کردم، دیدم که یک ماشین سیاه درست جلوی درب خانه ما پارک شده بود. بطوری‌که بیرون رفتن از خانه با اتومبیل را برای من سد کرده بود. چند جوانک تازه ریش درآورده، و یک مرد بسیار قوی هیکل و گردن کلفت را، در اطراف خانه مشغول بررسی دور و بر خانه دیدم. با عجله پائین آمدم و جریان را برای بی‌بی با لکنت زبان تعریف کردم. او هم طبق معمول خونسرد و آرام گفت: «آرام

باش، و صبر کن» سپس پشت دستگاه اف‌اف رفته، گوشی را برداشت و گفت: «کمی صبر کنید تا ما آمادهٔ پذیرائی از شما شویم» از آنطرف یکی از آن مردها با لحن پرخاشگری جواب داد: «همین الان در را باز کنید که اگر باز نکنید به زور وارد خواهیم شد». بی‌بی بدون اینکه ذره‌ای دستپاچه شود با متانت جواب داد: «هر طور میل دارید عمل کنید، ولی ما باید موهایمان را بپوشانیم و لباس رسمی به تن کنیم و هر وقت آماده شدیم قدم رنجه فرمائید».

بعد از چند دقیقه که ما روسری به سر کردیم و روپوش به تن، و آمادهٔ برخورد مجدد با دزدان حکومتی شدیم، در را باز کردیم آن بسیجیان تازه به دوران رسیده همانند سربازان فاتح در جنگ وارد خانه شدند، و آمرانه دستور دادند که هر دو ساکت و بی‌حرکت در جایمان بنشینیم. بی‌بی با لحنی نیش دار گفت: «شما صبح زود آمده‌اید، ما هنوز صبحانه نخورده‌ایم. اگر خبر داده بودید، شما را هم به یک نان و پنیر و گردو، و یک استکان چایی داغ و پرعطر دعوت می‌کردیم». سپس علت هجوم بی‌موقعشان را پرسید، و آنها تکه کاغذی که مهر مسجد را داشت نشان داده، و گفتند: «شنیده‌ایم دو نفر در این خانه پنهان شده‌اند، و ما برای دستگیری آمده‌ایم و حکم رسمی هم داریم». بی‌بی با خنده گفت: «خوب درست گفته‌اند و شما هم درست به همان آدرس آمده‌اید. حتماً منظورشان ما دو نفر بوده‌ایم که باید دستگیر کنید چون تنها ما در اینجا زندگی می‌کنیم. البته یک دختر کوچک هم داریم که خوشبختانه مدرسه است چون با دیدن شما جوانان با این قیافه و تفنگ بر شانه حتماً وحشت می‌کرد».

با هر کلمه‌ای که از دهان مادر بیرون می‌آمد بند بند وجودم به لرزه

می‌افتاد. با خود فکر می‌کردم که در آخر چنان آنها را عصبانی خواهد کرد که ما را همانجا خواهند کشت. امّا بی‌بی معنی ترس را نمی‌دانست. ادامه داد: «این خانه و این شما. بروید بگردید پیدایشان کنید و با خود ببرید و اگر کسی را پیدا کردید، حتماً اعدامشان کنید. چون هر که هستند بی‌اجازه وارد شده‌اند». آنها یک نفر را برای زیر نظر داشتن ما گماشتند، و دو تن دیگر دوباره، مثل دفعات قبل شروع به زیر و رو کردن همه چیز، حتّی کیسه برنج و نخود و لوبیا کردند، و ما هم آرام در کنار هم نشسته بودیم. آنها اسلحه به دست بودند، ولی اسلحه ما فقط زبان مؤدب و گفتار نیشدار این بانوی بزرگ و شیردل بختیاری بود. این چندمین باری بود که مورد هجوم این قوم و قبیله وحوش قرار می‌گرفتیم. می‌دانستم از آنجائی که دیگر تمامی مدارکی که در خانه داشتیم قبلاً برده بودند، در واقع چشمشان خانه‌ام را گرفته بود که مدام می‌آمدند، و موجب اذیت و آزار ما را با خود به هدیه می‌آورند.

خانهٔ من، خانه‌ای بود بسیار زیبا که با مهندسی سبک قدیم با شیشه‌های رنگی، و اطاق‌های متعدد با ستون‌های زیبا درست شده بود. برای ما مثل روز روشن بود که می‌خواستند همانطور که خانه بی‌بی و دیگر افراد فامیل را تصاحب کرده‌اند، خانه مرا هم از آن خود کنند. امّا چون سند به نام من بود و ارث پدری محسوب می‌شد، بهانه‌ای نداشتند که بتوانند آن را از من بگیرند، ولی نا امید هم نشده بودند و به هر بهانه‌ای، بی‌خبر می‌آمدند و لرزه‌ای بر تن ما می‌انداختند، و سپس با هزاران جملات رکیک، و اهانت‌هایی که هرگز به گوش خود نشنیده بودم، می‌رفتند، و هر بار هم با خود چیز جدیدی از مال و اموال ما را می‌بردند. این بار شدّت وحشی‌گری

بیشتر شده بود. دو نفری که در طبقه بالا مشغول گشتن و ایجاد سر و صدای زیادی بودند، به یکباره ساکت شدند. نگاه نافذ بی‌بی به من فهمانید که کاری که نباید می‌شد، شده بود، و آنها گنج نهان ما را پیدا کرده بودند.

در خانهٔ ما، در طبقه بالا، در زیر پلکانی که به پشت بام ختم می‌شد، در دیوار یک جایسازی به عمل آمده بود، که فقط ما که می‌دانستیم، می‌توانستیم آن را پیدا کنیم. ما در این مکان، آن کیف پولی را که سیروس به دستم داده بود، با کمک خودش پنهان کرده بودیم. با ساکت شدن آن پاسدارها فهمیدیم که حتماً به راز ما پی برده‌اند. بی‌بی خیلی آرام و متین ولی با صدای نسبتاً بلندی گفت: «خیلی تشنه هستم ای‌کاش یک چای داغ و یا یک لیوان آب برای نوشیدن داشتم». بی‌اختیار بلند شدم که برایش آب بیاورم که صدای ناهنجار آن جوانکی که به محافظت از ما گمارده بودند مرا در جای خود نشاند، و قدرت حرکت را از پای لرزانم گرفت. پس از چند دقیقه سکوت، بی‌بی مجدداً گفت: «پسر جان، حالا که نمی‌گذاری عروسم برایم یک لیوان آب بیاورد، بی‌زحمت خودت امروز یک کار خیر بکن. برو از آشپزخانه برایم یک لیوان از شیر آب بیاور». آن نوجوان هم با همه رذالتش رفت که لیوانی آب بیاورد، و بی‌بی از همان فرصت استفاده کرد و به آرامی، نجواکنان گفت: «به احتمال زیاد آنها کیف را پیدا کرده‌اند و من و تو باید خودمان را به بی‌خبری بزنیم. هر چه گفتند حاشا کن. مبادا نم پس بدهی که بیچاره می‌شویم». زبانم بند آمده بود و سنگینی دست بند زندان را بر روی دستانم با یقین مجسم می‌کردم.

تمام تنم خیس از عرق بود، و آن گونی کثیفی را که قبل از تیرباران کردن معلّم عزیزم، خانم دکتر فرخ رو پارسا، بر سر او قرار داده بودند،

اینک در ذهنم، بر سر خود می‌دیدم. هنوز لحظه‌ای از حرف‌های بی‌بی نگذشته بود که پسرک با لیوان آب نمایان شد. بی‌بی چند جرعه‌ای نوشید و بقیه را به طرف من آورد و گفت: «تو هم حتماً تشنه هستی، کمی آب بخور، آب نخواسته مراد است». سپس رو به جوانک کرد و گفت: «صواب کردی ولی صوابت بیشتر می‌شد اگر دو لیوان پر از آب را در یک سینی میگذاشتی، و برای هر دو نفر می‌آوردی. اگر از مادرت پرسیده بودی حتماً به تو یاد می‌داد». از ترس می‌لرزیدم ولی از این حرف بی‌بی خنده‌ام هم گرفته بود. فکر می‌کنم پسرک جوان تحت تأثیر آخوندهای روی منبر قرار گرفته، و راجع به تشنه لبان کربلا زیاد شنیده بود، چون بلافاصله گفت: «اگر باز هم تشنه هستید برایتان آب می‌آورم». بی‌بی با لبخند تلخی گفت: «این همه صواب برای یک روز زیاد است. بقیه را برای فردا و یک محل دیگر بگذار. در دفتر اعمالت نوشته می‌شود». من هنوز جوان و ساده بودم. با خود فکر کردم این جوان هنوز خیلی آلوده به گناه نشده است و سپاسگزار لیوان آبش برای مادر بودم.

حدود یکساعت ما در ترس نشستیم، و آن دو نفر به جستجوی پر سر و صدای خود در طبقه بالای خانه ادامه دادند. ما مانند دو اسیر بر روی دو صندلی آرام و ساکت نشسته بودیم، و جوانک اسلحه به دست پاسدار ما بود. پس از چندی، بی‌بی گفت: «پسر جان خسته می‌شوی. صندلی که هست. بگیر بنشین» و او هم همین کار را کرد. روی یک مبل نشست و تفنگش را روی زانوانش قرار داد، و گاهی اوقات زیرچشمی نگاه هیزش را متوجّه من می‌کرد. دیگر تمام خانه ساکت شده بود، و فقط صدای نفس‌های ما شنیده می‌شد. فضا چنان آرام بود که انگار به غیر از ما سه نفر

کس دیگری در خانه نبود. شاید مشغول صحبت و تصمیم گیری بودند که با کیفی که پیدا کرده بودند چه کنند.

سرانجام صدای محکم پایشان که از پلکان خانه به پائین می‌آمدند ترس و لرز را به بدن ما برگرداند. آنها را با کیف دستی پر از گرد و خاک چندین ساله در جلوی خود دیدیم. نه بی‌بی رنگ به صورت داشت، و نه من. چهرهٔ بی‌بی همچنان آرام و پرغرور بود، امّا من نمی‌دانستم آیا می‌شد ترس را در چهره‌ام دید یا نه؟ زانوهایم به شدّت لرزش داشتند، و ضربان قلبم را به خوبی می‌توانستم بشنوم. بی‌بی نگاهی به سر تا پای آن دو جوانک انداخت و گفت: «خوب پس آن دو نفری که می‌خواستید پیدا کردید؟ چطور در این کیف به این کوچکی جای گرفته‌اند؟ حالا درش را باز کن تا ما هم ببینیم، و بشناسیم کی هستند». یکی از آنها با تشر گفت: «پیرزن تو رمزش را می‌دانی؟ بگو تا بازش کنم». بی‌بی با تعجّب نگاهی به سوی او کرد و گفت: «کدام رمز؟ ما اصلاً نمی‌دانیم این کیف را از کجا آورده‌اید. آچار، کارد، و پیچ گوشتی در یک جعبه در آشپزخانه هست، می‌توانید استفاده کنید و این کیف را باز کنید. ما هم دوست داریم بدانیم در این کیف چه چیز پنهان شده است. شاید پول، جواهر، سکه و اوراق بهادار و یا مواد مخدر یا سر بریده باشد». بی‌بی با زیرکی، با ذکر کلمه «پول» و «جواهر»، چراغ طمع آنها را روشن کرده بود. آنها نگاهی به یکدیگر کردند و سپس با تهدید و فحش عازم رفتن شدند، که بی‌بی به یک آن پرخاش کنان و با صدای بلند گفت: «دفعهٔ دیگر چیزی نداریم که خرج سفره‌های حرامتان کنید. بار دیگر سه فشنگ در سینه ما خالی کنید تا همه بدانند حکومت عدل علی با سه زن چه کرده است». در یک حالت

بحرانی بی‌بی کنترل خود را از دست داده بود، چرا که میدانست این پول آخرین امید ما برای تضمین آینده‌مان در کشوری دیگر است. از آنجائی که همهٔ امیدش برای آیندهٔ ما به نا امیدی تبدیل شده بود، و کیفی که می‌توانست باعث نجات ما شود به دست این لجام گسیخته‌ها افتاده بود، و دیگر ما صاحبش نبودیم، به یک باره بلند شد و به طرف آن مرد هجوم برد که کیف را بگیرد. همان مرد کیف به دست در حالی که فحش می‌داد، شروع به ضرب و شتم او کرد، و پیکر پیر و نحیف و استخوانی بی‌بی نقش بر زمین شد و بدن ناتوانش که به قدرت باطری زنده مانده بود بر زمین سرنگون شد. با دیدن کتک خوردن بی‌بی، من هم به مرز دیوانگی رسیده بودم و فریادی را که سالها در گلویم خفه شده بود را از سینه رها کرده، و در حالی که فریاد زنان می‌گفتم: «نامرد چرا زورت به مادر مریض من می‌رسد؟ من اینجا هستم هر بلائی دلت را خنک می‌کند بر سر من بیاورا!» برای حفظ کردن جان بی‌بی خودم را بر روی بدن لاغرش سپر بلا کردم، که ناگهان درد بسیار شدیدی را در کمرم احساس کردم. آن مرد با دو لگد محکم با پوتین مرا هم از روی بدن بی‌بی به طرفی پرتاب کرد. و احساس درد امانم را برید.

پس از کتک زدن من و بی‌بی، آن مردان نامرد، ناسزا گویان و در حالی که تهدید می‌کردند که با حکم جلب باز خواهند گشت، با عجله گورشان را با یک کیف پر از دلار گم کردند. حتماً پس از باز کردن کیف، بسیار از به دست آوردن آن ثروت بادآورده شادمان هم شده بودند.

همانطور که نقش بر زمین گریه می‌کردم، و درد بدنم برایم غیر قابل تحمل شده بود، بازوان گرم و مادرانه بی‌بی مرا در آغوش گرفت، و صدای

باصلابت همیشگی بختیاری‌اش مرا به خود آورد. بی‌بی با مهربانی گفت: «آرام باش. الان دخترت از مدرسه می‌آید. چیزی نگو. بخند. بگذار بچه در آرامش بماند تا ببینیم چه خواهیم کرد». شب را تا صبح نخوابیدیم. هم ترسیده و وحشت زده شده بودیم و هم تنها ذخیرهٔ مالی‌مان برای نجات خود از آن جهنم را، همانند بقیه چیزها از دست داده بودیم. با این وجود، یاد چهره خونین همسرم، و غارت این آخرین یادبودش برای ما، خونم را بیشتر به جوش می‌آورد و مرا مصمّم تر می‌کرد که راهی برای رهائی خود و دخترم پیدا کنم.

آخرین قولی که سیروس به من داده بود، این بود که همگی دوباره در آمریکا، به هم خواهیم پیوست، و دوباره با هم یک خانواده خواهیم شد. با وجودی که دیگر پیش ما نبود، من سر قول او ایستاده بودم. با خود فکر می‌کردم که دنیا آنقدر بزرگ هست که بتوانم سرپناهی برای زیستن و هوائی آزاد برای نفس کشیدنمان پیدا کنم. مطمئن بودم که اگر بمانیم، به هر بهانه‌ای که شده است، دیر یا زود برای اینکه خانه را تصاحب کنند، یا ما را خواهند کشت، و یا به بهانه‌ای دستگیر و زندانی خواهند کرد. شجاعت و قدرتی را در خود احساس می‌کردم که تا به حال تجربه نکرده بودم.

قبل از هر چیز، دنبال راهی بودم که مدارکی که پیش فردی قابل اطمینان پنهان کرده بودم، از کشور خارج کنم، ولی چطور، نمی‌دانستم. در آن زمان هرگاه کسی می‌خواست نامه‌ای را به خارج از کشور پست کند، آنچه درون پاکت بود بازرسی می‌کردند. در یکی از دفعاتی که نامه‌ای را برای پسرم به پستخانه بردم، چند جوان ریش سیاه و طبق معمول عبوس

و بدلباس مشغول گرفتن و بازرسی نامه‌ها بودند. یکی از آنها نامه من را خواند و پست کرد. وقتی خواستم قیمت را بپردازم چون صبح اول وقت بود، گفت: «من پول خرد ندارم باید بروید و برگردید». گفتم: «قابلی ندارد» گذاشتم بقیه پول را خودش نگاه دارد، و بیرون آمدم. چند بار این کار را تکرار کردم تا اینکه دیگر مرا به خوبی می‌شناخت و به محض دیدن من خودش به طرفم می‌آمد و این اواخر حتّی درون پاکت را هم نگاه نمی‌کرد و به من فهماند که اطمینان کامل دارد که مطلب خلاف و یا عکسی در پاکت نیست.

در یکی از همین دیدارها، آرام به من گفت: «می‌دانم فرستادن دلار به آمریکا مشکل است. هر وقت خواستی، می‌توانم برایت در پاکت بگذارم. مهر بازرسی را بزنم و بفرستم». تظاهر به خوشحالی کردم و دفعهٔ بعد، یک صد دلاری در پاکت و یک بیست دلاری هم یواشکی در دست خودش گذاشتم، و اینگونه چندین بار برای پسرم اندک پولی فرستادم که او هم برای اینکه من بدانم به دستش رسیده است، به من زنگ می‌زد و می‌گفت که مثلاً «شلوار جین صد دلاری من به دستم رسید». در نامه‌ای برای پسرم نوشتم اسم دلار را نیاور. فقط بگو شلوار جین یا پیراهن رسید و یک بار که صد و پنجاه دلار برایش فرستاده بودم، به من زنگ زد و گفت: «آن یک شلوار و نیم جین که برایم فرستاده بودی، دیروز به دستم رسید و خیلی هم به دردم خورد». خلاصه بین من و آن مأمور پست، رابطهٔ نسبتاً خوبی به وجود آمد و در آن زمان که دلار هنوز دانه‌ای هشتاد تومان بود، دو سه بار در یک ماه به پستخانه رفتم، و هر بار بیست دلار به او دادم.

تا اینکه یک روز سرد زمستان که تمام خیابان‌ها در زیر سپیدی و پاکی

برف پنهان بودند، با ترس و لرز تمامی مدارکی را که در آخر این فصل مشاهده می‌کنید، در یک پاکت بزرگ گذاشتم و درش را هم نبستم. در آن زمان، داشتن چنین مدارکی، حکمش بدون برو و برگرد اعدام بود. با این حال می‌دانستم که برای نجات جانمان، هر جور شده، باید این مدارک را از ایران خارج کنم. پاکت را به همراه دو لاستیک یخ شکن، که در ایران هنوز متداول نبود، در ماشین گذاشتم و بدون اینکه به احدی حرفی از نقشه‌ای که داشتم بزنم، دل به دریا زدم، و در آن صبح یخبندان به طرف پستخانه به راه افتادم.

زمانی که با پاکتم به طرف آن مأمور پست می‌رفتم، بدنم از ترس منجمد شده بود، و قلبم چنان می‌زد که می‌ترسیدم او هم صدای تپش قلبم را بتواند بشنود. یک اسکناس پنجاه دلاری را هم به طوری که بتواند به راحتی ببیند در دست گرفته بودم، و پس از سلام و احوالپرسی و صحبت از سرما و برف، حرف را به رانندگی در برف کشانیدم، و گفتم: «من لاستیک یخ شکن دارم ولی نمی‌توانم خودم لاستیک‌ها را عوض کنم. شما جائی سراغ دارید که بتوانم ببرم؟» گفت: «من خودم بلد هستم و بعد از کار اداری اگر آدرس بدهید می‌آیم و برایتان عوض میکنم». گفتم: «آسان است چون احتیاج به زنجیر ندارد و بدون زنجیر در برف کار همان زنجیر بستن را میکند». با تعجّب نگاهم کرد و گفت: «من هرگز همچین چیزی ندیده و نشنیده‌ام» پرسیدم: «شما ماشین دارید؟» گفت: «بله، یک پیکان دارم». گفتم: «شما زنجیر می‌بندید به ماشینتون؟» گفت: «نه، ندارم. امسال که گذشت، شاید سال دیگر بخرم». گفتم: «چه کاریست؟ من از این لاستیک‌ها چندتائی دارم. الان هم دوتا لاستیک نو در صندوق عقب ماشین

گذاشته‌ام که ببرم جائی برایم تعویض کنند. حالا که شما ندارید وقتی کارمان تمام شد بیائید آنها را بدهم به شما».

هرگز قیافه‌اش را از یاد نمی‌برم. صورتش از شادی برق میزد، و با ناباوری گفت: «خانم سر به سرم می‌گذارید؟» گفتم: «ابدا! شما همیشه خیلی به من لطف کرده‌اید. اگر اجازه دهید، منهم کاری برای شما انجام دهم، خیلی هم خوشحال می‌شوم». با شنیدن این حرف، در حالی که لبخند می‌زد، بدون یک کلام حرف، پاکت پر از مدارک و حکم‌های دربار شاهنشاهی و عکس‌های شاه و سیروس و علیاحضرت را گرفت چندین نوار هم به دور آنها محکم پیچید، و مهر بازرسی را زد، و ما با هم به طرف ماشین به راه افتادیم تا او لاستیک‌ها را با خود ببرد.

وقتی به کنار ماشین رسیدیم من دیگر رمق و نای آخرین را در بدن، پاها و دست‌هایم حس می‌کردم. انگار تازه متوجّه وخیم بودن کارم شده بودم. اگر حتّی یک نگاه به محتوای پاکتی که به دستش داده بودم کرده بود، قطعاً طناب دار و یا حکم تیرباران در انتظارم بود.

لاستیک‌ها را از درون ماشین من برداشت، و چندین بار سرش را خم کرد و با شادی چندین بار از من تشکر کرد. خواستم پنجاه دلاری که در دست داشتم را هم به او بدهم، که گفت: «بیشتر شرمنده‌ام نکنید» و نگرفت، و رفت که لاستیک‌ها را در پیکانش بگذارد، و من هم به سرعت در ماشینم نشستم، و از محوطه دور شدم. همین که پستخانه از نظرم دور شد، ماشین را در جائی پارک کردم و برای مدّتی آنجا نشستم. لرزش دستم را نمی‌توانستم کنترل کنم. هم گریه‌ام گرفته بود و هم خنده‌ام. انگار برای چند لحظه‌ای دچار جنون شده بودم. بند بند بدنم درد گرفته بود. سرم به

شدّت دوران داشت، و احساس می‌کردم قفسه سینه‌ام دیگر از شدّت تپش قلبم در خطر شکستن است. این کارها را به حساب زرنگی من نگذارید. من اهل راست و ریس کردن این برنامه‌ها نبودم. خودبه‌خود از روز اول مهره‌های کمک به ترتیب چیده شده بودند و این آخرین کیش و مات من در بازی شطرنج با این مأمور پست بود. تنها زرنگی‌ام این بود که هرگز آدرس خودم را روی پاکت‌ها نمی‌نوشتم. این بار هم آدرس واقعی و اسمم را بر روی آن پاکت ننوشته بودم. خبر دریافت پاکت و این مدارک حیات بخش به دست پسرم رسید، و همین مدارک آینده ساز زندگی خانوادۀ من شد.

ریسک بزرگی کرده بودم، امّا همیشه آرامش و نجات، و به دست آوردن خواسته، آن طرف ریسک قرار دارد. باید ریسک کرد و قوی بود و نترسید. در اینجا همین آش است و همین کاسه؛ روز به روز با بودن این حکومت اسلامی کاسه‌ها ترک خورده تر می‌شوند و آش‌ها سردتر و بی‌مزه‌تر و آبکی‌تر و بی‌رمق‌تر.

برای بودن باید رفت و برای به دست آوردن باید از دست داد. با خود فکر می‌کردم پس خانه را از دست می‌دهیم، و جانمان را به دست خواهیم آورد. هر کجای این دنیا بروم، ایران برای من مثل یک شیشه گلاب است. حتّی خالی هم که باشد، هنوز عطرش وجودم را پر از خاطره می‌کند. جسم را از ایران دور می‌کنم، ولی دل و ذهنم را در کشورم جای می‌گذارم، و هر کجای این جهان خانه کردم، خانه‌ام را به سبک خانۀ ایرانم در می‌آورم، و سنت‌هایم را احترام خواهم گذاشت.

به این ترتیب خودم را قانع میکردم که هیچ‌کس نمی‌تواند ایرانی بودن

و هویت مرا از من بگیرد. می‌دانستم وقتی طوفان شن می‌آید باید سرت را خم کنی، و زیر بیندازی تا بیاید و برود و نگذاری شن در چشمت رود. ولی از همان زمان هم روشن بود که این طوفان به این زودی‌ها قصد رفتن نداشت، و شن در چشم من رفته بود و هنوز بعد از قریب هفت سال، این طوفان گاه به گاه در خانه ما را می‌کوبید، شنی در چشم فرو می‌کرد و می‌رفت. برای اینکه کورم نکند سرم را پائین می‌انداختم، زبانم را لال، و گوشم را کر می‌کردم، و چون همهٔ این تلاش‌ها بیهوده بود، بالاخره تصمیم به خود تبعیدی گرفته بودم.

اینگونه نبود که بخواهم برای تفریح کردن از ایران بروم، نمی‌خواستم برای خوردن خاویار و نوشیدن شامپاین از ایران بروم. می‌رفتم که همان نان و پنیر و خیار، و یا ماست و خیار با گردو و کشمش را، با آرامش و راحتی خیال، در سفرهٔ خانه‌ام داشته باشم، و با هر در زدنی، لقمه در دهانم از ترس زهر نشود. تنم دیگر قدرت لرزیدن نداشت و چشمانم دیگر نمی‌خواستند جنایات این رژیم را ببینند، و گوش‌هایم با شنیدن شیون‌های مادرانی که فرزندان خود را از دست داده بودند به بدن من لرزه می‌انداختند، که نکند زمانی من یکی از این مادران باشم. هنگامی که به یاد افراد فامیل، و دوست و آشنا می‌افتادم که چه نازنین افرادی بودند، و چگونه به جای اینکه به آنها نشان افتخار برای خدمت به کشور بدهند، به جوخه‌های اعدام سپرده شدند، لرزه به اندامم می‌افتاد. فکر سرنوشت دختران جوانی که در زندان‌ها شب قبل از اعدام تجاوز اسلامی و شرعی می‌شدند، و مهریه‌ای به مادرانشان می‌دادند، دیگر اشک و بغض هم درمانم نبود، و تصور اینکه این سرنوشت ممکن است برای دخترم و نوه‌ام هم پیش آید آتشی به جانم

می‌انداخت و مرا بیشتر و بیشتر مطمئن می‌کرد که هر چقدر هم مشکل و سخت باشد بالاخره مثل جریان آب راهش را پیدا خواهد کرد. به خود می‌گفتم: «مرگ یک بار شیون یک بار. قوی باش. احتیاج به همراهی مرد هم نداری. قوی بودن را از پدرت، و شجاعت را از مادر شوهرت آموخته‌ای. خودت را امتحان کن و از ریسک نترس. بالاخره یا موفق می‌شوی و یا به همین زندگی ادامه می‌دهی و چاره‌ای هم نخواهی داشت».

شب‌هایم را با این افکار و امید رهائی می‌گذراندم و روزها را با ترس و وحشت به سر میبردم. بعد از گذشت هفت سال از نقلاب اسلامی، هنوز خیابان‌ها و هوای شهر، بوی باروت و کشتن و اعدام می‌داد، هنوز شور مردم‌آزاری پایان نیافته بود. وقتی به صورت این جوانان که فکر می‌کردند برای اسلام و حفظ آن زنان و مردان را آزار می‌دهند، نگاه می‌کردم، فکر می‌کردم همهٔ آنها احتیاج به یک روانپزشک دارند تا بلکه با علم روانپزشکی و یا روان درمانی بشود این افراد که تشنه خون شده‌اند را، درمان و مداوا کرد، و این عقده‌های مهار نشده و شست شوهای مغزی‌شان را، به نوعی ساکت و خاموش کرد. اصلاً جامعه عوض شده بود. مهربانی به چشم نمیخورد. همین همسایه‌های خوب و نازنین از یکدیگر ترس و وحشت داشتند. انسانیت آرام آرام می‌رفت که کیمیا شود. تقریباً مرده بود.

ما در یک محیط دیگر رشد کرده و مهر را آموخته بودیم و این دیگر آن کشوری که آنقدر موجب افتخارمان را فراهم می‌آورد، نبود. یک روز صبح بعد از صرف صبحانه و کشیدن یک سیگار، آرام و پر مهر، شمرده و بدون ترس و هراس در مورد رفتن از ایران، دوباره با بی‌بی صحبت را به میان کشیدم. تصور می‌کردم شاید تصمیم ایشان عوض شده باشد، و یا توان

سفر را نداشته باشد. با خود می‌گفتم که باید سعی کنم، و بجنگم تا ایشان را راضی به انجام این خواسته کنم. ولی هنگامی که گفت: «در این مورد تصمیم را به عهدهٔ خودت می‌گذارم. اگر توان و قدرت این کار سخت و پر خرج را داری، من هم موافقم»، نفس راحتی کشیدم. پس از لحظه‌ای، بی‌بی ادامه داد: «امّا کار بسیار سخت و دشواری است. تو باید مسئولیت من ۷۳ ساله، دختر جوان، داماد جوان و نوه سه ماهه و خودت را تنهائی به دوش بکشی. باید بدانی هزاران خطر در کمین است». گفتم: «تا زمانی که خدا و شما را در کنارم دارم، هیچ سختی و مشکلی مرا از پای در نمی‌آورد. فقط کافی است بتوانیم راهی پیدا کنیم که همگی با هم ایران را ترک کنیم».

می‌دانستم از راه زمینی و قاچاق برای یک خانواده پنج نفری کار پرخطر و دور از امنیتی است. راه چاره را در این دیدم که به همان رانندهٔ خودمان که قبلاً در مورد همسرم ما را مطلع می‌کرد، و تا حدودی هم به ما کمک کرده بود مراجعه کنم. چون شمارهٔ تلفن خانه آنها را داشتم، با مادرش با مهر و محبّت و صمیمیّت صحبت کردم، و پس از احوالپرسی و تشکر کردن از او، خواستم از فرزندش بخواهد به من تلفن کند. این موضوع را از بی‌بی پنهان کردم. می‌دانستم او موافقت نمی‌کند من از کسی کمک بخواهم که تفنگ به دوش انداخته، و برای این حکومت کار می‌کند. ولی طرز فکر من با بی‌بی فرق داشت. من نسل جوان‌تری بودم، و آن غرور بختیاری بودن را هم نداشتم و به فکر نجات جان خودم و عزیزانم از آن جهنم بودم.

متوجّه شده بودم برای رهائی باید کمک از فردی بخواهم که از همین قماش باشد. دیگر افرادی که با یک تلفن، کار ما را انجام می‌دادند در دسترس نبودند؛ یا فرار کرده بودند، یا زندان بودند و یا اعدام شده بودند.

بنابراین چاره‌ای جز کمک خواستن از او نداشتم. ما با هم چند ملاقات مخفیانه و به دور از خانه انجام دادیم، و او قول داد که کمکم کند.

حال که مدارک را از کشور خارج کرده بودم، اولین قدم، فروش خانه به قیمت ارزان بود که به خوبی انجام گرفت. البته نصف آن پول، زیر میزی به افرادی داده شد که باید ما را فراری می‌دادند. پس از پیدا کردن خریدار برای خانه، شروع به فروش آنچه در خانه مانده بود نمودم. البته به اطرافیان گفتم که برای زندگی تصمیم دارم به اصفهان برگردم. پس از اینکه بیشتر اموال به فروش رفت، با پرداخت سی هزار تومان برای هر نفر که در آن زمان مبلغ نسبتاً زیادی بود، برای کشور هندوستان ویزا گرفتیم، و بدون دردسر بلیط هواپیما تهیه شد، و هر کدام از ما جداگانه با کمک افرادی که قرار شد مقداری پول از راننده قبلی ما دریافت کنند در فرودگاه مهرآباد با ترس و لرز حضور یافتیم، و سوار هواپیما شدیم. خوب به خاطر دارم که در حالی که در صندلی هواپیما دست بی‌بی را محکم در دست گرفته بودم متوجّه شدم درب هواپیما بسته شده و حرکت هواپیما بر روی زمین آغاز شد. نفس در سینه‌ام حبس شده بود. تنم می‌لرزید. به حد مرگ ترسیده بودم. فکر می‌کردم هر لحظه هواپیما از حرکت می‌ایستد و درب هواپیما باز و چند نفر وارد می‌شوند و همه ما را با خود به ناکجا آباد می‌برند. در دل خدا را صدا میزدم و کمک می‌خواستم. بی‌بی محکم و استوار نشسته بود. به شجاعت او غبطه می‌خوردم، در عین حال، شجاعت او، مرا هم کمی آرام می‌کرد.

بالاخره هواپیما از زمین بلند شد، و ما به طرف هندوستان به پرواز در آمدیم.

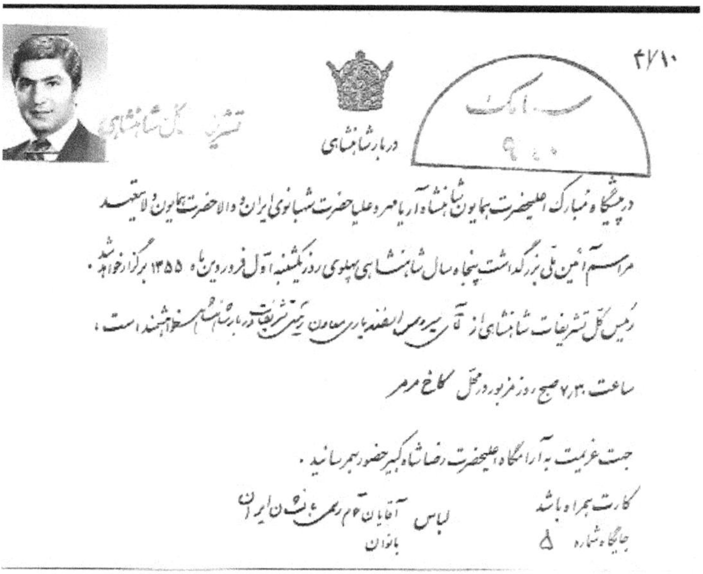

دعوتنامه‌ای از سیروس برای شرکت در جشن بزرگداشت سلسلهٔ پهلوی

نخست وزیر
سازمان جلب سیاحان

تاریخ ۱۳۵۰/۶/۱۹
شماره ۳۷۶۵/۱-ر
پیوست

گواهی

طبق تقاضای آقای سیروس اسفندیاربختیاری بدینوسیله گواهی مینماید که مشارالیه کارمند رسمی این سازمان میباشد ومشاغل زیر را از بدو ورود بخدمت عهده دار بوده اند :

۱ ـ ازتاریخ ۱۳۴۲/۱۱/۱۹ لغایت ۱۳۴۷/۷/۱۸ رئیس سازمان جلب سیاحان استان اصفهان .

۲ ـ ازتاریخ ۱۳۴۷/۷/۱۹ لغایت ۱۳۴۸/۵/۱ کارشناس تسهیلات جهانگردی .

۳ ـ ازتاریخ ۱۳۴۸/۵/۲ تا بحال مسئول امور سمعی وبصری .

مدیر امور اداری
عبدالحسین همره

لیست مشاغل سیروس، قبل از پیوستن او به دربار محمدرضا شاه

شماره [illegible]
تاریخ [illegible]
پیوست

تشریفات کل شاهنشاهی

آقای سیروس اسفندیاری

بمناسبت مسافرت رسمی حضرت والترشیل رئیس جمهوری آلمان فدرال
یک قطعه نشان :

GROSSES VERDIENSTKREUZ

ازطرف معظم له به شما اعطاء شده است که به پیوست ایفاد میگردد .
فرمان نشان پس از وصول متعاقباً ارسال خواهد شد .

رئیس کل تشریفات شاهنشاهی

امیراصلان افشار

دریافت نشان سیروس اسفندیاری، به عنوان تشکر از طرف رئیس جمهور آلمان

شماره ۲/۲/۹۲۰
تاریخ ۵۴/۷/۱۰
پیوست

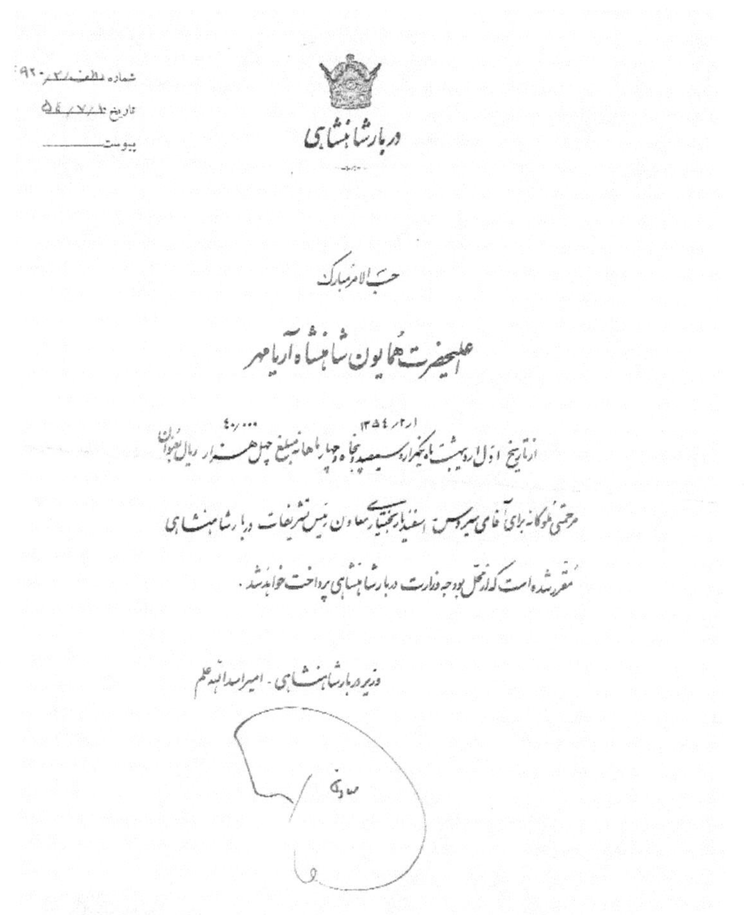

دربار شاهنشاهی

حسب الامر مبارک

اعلیحضرت همایون شاهنشاه آریامهر

از تاریخ اول اردیبهشت ماه یکهزار و سیصد و پنجاه و چهار (۱/۲/۱۳۵۴) ماهانه مبلغ چهل هزار (۴۰,۰۰۰) ریال بعنوان

مرحمتی ملوکانه برای آقای سیروس اسفندیاری بختیاری معاون رئیس تشریفات دربار شاهنشاهی

مقرر شده است که از محل بودجه وزارت دربار شاهنشاهی پرداخت خواهد شد.

وزیر دربار شاهنشاهی - امیراسدالله علم

حقوق سیروس، به عنوان معاون رئیس تشریفات دربار

وزارت اطلاعات وجهانگردی
دفتر وزیر

تاریخ ۳۰/۱/۵۴
شماره ۱۰۰۲/۴۱/۱۹۲۶

آقای سیروس اسفندیاری بختیاری

براساس بند الف ماده ۲ قانون استخدام کشوری بموجب این حکم مأمور خدمت در تشریفات کل شاهنشاهی میشوید. حقوق ومزایای شما کماکان ازاعتبارات مربوطه قابل پرداخت است.

وزیر اطلاعات وجهانگردی

غلامرضا کیانپور

حکم استخدام سیروس اسفندیاری در خدمت تشریفات دربار

شماره ....
تاریخ ....
پیوست ....

وزارت اطلاعات وجهانگردی

بـه : اداره‌کل امورمالی

از : اداره‌کل اموراداری

موضوع : پرداخت حقوق

نظربا ینکه وزارت دربارسابق منحل شده است وادامه مأموریت آقای سیروس اسفندیاری بختیاری وخانم بتول سزاوارشکوه موردی نخواهد داشت، خواهشمند است دستورفرمایند تا تعیین تکلیف نامبردگان ازپرداخت حقوق ومزایای آنان ازتاریخ ۵۸/۲/۱ خودداری شود.

محمدحسن امیرسهامی

۴۲/۵۸۹
۵۸/۱/۱۹

رونوشت :
برای اطلاع آقای سیروس اسفندیاری مدیرکل اموراداری
بختیاری وخانم سزاوارشکوه ارسال میشود.

محمدحسن امیرسهامی
مدیرکل اموراداری

قطع حقوق و مزایا پس از انحلال دربار

دربدری در هندوستان

عکسی تکی از من مقابل درب خانه‌ام،

کمی قبل از خروجم از ایران

زمانی که هواپیما بالاخره به قصد کشور هند به پرواز در آمد، بالاخره نفس راحتی کشیدم. هرگز تا این حد احساس شادی و غم را توأم با هم، در خود تجربه نکرده بودم. غرور خاصی را در دل خود احساس می‌کردم. در واقع من توانسته بودم به تنهایی همگی را از آنهمه ترس، و احتمالً زندان و یا حتّی خطر مرگ نجات دهم. بالاترین خوشحالی‌ام از این بود که اکنون می‌توانستم امیدی به هدیه دادن یک آینده روشن به نوهٔ کوچکم داشته باشم. شاید در یک جای این خاک خدا، خانه و کاشانه‌ای کوچک و محقر بتوانم روبراه کنم که در زیر سقفش خانواده‌ام روی آرامش دوباره را ببینند.

با وجود تمامی شعفی که درون خود داشتم، امّا، هنگامی که خلبان گفت: «هم‌اکنون خاک ایران را ترک کرده‌ایم» بغض گلویم را فشرد و اشک تمام صورتم را پر کرد. پشیمان نشده بودم. از اینکه شـاید دیگر هرگز به وطنم برنگردم گـریان و متـأثر بودم. تمام پل‌های پشت سرم را ویران کرده بودم و می‌رفتم که برای زندگی جدید از یک پل جدید عبور کنم. هنوز قدرت ساختن یک پل را برای عبور از مشکلات در خود می‌دیدم. می‌دانستم که هر کجا بروم باید از اوّل شروع کنم. حتّی می‌دانستم برای داشتن یک انگشتدانه، و نخ و سوزن هم باید بروم و تلاش کنم تا به دست آورم. ولی در مقابل شجاعتی که برای فرار از ایران با تمام خانواده‌ام از خود به خرج داده بودم، هیچ مشکلی دیگر مشکل نبود.

من در خواب خوش نوه‌ام لبخند قشنگی را بر صورتش دیدم که به من قدرت حیات بخشید. لبخندش برایم مثل یک معجزه بود. شاید خداوند

به خاطر این موجود کوچولو و نازنین ما را نجات داده بود. به هر حال هرچه بود، دلنشین بود و امید به آینده را در قلب ناامیدم پر کرد. تا حدودی ترس و وحشت از پیش‌آمدها را از قلب هراسانم زدود. این لبخند در روح و جان من حک شد و آن را پیامی از آینده خوب دانستم. سرانجام هواپیمای ایران ایر در فرودگاه کشور هند به زمین نشست و ما نفس راحتی کشیدیم و خدا را شکر کردیم ولی مشکلات پیش رو را حساب نکرده بودم و حالا می‌رفتم که تجربه‌اشان کنم.

در خروجی را یافته و بیرون رفته بودم حالا باید به دنبال در ورودی یک کشور دور از ذهن با سنت‌های عجیب و غریب و مردم بیگانه‌اش می‌گشتم. می‌دانستم در زندگی سازهای ناجور زیاد هستند. می‌دانستم بقچه زندگی را هر طوری گره بزنم باز یک چیزی می‌زند بیرون، ولی یاد هم گرفته بودم هرگز کوری را به خاطر آرامش تحمل نکنم. من مشکلات ایران و خطرات را پشت سر گذاشته بودم چون پی برده بودم سرزمینم دیگر جای امنی برای دختر و نوه‌ام نیست. می‌دانستم وطنم را نمی‌توانم در ساک دستی ام بگذارم و با خود به غربت ببرم ولی توانستم تا به امروز پرچم سه رنگ شیر و خورشید نشانم را در بالای طاقچه اطاقم به نمایش در آورم، و خاکی که از ایران با خود آورده‌ام، در جای امنی نگاهداری کنم، و هر ساله در سفره هفت سین به آن سجده کنم. من وطنم را همراه با خودم، و در قلبم حس می‌کنم. آمدم چون می‌دانستم یک موش باهوش خودش را در رختخواب گربه قایم نمی‌کند و متأسفانه خاک وطنم دیگر آرامش خانه را برایم نداشت. برایم همان بستر گربه شده بود و ما در آن روزگار و در همین زمان هم موش‌های اسیر در دست گربه بودیم و هستیم.

به نظر می‌آید دور از ایران هستیم، امّا در واقع در ایران باقی مانده‌ایم. هنوز همان زبان را در خانه صحبت میکنیم، همان سنت را به جا می‌آوریم، و هنوز امید داریم که شاید بتوانیم دوباره به وطن خود بازگردیم.

روزگار به من نشان داد که هر کس زورش زیاد است باج می‌گیرد، می‌کشد، تجاوز می‌کند، اعدام می‌کند، سنگسار می‌کند، مصادره می‌کند، حق را ناحق جلوه می‌دهد و قادر است جان زنده‌ای را در یک دقیقه محاکمه با شلیک یک گلوله و یا طناب یک چوبه دار بگیرد و جنازه‌اش را پس از گرفتن پول فشنگ و یا مخارج چوبه دار به بستگانش تحویل دهد. یاد گرفته بودم که حرف‌ها می‌تواند از جنس دیگر باشد. محبّت‌ها وصله‌ای شود، و شادی هم به غم تبدیل شود. باز می‌دانستم در غربت پیر شدن و مردن چقدر مزهٔ تلخی دارد. می‌دانستم بر سکوی لرزان نمی‌توان ایستاد، و امید به معجزه داشت. همهٔ اینها را می‌دانستم ولی فعلاً در هند بودم و برای ساختن یک درِ جدید و نو، و یک خانهٔ رویائی در تلاش بودم.

مشکلات در هند نه تنها برای من، بلکه برای تمام پناهجویان سخت و طاقت فرسا بود. همه می‌دانستند چرا آنجا بودند، ولی کسی نمی‌دانست چه خواهد شد، و کجا، و کِی، و به کدام کشور فرستاده خواهد شد. روزهای بسیار سخت ومأیوس کننده‌ای را باید طی می‌کردیم.

داشتن مسئولیت پنج نفر در دهلی نو کار آسانی نبود، ولی خداوند قدرتی به من داده بود که برای خودم هم باور کردنی نبود. ولی چون ادامه زندگی را برای مدّت طولانی غیر قابل تحمل می‌دیدم فریب قاچاقچیان را خوردم، و پس از چند ماه اقامت در هند، با قول و قرار اینکه همهٔ ما را

صحیح و سالم در کشور کانادا پیاده خواهند کرد، بیشتر سرمایه‌مان را که غریب بیش از ده هزار دلار بود، یک مرد همسایه و همزبان من از کشور افغانستان گرفت، و ما بار دیگر با ترس و لرز، این‌بار به قصد کانادا، عازم سفر شدیم. در ترانزیت لندن، پلیس متوجّهٔ تقلبی بودن پاسپورت‌های ما گشت، و اجازهٔ سوار شدن را به ما نداد. سؤال و جواب‌ها شروع شد، و وحشت و ترس ما را در خود غرق کرد. برای ما مترجمی گرفتند، که خانمی ایرانی بود. همانطور که من برایش از سرنوشتمان می‌گفتم، با چشمانی پر از اشک، و بغضی در گلو حرف‌های ما را ترجمه می‌کرد، و سعی فراوانی برای کمک به ما می‌کرد و مرتب با خواهش و تمنا به من می‌گفت: «لطفاً تقاضای پناهندگی در انگلستان را بکنید». همهٔ ما گیج و حیرت‌زده بودیم، و تسلیم سرنوشت. پس از اتمام سؤال و جواب‌ها، ما را به یک اطاق تمیز و مرتب هدایت کردند و یک آقای مسن و مؤدب سئوالات را شروع کرد.

وقتی متوجّهٔ رابطه و شغل همسر سابقم با دربار ایران، و نسبت فامیلی نزدیکمان با مرحوم دکتر شاپور بختیار شد، بنا به تقاضای بی‌بی با فرانسه تماس گرفته شد، و مرحوم دکتر عباسقلی خان بختیار که یکی از وزرای زمان نخست‌وزیری دکتر بختیار بود، ابتدا با بی‌بی و سپس با مأمور مهاجرت صحبت، و تأیید کرد که ما از چه بحرانی فرار کرده‌ایم، و در صورت برگشت به ایران جان همهٔ ما در خطر خواهد بود. پس از این تماس تلفنی، دولت انگلستان ما را در یکی از بهترین و گران‌ترین هتل‌های لندن سکنی دادند. یک اطاق شیک دو تخته برای من و بی‌بی، و یک اطاق با تمام امکانات برای دخترم و شوهر و فرزندش هم در نظر گرفتند. البته

تمام وسائل و چمدان‌های ما را گرفته و بازرسی می‌کردند، به طوری ما حتّی لباسی برای تعویض نداشتیم و هنگامی که برای صرف شام در رستورانی که در طبقه اول آن هتل مجلل و اشرافی قرار داشت می‌رفتیم دچار شرمندگی می‌شدیم. همهٔ خانم‌ها لباس شب به تن، و دستکش‌های بلند به دست، و آقایان با کت و شلوار در آن رستوران حضور داشتند و ما، با همان لباس‌هایی که در هواپیما بر تن داشتیم، باید در آن رستوران حاضر می‌شدیم. هر شب یک پرستار خانم نازنین هم می‌فرستادند تا نوه‌ام را نگاهداری کند، برای اینکه ما بتوانیم شام را با آرامش صرف کنیم. هر روز صبح شیر و پوشاک بچه پشت درب اطاق گذاشته می‌شد، و ما هم صبحانه و ناهار را به خواست خودمان، در اطاق صرف می‌کردیم، ولی برای شام مجبور بودیم که به رستوران هتل برویم.

یک هفته در همان هتل شیک و مجلل با رفاه زندگی کردیم و آزادانه می‌توانستیم به گردش و تفریح برویم که البته در تمام چند روز اول ما جرأت بیرون رفتن را نداشتیم تا اینکه اتومبیل و راننده و مترجم فرستادند، تا ما را برای گردش و هواخوری به گردش در لندن همراهی کنند.

در این مدّت، همان مترجم خانم مدام به ما اصرار میکرد تقاضای پناهندگی کنیم، امّا من چنان از انگلستان، و کارهایی که دولت انگلستان در طول تاریخ با ایران کرده بود دلم چرکین بود، که زیر بار ماندن در انگلستان نرفتم. با اینکه تمام عمرم مدیون مهمان نوازی انگلیسی‌ها هستم، ولی وقتی کمکشان برای بر سر کار آوردن فتنهٔ خمینی را به یاد می‌آورم، هنوز که هنوز است، مهری از آنها به دل ندارم. شاید هم کمی آتش این بدخیالی را از سریال دائی جان ناپلئون و قلم و طرز فکر ایرج پزشک زاد

این نویسندهٔ مقتدر و مسلط به کارش، در سینه حفظ کرده بودم. همیشه ناخودآگاه تصور بر این دارم که انگلیسی‌ها انتقام ملی شدن نفت به دست مصدق بزرگ را با آوردن حکومت اسلامی از ایران گرفتند. چون به یاد می‌آورم که تمام گوش‌ها در زمان قبل از شروع انقلاب به رادیو بی‌بی‌سی بود، و دستورات و امریه‌های آیت‌الله خمینی از آنجا به گوش ملّت می‌رسید. به هر حال با خواست و ارادهٔ خودم مشکلات فراوانی را برای مدّت دو سال دیگر به جان خریدم. دولت انگلستان هم چاره‌ای نداشت جز اینکه ما را به هند برگرداند. آن خانم مترجم در آخرین دقایق به من گفت: «ممکن است در هند شما را به دست سفارت ایران بدهند». گفتم: «در آنجا بلافاصله تقاضای پناهندگی از سازمان ملل خواهم کرد».

به همراهی دو مأمور مرد انگلیسی بسیار مهربان و مؤدب، ما را، سوار بر هواپیما، تا هند همراهی کردند. در تمام طول پروازمان به طرف هند در دل خود آرزو می‌کردم که هواپیما سقوط کند و فقط ما پنج نفر کشته بشویم، چرا که می‌ترسیدم مبادا دولت هند ما را به جمهوری اسلامی تحویل بدهد. مرگ را بهتر از افتادن در دام جلادان جمهوری اسلامی می‌دانستم. دعای من مستجاب نشد و هواپیمای ما صحیح و سالم بر زمین نشست.

زمانی که مأمورین انگلیسی ما را تحویل به مأمورین مهاجرت دهلی نو دادند، به طور رسمی از سازمان مهاجرت هند خواسته شد که در صورت امکان ما را به سفارت ایران تحویل ندهند و ما را به ایران نفرستند. به آنها گفتند که در صورت برگشت به ایران جان ما در خطر خواهد بود، و دولت انگلستان قصد دادن پناهندگی به ما را داشت، امّا ما قبول نکردیم. شک

ندارم که همین تقاضای دولت انگلستان، باعث نجات جان ما شد چراکه دولت هند واقعاً تصمیم داشت ما را به جرم سوءاستفاده از خاک هند به ایران بازگرداند.

ما با سرنوشتی نامعلوم، و سرشار از ترس، در دست مأمورین هندی گرفتار شدیم و شب را در زندانی، بدون هیچ وسیلهٔ رفاهی، گرسنه و تشنه به صبح رساندیم. برای دو روز و دو شب با کوچکترین امکاناتی در آنجا به سر بردیم، و سپس ما را با پلیس مانند مجرمین به دادگاه بردند. یک نماینده از طرف سازمان ملل هم برای دفاع از ما در آنجا حضور پیدا کرده بود تا از فرستادن ما به ایران جلوگیری کند. با گرفتن وثیقهٔ هزار دلاری برای هر کدام ما، آزادمان کردند، ولی گفتند که هر ماه باید به دادگاه آمده و خود را معرفی کنیم. آن دوران برای ما مثل این بود که از اقیانوس گذشته و در چاه غرق شده باشیم.

نمی‌دانم چه نیروئی مرا یاری و کمک کرد که توانستم از این دوره شوم زنده در بیایم. من زن سختی کشیده‌ای نبودم و به قول معروف در پر قوی عاطفی و رفاهی بزرگ شده بودم. این همه استقامت صبوری، تحمل، بردباری را نمی‌دانستم در خود ذخیره دارم.

بعد از آزادشدنمان از دادگاه، چند صباحی مهمان یک خانواده خوب و شریف افغانی که آنها هم فقط دو اطاق داشتند بودیم وبعد توانستیم با کمکشان در یک هتل ارزان قیمت اطاقی اجاره کنیم. با سختی روزگار را می‌گذراندیم تا اینکه روزی به خاطر داشتن گوشت گاو در اطاقمان، دیگر به ما اجازه ماندن ندادند. با باقیمانده مختصر پولی که برایمان مانده بود که بیشترش برای خرید شیر نوه‌ام کنار گذاشته بودم یک خانه نسبتاً خوب

اجاره کردم، البته طولی نکشید که سازمان ملل با دیدن مدارک، ما را پناهنده شناخت و ما نفسی به راحتی کشیدیم، و ترس اینکه دولت هند ممکن است ما را تحویل سفارت ایران دهد به آرامش نسبی تبدیل شد.

از طریق سازمان ملل پول مختصر ماهیانه‌ای برای ما معین شده بود، تا اینکه همان دوست دکترمان که در ایران هم همیشه حامی ما بود و در آن زمان در کانادا پناهنده شده بود را پیدا کردم، و به ایشان تلفن و تقاضای کمک در صورت امکان کردم. این نازنین مرد که به خاطر داشتن دیانت بهائی چون تصمیم به قتلش در مطبش را گرفته بودند، به کانادا گریخته و در آنجا پناهنده شده بود. با شنیدن داستان ما، جوانمردانه به همت و کمک من گماشت و فوراً آنچه در ذخیره داشت برای من فرستاد و گذر زندگی را برایم آسان‌تر کرد.

می‌گویند اگر یک درخت میوه را از خانه اصلی‌اش برداری، و در جای دیگری سکنی دهی یا می‌میرد و یا خوب میوه نمی‌دهد. من هم همان طور شده بودم. یواش، یواش تحلیل می‌رفتم. مسئولیت بزرگی را به عهده گرفته بودم، و با هر تب کردن نوه‌ام و یا سکوت بی‌بی در نهایت درد و بیماری، می‌مردم و زنده می‌شدم. تمام مدّت سعی می‌کردم لبخند بر صورت داشته باشم، تا جوانهٔ امید در دل دختر جوانم، و همسرش خشکیده نشود.

در مدّت اقامت طولانی و دیدن مشکلات خودم و دیگر ایرانیان، و از دست دادن بیشتر پولمان آنهم فقط در ظرف دوهفته، اعتمادم از همه سلب شده بود. فهمیده بودم به همه کس اعتماد کردن خطرناک است امّا نمی‌شد یه هیچکس هم اعتماد نکرد. باز می‌دانستم هیچ مهاجری به تنهایی به سفر نمی‌رود، بلکه در کوله‌بار خود هزار و یک مشکل را هم

می‌پیچد و با خـود همراه می‌کند و باید بار سنگین و مسائلی چون غربت، ندانستن زبان، نداشتن مسکن، تفاوت فرهنگی، بی‌پولی، مخارج کمر شکن، و فریب نامردمان خوردن را با خود حمل کند، آنهم با دلهره و ترس و بی‌خبری از آینده. انسان، در این شرایط خیلی زود می‌شکند و پیر می‌شود و تازه اگر توانست طاقت بیاورد، هنوز باید گاهی با سقفی که در موقع بارندگی چکه می‌کند، و پوشیدن لباس پشمی برای در امان بودن از سرما تا صبح، و گاه کمبود خوراک و گرسنگی کشیدن هم کنار بیاید.

تازه داشتم پی می‌بردم چقدر خلق و خوی ما در یک کشور ناآشنا، با مردمش و آب و هوایش بیگانه است. چشمم دائم به دنبال یک قیافهٔ آشنا می‌گشت. انسان خودش را در میان اینهمه مردم که بی‌تفاوت از کنارش رد می‌شوند گم می‌کند، و خودش را یک پر کاه در اقیانوسی بی‌انتها می‌بیند. حاضر است آنچه که دارد و ندارد را سخاوتمندانه برای دیدن یک لبخند آشنا و یک سلام به زبان مادری خود بها کند، تا شاید از این طریق، بوی وطن را بتواند برای خود زنده کند. زخم‌هایی که از آن زمان با خود دارم، در روح و جانم جا خوش کرده‌اند. به سختی یاد گرفتم که کمی زخم‌هایم را با امید-درمانی، پانسمان و روبراهشان کنم. زمانی آن دکتر که دوستمان بود، به من گفت: «چیزی که تو را نمی‌کشد قوی‌ترت می‌کند». با گذشت زمان متوجّه حقیقت این حرفش شدم. من نماندم که جمهوری اسلامی مرا بکشد. رفتم و قوی‌تر شدم.

روزهای ما به این ترتیب با هزار درد و سختی می‌گذشتند، و من تنها با امید به باز شدن دری که به روی آینده بسته شده بود، خود را زنده نگاه می‌داشتم. تا اینکه یک روز پیام آمد که زمان مصاحبه ما با سازمان ملل فرا

رسیده است. به سازمان ملل در هند مراجعه کردم و در صف انبوهی ایرانی و افغانی قرار گرفتم. هوا به شدّت گرم و طاقت فرسا بود. تا زمانیکه نوبت به ما رسید، هفته‌ها را در بیم و امید به سر برده بودیم. در روز مصاحبه با مهر و محبّت برخورد کردیم. خوشبختانه پسرم آن مدارکی را که من قبلاً برایش فرستاده بودم، از آمریکا برای سازمان ملل ارسال کرده بود، و از این طریق توانستیم حقانیت خود را به اثبات برسانیم.

نکتۀ جالب این بود که یک جوان ایرانی به عنوان مترجم برای ما انتخاب شده بود که دارای ریش و پشم فراوان بود. دخترم به محض دیدن آن جوان، از ترس اینکه شاید یکی از پاسداران جمهوری اسلامی باشد، از اطاق بیرون رفت و وحشت کرده مدام تکرار می‌کرد: «این از مأمورین آنهاست. بهتر است حرف نزنیم» و واقعاً تن جوانش به لرزه افتاده بود. البته آن جلسه را آن کنسول پرمهر سازمان ملل تعطیل کرد و برای هفته بعد به ما وقت داد. آن جوان چند روز بعد با صورت تراشیده آدرس ما را پیدا کرده و با یک دسته گل به دیدن ما آمد، و با ما صحبت کرد، و گفت که اگر که او مأمور جمهوری اسلامی بود، هرگز به او کار مترجمی برای افراد پناهنده را نمی‌دادند. خلاصه به هر طریقی بود، ما را قانع کرد، و مانع از ترس دخترم، و عدم اعتماد ما به او شد. و جالب تر اینکه در زمان اقامت ما در هند، همان جوان نازنین، برای پناهندگی به استرالیا قبول شده بود، و همانطور که خودش هم منتظر نوبت برای رفتن بود، عاشق یک دختر ایرانی شد، و از من خواست برایش به خواستگاری بروم و من به عنوان وکالت از طرف مادر آن پسر این کار را انجام دادم، و با کمک همه ایرانیان جشن خوبی هم بر پشت بام یک خانه برپا کردیم، و این واقعه

تبدیل به یکی از خاطرات خوب و به یاد ماندنی اقامت ما در هند شد.

پس از گذشت حدود دو ماه از مصاحبهٔ ما که با اضطراب سپری شد، نامه‌ای از سازمان ملل دریافت کردم که ما را به عنوان پناهنده در سازمان ملل در هند پذیرفته‌اند، و باید جائی در یک گوشه جهان برای اقامت ما پیدا کنند. در آن زمان سفارت آمریکا فقط اقلیت‌های مذهبی مانند زرتشتیان، کلیمیان، بهائیان، مسیحیان، و خدا ناباورها را پذیرا بود، و از پذیرفتن مسلمانان به طور کلی خودداری کرده، و اعلام کرده بود مسلمانان برای پناهندگی مراجعه نکنند، ولی با مدارک قوی که ما داشتیم، سازمان ملل از کمک به ما دریغ نکرد. علتش هم این بود که شوهرم معاون تشریفات وزارت دربار، و مهماندار پرزیدنت کارتر در مدّت اقامت ایشان در ایران بود. از طرفی پسرم هم در آمریکا اقامت داشت. البته برای خانواده من از کشورهای دیگری مثل کانادا، استرالیا، سوئد، نروژ، فرانسه، و انگلستان هم درخواست پناهندگی شده بود. خیلی زودتر از حد تصور ما، نامه‌ای از سفارت آمریکا دریافت کردم، که ما را برای مصاحبه دعوت کرده بودند. چون ما مسلمان بودیم مورد تعجّب همه ایرانیان شده بود ولی هیچ کس امیدی برای ما نداشت و از همه طرف انرژی منفی به عنوان دلسوزی در اطراف من پراکنده بود.

همهٔ ما نگران بودیم. ناامیدی سرتاپای وجود همهٔ ما را فرا گرفته بود. در میان پناهجویان ایرانی، ناامیدی چنان گریبانگر همگی شده بود، که در مدّت چند ماهی که ما منتظر نتیجه کار خودمان بودیم، سه نفر ایرانی در هند خودکشی کرده بودند. عده‌ای در خیابان‌ها زندگی می‌کردند، عده‌ای در گاراژ خانواده‌های هندی به خاطر اجارهٔ کمتر بدون آب، برق، گرما، و

یا حتّی داشتن دستشوئی در زمستان و تابستان روزگار می‌گذراندند و بعضی سال‌ها در همین شرایط وحشتناک زندگی کرده بودند، و بوی ناامیدی و بیزاری از زندگی تمام سلول‌های بدنشان را فرا گرفته بود.

عکسی خوش‌آمد گویی سیروس به پرزیدنت کارتر

در همان مقطع، بی‌بی روز به روز رنجورتر و بیمارتر می‌شد. پیس‌میکری که در سینه داشت دیگر درست کار نمی‌کرد. هزینهٔ شخصی هم برای دکتر و بیمارستان نداشتم.

با دیدن رنج بی‌بی، من هم با او ذره ذره آب می‌شدم. نوه‌ام بسیار شیرین و زیبا و دوست داشتنی شده بود و مرا مادر خود می‌دانست و شاید به دلیل وجود همان نازنین بود که توانستم دوام بیاورم و قدرت ادامه زندگی را در روح و جانم نگاه دارم. دخترم بسیار نگران آینده خود و دخترش شده بود، و بعضی وقت‌ها آرزو می‌کرد که هرگز از ایران بیرون نیامده بودیم.

می‌گفت: «حداقل اگر در ایران می‌مردیم، در آنجا به خاک سپرده می‌شدیم». روزی نشستم و با جدیت به او گفتم: «ما شیشهٔ اقامت در ایران را شکسته‌ایم و خرده شیشه‌ها را هم جمع کرده و در سطل آشغال ریخته‌ایم. درست است که روح و روان ما را زخمی کردند، و خیلی عزیزان را زودهنگام از کنار ما بردند، و خون بی‌گناهشان را بر زمین ریختند، ولی نتوانستند قدرت مادربزرگ و مرا در هم بشکنند. ما در اینجا مشکلات فراوان داریم ولی جانمان بیشتر از قبل در امان است. با همه ترس و نا امیدی، خودمان را تا اینجا رسانیده‌ایم، و نصف راه و وحشت از مرگ و زندان را از سر گذرانده‌ایم، و باید بقیه راه را با کمک و همیاری یکدیگر طی کنیم. تحمل داشته باشید. زندگی که همین چند روزه نیست. بد نیست شما جوان‌ترها هم کمی با اتفاقات ناخواسته دست و پنجه نرم کنید و یاد بگیرید همیشه کودک باقی نخواهید ماند که در گهواره‌تان بخورید و بخوابید و بی‌خبر از اطراف و سختی‌ها باشید. بله این دوران هم ترس و

نا امیدی خودش را دارد. شاید در این سفر مادر بزرگ و من را از دست بدهید ولی باید شجاع باشید و راه را تا انتها، پیاده یا سواره طی کنید. یادتان باشد تن جوان شما طاقت تازیانه دشمن را ندارد. جوانان هم سن خودتان را به یاد بیاورید که چگونه در دست این جلادان پرپر شدند، و آب هم از آب تکان نخورد، و هیچ سازمانی هم در هیچ کجای دنیا به کمکشان نیامد. مثل اینکه دنیا و مردمش ایران و ایرانی را فراموش کرده‌اند. گوش دنیا با این همه رادیو، تلویزیون، و جراید کر، و زبانشان لال شده است. شاید روزی که این خاطرات را به یاد می‌آورید، به این روزها به عنوان یک پل عبور برای یک زندگی بهتر بنگرید». بالاخره به هر طریقی بلد بودم و می‌توانستم بذر امید را در آن دوران طولانی که هر روزش مثل یک هفته بود، به روح دو جوان همسفرم تزریق می‌کردم. آنچنان تابستان گرم و سوزنده‌ای بود که قدرت نفس کشیدن را از آدمی می‌گرفت و به علت گرمی فوق‌العاده هوا، انرژی در بدن باقی نمی‌گذاشت.

هر کس در شرایط من به هند سفر کرده باشد به خوبی به احساس من در آن محیط آشنا است. موش‌ها، مارمولک‌ها، و سمندرها در همه جای خانه و مغازه‌های خواربار فروشی و سبزی فروشی حضوری فعال داشتند. سوسک‌ها مهمان همیشگی ما بودند. مگس و پشه هم عاشق نیش زدن و خوردن خون، دقیقه‌ای ما را رها نمی‌کردند. روزی در گرمای کشنده تابستان از سفارت بر می‌گشتیم که با ترافیک سنگینی برخورد کردیم. و ساعت‌ها تشنه و بی‌طاقت مجبور بودیم در وسیلهٔ حمل و نقل که با یک دوچرخه حمل می‌شود، به نام اسکوتر[۲۷]، از جایمان تکان نخوریم، چون

---

[۲۷] اسکوتر: نوعی وسیله حمل و نقل ارزان قیمت که در آن زمان در هند رایج بود.

دو گاو مقدس تصمیم گرفته بودند در وسط خیابان به استراحت بپردازند و هیچکس هم از جای خود تکان نمی‌خورد و در صدد ایجاد مزاحمت برای آن دو گاو بر نمی‌آمد.

واقعاً این کشور هزار و دو ملیت را باید دید و رد شد. البته زیبائی‌های خودش را هم دارد ولی وضعیت مالی ما طوری نبود که بتوانیم مانند یک توریست از آثار تاریخی دیدن، و در هتل‌های بسیار مجلل و زیبایش شبی را به استراحت بگذرانیم. همین که سر پناهی برای خوابیدن، شیر و موزی برای نوه کوچکم و شام و ناهار مختصری برای زنده ماندن خودمان داشتیم، برای من کفایت می‌کرد. البته باید در اینجا اقرار کنم که نسبت به سایر ایرانیان بخت برگشته‌تر از من، مکان و امکانات بهتری داشتم. با این حال بسیار سخت بود.

من به امید-درمانی اعتقاد دارم. شاید روزی برگشتم و خاک وطنم را بوسیدم و در همان سرزمین جاوید به خاک سپرده شدم.

امید-درمانی بهترین دارو برای هر درد بی‌درمان است. اگر هم آنقدر توان نداشته باشم که آرزوهایم را خودم به انجام رسانم، چه عیبی دارد با امید داشتن با زندگی کنار بیایم، و روزگار را کمی آسان‌تر بکنم؟ تنها ناراحتی‌ام از این است که زمانی که ایران بودم، و امکانش را داشتم، نرفتم به گوشه گوشهٔ خاک ایرانم تا از زیبائی‌اش لذت ببرم. وقتی کسی در مورد حمام فین کاشان می‌گوید، از آذربایجان و مردم وطن پرستش حرف می‌زند، یا وقتی که خراسان را در فیلم‌ها می‌بینم، وقتی از خوزستان زرخیز و مردم پرمهرش سخن به میان می‌آید، در قلبم دو چشمه جوشان داغ به جوش می‌آید و زار زار میگرید.

خاطره‌ای دارم از هند، که با یادآوری‌اش خنده‌ای بر روی لبانم نقش می‌بندد. یک روز صبح زود که شیر آب را باز کردم که کتری را برای بساط چای صبحانه به روی یک اجاق برقی کوچک بگذارم، ناگهان رنگ قرمز خون را به جای آب دیدم. وحشت کرده فریاد زدم به طوری‌که همگی را بیدار کردم. تصور اینکه کسی را کشته و در منبع آب انداخته‌اند همه ما را تا حد مرگ وحشت‌زده کرده بود. ناچار به سراغ صاحب خانه رفتیم و با ترس و لرز جریان حدس خودمان و آب خون‌آلود را برایش توضیح دادیم. بر خلاف تصور ما خونسرد و آرام گفت: «چیز مهمی نیست. چون آب‌ها پر از کرم و حشرات است ما پرمنگنات در آب ریخته‌ایم» خوب ترس ما از بین رفته بود ولی فکر اینکه ما هر روزه از آبی نوشیده‌ایم که انواع حشرات را در خود دارد، حالت دل به هم خوردگی شدیدی را در خود احساس می‌کردیم. چاره را که از دیگر ایرانیان پرسیدیم، همگی این دوران را سپری کرده بودند، و چاره را در جوشاندن آب می‌دانستند. ولی حتی جوشاندن آب به ما آرامش خاطر نمی‌داد و از آن به بعد یک بودجه اضافی بر خانواده ما تحمیل شد، و آن خریدن آب آشامیدنی بود.

روزها پشت سر هم می‌آمدند، و می‌گذشتند، و کار ما این بود که روزی چند بار صندوق پست را هر کدام جداگانه، و به نوبت، با وسواس مورد بازدید قرار دهیم. هرکس فکر می‌کرد بهتر است خودش برود و مطمئن شود. ما بی‌صبرانه منتظر نامه‌ای از طرف سفارت آمریکا بودیم که چه روزی روز سرنوشت‌ساز ما خواهد بود. درست آن روزها به یاد دوران اولین حاملگی‌ام بودم که مرتب شب‌ها دعا می‌کردم خدای بزرگ کاری کن که فرزندم پسر باشد تا مورد لطف و محبّت بیشتر خانواده قرار گیرم

و یک عروس پسرزا باشم. این دوران هم تنها خواست من از خداوند، پیدا کردن کشور و سرپناه مطمئنی برای خانواده‌ام بود و مثل اینکه خداوند هم شنید و انجامش داد. سرانجام نامه‌ای از سفارت آمریکا دریافت کردیم که ما را برای مصاحبه دعوت کرده بودند. یک نور روشن ولی باریک در یک غار تیره و تار پیدا شده بود، و بالاخره بهتر از هیچ بود و یک روزنه امید را برایم نمایشگر بود.

روز موعود همگی عازم سفارت شدیم، و در یک اطاق مرتب و آرام و ساکت هدایت شدیم سکوت بر روی لب‌هایمان مهر زده بود، و من با وجود تپش قلب بسیار، سعی می‌کردم خونسرد و آرام، و لبخند بر لب، تصویر یک زن قوی و مصمم را به چهره داشته باشم. شاید هم در لحظه‌ای که ماه‌ها انتظارش را می‌کشیدم دیگر توانی در روح و بدنم نداشتم و بدون اینکه خود بخواهم تسلیم قلم سرنوشت شده بودم. فقط به یاد دارم بارها در سکوت به خودم یادآوری کردم که خون من رنگین‌تر از دیگران نیست، و فرزندانم هم عزیزتر از فرزندان دیگران نیستند و نوه‌ام هم به شیرینی تمامی نوه‌های دنیا است، و باید به یاد داشته باشم که تافته‌ای جدا بافته نیستم، و آمادهٔ هر پیش‌آمدی باید باشم.

پس از حدود یک ربع ساعت، آقای قاضی با قدی برافراشته و صورتی جدی ولی مهربان و مؤدب، با یک مترجم وارد شد، و با یک یک ما دست داد و مدّتی هم با نوه کوچک من به نوازش پرداخت و اولین کلامش این بود که چه دختر زیبائی است، و چند ماهه است، و سپس آرام و مهربان ما را به نشستن دعوت کرد. سپس سؤال کرد: «چایی میل دارید یا قهوه؟» و وقتی با تشکر و جواب منفی ما برخورد کرد، سخن را با مادربزرگ آغاز

کرد، و بعد برای یک به یک ما، سؤال‌هایی طرح کرد، و با حوصله به پاسخ ما گوش داد. سپس مدارک ترجمه شدۀ ما را ملاحظه و بررسی کرد، و به خصوص روی عکس سیروس و پرزیدنت کارتر تکیه کرد، و سپس برای مدّت نیم ساعت ما را تنها گذاشت. زمانی که بازگشت، چهره‌اش پرمهرتر به نظر می‌رسید. به همۀ ما تسلیّت گفت، و بی‌بی و من را در آغوش گرفت، و گفت: «منتظر خبری از طرف سفارت باشید» و اطاق را ترک کرد. باز هم ما در بین بیم و امید به سر می‌بردیم. هنوز تا اطلاع دقیق فاصله زیادی بود وقت خارج شدن از سفارت عده‌ای را منتظر خود در اطراف سفارت دیدیم که همگی اقلیت مذهبی بودند و می‌خواستند نحوۀ برخورد و طریقۀ سؤال و جواب را بدانند، ولی باز هم همگی تخم ناامیدی را در دل ما بی‌رحمانه می‌پاشیدند. تنها کسی که امید کوچکی به ما می‌داد، همان خسرو، مترجم سفارت بود که می‌گفت: «قاضی با شما رفتار جداگانه و محترمانه‌تری از سایرین داشت». شاید راست می‌گفت، و یا شاید او هم می‌خواست ما را آرام و خوشحال نگاه دارد.

در آن روزها، هرگاه هواپیمائی را در آسمان در حال پرواز می‌دیدم، با حسرت مسیرش را دنبال می‌کردم. درست مثل این بود که هرگز پرواز را تجربه نکرده باشم و آرزوی نشستن در یک هواپیما و پرواز در آسمان بی‌کران و ابرهایش در دلم مانده باشد. بالاخره روزی هاتف غیب لطف کرد و نوید خوشحالی را در جلد یک نامه قبولی درخواست پناهنده سیاسی در آمریکا از طریق سازمان ملل برایمان به ارمغان آورد. این خبری بسیار بزرگ بود، نه تنها برای ما، بلکه برای تمام ایرانیانی که منتظر جواب خود بودند. ناباورانه این نامه دست به دست می‌گشت. چقدر فاصله

تاریکی و روشنی به هم نزدیک است چقدر زود می‌شود دریچه ناامیدی را بست و دریچه هم جوارش را به روی روشنی گشود. بالاخره امید درمانی کار خودش را کرد و من دوباره آینده‌ای روشن و زیبا را برای نوه‌ام در پیش رو می‌دیدم. امیدوار بودم که به زودی بتوانیم در آمریکا باطری قدیمی قلب ناتوان مادر، همان بی‌بی عزیزم، همان مادر شوهری که زمانی اصلاً دوستش نداشتم ولی حالا نفس کشیدنش را هم شماره می‌کردم، را با یک باطری جدید و مدرن تعویض کنیم، و سال‌ها در کنار هم زندگی کنیم. ولی تقدیر روی بد و نفرت انگیزش را درست چند هفته بعد از آن خبر خوشحال کننده دوباره نشانم داد و در یک بعد از ظهر گرم و سوزان، فرشتهٔ مرگ، بی‌بی عزیزم را آرام و ساکت و باصلابت و پرغرور در رختخوابش ربود.

با مرگ بی‌بی، در دلم دردی را احساس کردم که تا آن روز حس نکرده بودم. دردی که یادآوری‌اش هنوز هم دلم را می‌لرزاند و در آن روزگار برایم باورکردنی نبود. بدون نفس کشیدن او در آن فضای غربت و دلتنگی و بی‌کسی، من هم نفس نمی‌توانستم بکشم. هیچ قلمی نمی‌تواند احساس و درد من را به روی کاغذ بیاورد. مادرم را برای بار دوم از دست داده بودم. عشق داشتن مادر واقعی خودم را احساس نکرده بودم، فقط کمبودش آزارم می‌داد، و گمشده‌ای داشتم. عشق به بی‌بی، جای حسرت مادر داشتن را، در قلبم گرفته بود. این موجود گهربار، یک شیرزن اصیل بختیاری شده بود. مادر واقعی جان و تنم. با خوشحالی‌اش شاد می‌شدم و با بیماری‌اش بیمار. مادرم شده بود. با بودن بی‌بی در کنارم، گویی مادرم زنده شده بود و در کنارم بود و با مرگش مرگ مادر را با تمام سلول‌های بدنم حس

می‌کردم، و زار می‌زدم. در آن روزها، طعم خوش و پرعطر نامهٔ قبولی سفارت آمریکا طعم و عطرش را از دست داده بود. احساس می‌کردم همان جام زهری که در جمهوری اسلامی ذره ذره می‌نوشیدم، حالا یکباره زندگی در حلقم ریخته بود. در آن روزها، شیرینی پذیرش از طرف یک کشور مهمان دوست، دیگر برایم معنائی نداشت، و دیگر هیچ چیزی خوشحال کننده، و هیچ کلامی تسلی بخشم نبود.

بعد از دریافت نامه و فهمیدن اینکه دیگر جای نگرانی نیست و به زودی عازم سفر خواهیم شد. در این فکر بودم که اولین درخواستم تعویض باطری قلب ایشان باشد آرزو داشتم سال‌ها زنده باشد و رنگ آرامش را در این سال‌های آخرین با وجود نوه‌ها و نتیجه‌اش در آمریکا کمی احساس کند ولی تقدیر بر این بود که این وجود نازنین در خاک بیگانه به امانت گذارده شود به امید آنکه روزی، آنچه از این وجود نیک اندیش، وطن پرست، و مهربان باقی مانده است، توسط من و یا فرزندانم به خاک ایران بازگردانده شود، و در آرامگاه خانوادگی، در کنار دیگر عزیزانش جاودانه به آرامش برسد.

سر نوشت بی‌بی این بود که به این ترتیب زندگی پرشکوه، پربار، و با عظمت، یک بانوی پرتوان اینگونه به پایان برسد و دفتر زندگی پربارش بسته شود. سال‌ها از آن روز می‌گذرد، امّا هنوز من سوگوار نداشتن وجودش در کنارم هستم. مگر می‌شود یاد و خاطرات فداکاریش، و درد و رنجی را که از حکومت ملاها متحمل شد فراموش کرد؟ پس از پایان مراسم سادهٔ خاکسپاری که به طور غریبانه‌ای برگذار شد، تنهای تنها شدم. درست مثل این بود که یک تکهٔ بسیار بزرگ از گوشت تنم را کنده، و

مقداری نمک هم بر آن پاشیده باشند. آرامشم را از دست داده بودم. دیگر هیچ چیزی، حتّی شیرین‌کاری‌های نوه‌ام هم دیگر خوشحالم نمی‌کرد. خیلی آسان است گفتن اینکه «خوب اگر زندگی مطابق میلت نیست عوضش کن». مگر عوض کردن زندگی آسان است؟ مگر می‌شود خاطرات بیست و پنج سال را یک شبه فراموش کرد و از فردایش خاطرات جدیدی را جایگزینشان کرد؟ مگر می‌شود دوباره شانه‌ای پیدا کرد و سر بر آن گذاشت که همان حال و هوا را داشته باشد؟ به یاد دارم چند روز قبل از دریافت نامه سفارت آمریکا با بی‌بی گفت و گوئی داشتم، و از پیش آمدها و زیر و رو شدن زندگی‌مان شکایت می‌کردم. گفتم: «ببینید شما که عروس ایلخانی بختیاری بودید چون ملکه‌ای بدون تاج و تخت زندگی می‌کردید، و من که روزی عروس عروس ایلخانی بودم، حالا در چه وضعیتی رقت باری، با هم مجبور به ادامه زندگی هستیم. مرگ بهتر از این زندگی است». او جواب داد: «چرا گفتی عروس ایلخانی بودم؟ هنوز هم تو عروس عزیز ما هستی». گفتم: «نه دیگر نیستم. با طلاق دیگر این سمت را ندارم». با لحنی محکم و استوار گفت: «پسر من از تو دو فرزند دارد. تو چه بخواهی و چه نخواهی همیشه عروس و نورچشم ما هستی. و امّا در مورد اسفندیارخان می‌گویی، به یاد داشته باش، خود او هم توسط ظلّ‌السلطان هفت سال در زندان و در غل و زنجیر بود، و پس از ضعف حکومت ظل‌السلطان و عزلش اسفندیارخان توسط ناصرالدین شاه قاجار با احترام از زندان آزاد و به ایلخانی بختیاری منصوب و وارد ایل بختیاری شد و نام پرافتخاری را از خود به جای گذاشت و چون عادل و دادگر بود و نسبت به رعایا چون پدر رفتار پدرانه‌ای داشت من و تو هر دو عروس آن

رادمرد هستم فراموش نکن».

در مورد رابطهٔ خودم با این بانوی نازنین اگر بگویم همیشه آسمان ستاره باران بود، و آب‌های دریا و اقیانوس‌ها همیشه بدون طوفان بودند باورم نکنید. زمانی هم بین من و او اختلاف نظر و کدورت بسیار دیده می‌شد. سخت‌گیری‌های او برای یک جوان سرخورده و طلاق گرفته چندان آسان نبود. کنار آمدن با دخالتش در طرز آرایش و طریقه لباس پوشیدنم هم برایم سخت بود. اینکه نباید رانندگی کنم، و همیشه با راننده کارهای خرید و سایر اموراتم را انجام بدهم، برایم طاقت‌فرسا بود. این بگو مگوها که با لحنی مؤدبانه بین ما رد و بدل می‌شد زیاد طولانی نبود، و یکی دو روز بعد در جواب سلام من با مهر می‌گفت: «چطور است امروز ناهار را دو نفری در رستوران بخوریم؟» در زمان گذشته اغلب برای صرف ناهار به کلوپ شاهنشاهی می‌رفتیم، ولی در زمان انقلاب مرکز ما، رستوران ملاصدرا شده بود. پس از صرف ناهار، بین مادر و عروس آتش بس اعلام می‌شد، و گاهی تکه جواهر یا عطر و گلی هم چاشنی این آشتی بعد از قهر بود.

حالا که زمانی طولانی گذشته است، متوجّه نیت نیک این بانوی عاقل و دانا بیشتر می‌شوم. او می‌خواست، و تلاش می‌کرد من جوان بی‌تجربه را حمایت کند، و از تمام خطرات در کمین نشسته برای یک زن زیر سی و پنج ساله دور نگاه دارد. در آن زمان خود بی‌بی هم هنوز زیبا، متین، و با وقار بود، و همان کاری را که در مورد خودش کارساز می‌دانست، در مورد من هم انجام می‌داد. همیشه به من یادآور می‌شد که «خوشحالم که در یک ایل و تبار بختیاری و در تمام شهر بزرگ اصفهان کسی نتوانست

وصله‌ای به عروس مـن و یک دختر انصاری بدوزد و یا بچسـباند». آنچه مـی‌کرد به خاطر مهرش به من بود. در آن دوران، در هند، مثل اینکه تقدیر شده بود که هرچه بلا است، همه با هم و یکباره برای من نازل شود.

مدّت‌ها از حال خودم بی‌خبر بودم. ضربهٔ مرگ بی‌بی به قدر کافی بر سرم کوبیده شده بود، که افکارم را نتوانم جمع و جور کنم، و کاملاً به هم ریخته بودم و مثل یک ربات، خوراکی برای سفره کوچکـمان تهیه می‌کردم، و روز را به شب، و شب را به روز مـی‌رساندم. نوهٔ شیرینم با کوچکی و عقل یک ساله‌اش هم سعی می‌کرد با بوسه‌هایش و دست‌های کوچکش مرا آرام کند، و همین مهر کودکانه‌اش انگیزه‌ای شده بود برای زنده ماندنم.

هنوز مشکی به تن داشتم و عزادار بی‌بی بودم که اتفاق ناگوار دیگری لرزه بر تنم انداخت. خبر رسید که برای پسرم تصادفی پیش آمده است. دردش چنان جانکاه بود که مرگ و فقدان مادر به طور کلی فراموشم شد. دیگر شب‌ها و روزها طاقت بیدار ماندن را نداشتم. ناچار به داروخانه رفتم و تقاضای قرص خواب کردم و بدون نسخه دکتر یک بسته بزرگ قرص والیوم را دریافت کردم. فقط می‌خواستم بیشتر اوقات را در خواب، و بیهوشی باشم. این اتفاق تازه جانم را و تنم را و روحم را فلج کرده بود و دیگر رمقی در وجود من نگذاشته بود.

دو ماه از این جریان گذشت، آرام، آرام به خود آمدم راست می گویند که زمان هر دردی را درمان می‌کند. دوباره شیرین کاری‌های نوه‌ام، و مهر دخترم را احساس کردم. مشکلاتم را در یک شب تاریک و ظلمانی بر پشت بام آن خانه در هندمان به آسمان فرستادم، و از خدا کمک خواستم

که ناگهان چراغ‌های یک معبد روشن و نورانی شد، و کمی به من آرامش روحی داد.

فردای آن روز از لباس عزا در آمدم ولی آتش درونم هنوز شعله ور بود. بعد از گذشت سی سال هنوز هم یادآوری آن روزها تنور دلم را هیزم‌های فراوان و گر گرفته‌اش جانم را به آتش می‌کشد. حدود هشت ماه دیگر این زندگی ادامه داشت تا سرانجام پس از تحقیقات فراوان و طی کردن جریانات اداری، به ما شمارهٔ کارت سبز و اجازهٔ ورود به آمریکا داده شد، که باعث شد ما همگی نفس راحتی بکشیم و دوباره احساس امید کنیم.

اگر می‌خواستیم منتظر بلیط هواپیما از طرف دولت آمریکا شویم، باید چندین ماه دیگر هم به انتظار می‌گذراندیم. چند تکه طلا و جواهر را به طلافروشی در هند که خود دنیائی از جواهر بود و طلا از در و دیوارش آویزان بود بردم، و با قیمت ناچیزی نسبت به قیمت اصلی فروختم، و با خوشحالی کارهای سفر را پس از نزدیک دوسال اقامت در هند فراهم کردیم، و با دل پرامید و آینده‌ای نامعلوم از دهلی نو به طرف سانفرانسیسکو به راه افتادیم. گذشته را پشت سر گذاشته بودیم و می‌رفتیم که آینده را در کشوری دیگر تجربه کنیم.

مهاجرت، و اقامت در آمریکا

عکسی از من، پس چندین سال اقامت در آمریکا

با پرواز گرفتن هواپیما به قصد سانفرانسیسکو، امیدم به آینده چند برابر شد، و آرزوهایم دست‌یافتنی‌تر. در آنجا مورد استقبال خانوادهٔ مادری‌ام، که یکی از بهترین آنها اسپانسر ما شده بود، قرار گرفتیم و مدّت یک ماه هم مهمان آن نازنین جوانمرد بودیم. با دیدن افراد فامیل، دوباره مهر خانوادگی و دیدن قیافه آشنا را تجربه کردم. باران محبّت از هر طرف زندگی ما را تر و تازه کرده بود. شیرازی‌ها اصطلاحی دارند که می‌گوید: «فامیل استخوان‌های انسان را دور نمی‌ریزد». با اینکه بیشتر افراد فامیل را که در آمریکا می‌دیدم، هرگز در عمر خود ملاقات نکرده بودم، مهرشان نسبت به من چنان بود که گویی سال‌هاست که مرا می‌شناسند.

با تمام مشکلات و سختی‌هایی که در هند دیدم، باید بگویم که کشور هند را دوست دارم چون عزیزی را در آنجا به امانت دارم و آن کشور را پلی برای عبور از سختی‌ها می‌دانم و سپاسگزارم که برای مدّت دو سال خاکش، آبش و هوایش مهماندار ما بود.

ناسپاسی است اگر ننویسم که پس از گذشت دو سال پر دردسر و رنج، و همراه با امید و ناامیدی در هند، به محض قدم گذاشتن در خاک مهمان نواز آمریکا نفسی به راحتی کشیدم، و در قلبم احساس شادی و پیروزی کردم، و با وجود مهر و مهمان‌نوازی طایفه مادری‌ام، به زندگی لبخند زدم.

اولین شبی که بر یک تختخواب راحت و تمیز سپری کردم را، هرگز از خاطر نخواهم برد. ولی پس از گذشت آن شادی اولیه، دوباره کرختی احساساتم به وجودم برگشت. نه غم داشتم و نه شادی. امید و ناامیدی با هم دوست شده بودند، و من به سختی سنگ شده بودم. هم به بی‌وزنی پر

کاه بودم، و هم به سنگینی یک سنگ. فکر فردا و فرداهای نامعلوم، افکارم را در هم گرده زده بود و حال خوبی نداشتم. مغزم برای افکار مثبت فلج شده بود. از طرفی نگرانی سلامت پسرم بود، و از طرفی دیگر، نبودن آن بانوی پرمهر در کنارم تا حد زیادی به روحیه‌ام ضربه زده بود، وهمه جا چشمانم به دنبالش بود. نبودش را با تمام تار و پودم احساس می‌کردم. حالا من مانده بودم در یک کشوری که از زبان و آداب و رسومش به کلی دور بودم. مسئولیت خانواده‌ام و دنیائی پر از کوه مشکلات آینده‌ای بدون روشنائی و اتفاقات نامنتظره که از خوب یا بدش خبر نداشتم هم، بر دوش خود می‌کشیدم. مثل مارگزیده‌ای که از ریسمان سیاه و سفید نیز می‌ترسد، از زندگی وحشت کرده بودم.

پس از درگذشت بی‌بی عزیزیم، تازه درک کرده بودم چقدر فاصله مرگ و زندگی، بودن و یا نبودن، کم است. بدبین و نازک دل شده بودم. در آن روز و روزگار که تازیانه‌های ظلم و ستم را هنوز به جان و روح داشتم بیش از خدا شیطان را می‌دیدم. شیطان به جای خدا خدائی می‌کرد. چون یک حکومت نا مبارک مدّت‌ها بر کشورم حکمفرما شده بود، که فرمان اولینش شلیک مرگ بود. شورش بد یمن بهمن ۵۷ خیلی‌ها را کشت، و بیشماری را با دست خالی آوارۀ دیار غربت کرد، و من با تمام ذرات و سلول‌های بدنم پی بردم که رژیم شاه فقید در مقایسه با رژیم جدید طفل شیرخواره‌ای بود، و در قیاس با جنایات رژیم آخوندی، بی‌گناه و معصوم.

درد را از هر طرف بخوانی همان درد است، ولی درمان را اگر برعکس بخوانی می‌شود نامرد. در زمان گذشته هم درد بود، ولی نامردی تا بدین حد لجام گسیخته و عریان نشده بود. پس از انقلاب هر روزه می‌دیدیم

مردان حاکم بر مردم، در دست درازی به بیت المال، و غارت اموال گناهکار و بی‌گناه با هم اتحاد محکمی دارند.

با تمام بی‌تجربگی و رفاه نسبی فهمیده بودم برهان اگر قوی باشد ممکن است برخی تسلیم شوند، ولی زور اگر قوی شود، برهان را به زیر پا می‌اندازد و همه را تسلیم می‌کند.

در جائی خواندم که ژیسکار دِستن[۲۸] گفته بود: «هرگز ملّتی را ندیدم که به داشته‌های خود لگد بزنند». یکی از همین داشته‌های پرارزش ایران وجود شهبانو فرح پهلوی بود. ایشان تافته‌ای جدا بافته بود. چون مرواریدی بود که از صدف قلب مردم ایران برخاسته بود، و بیرون آمده بود. درخشش مخصوص خودش را داشت. او مثل همسران سابق شاه فقید نبود. نه شاهزاده بود و نه خان‌زاده، ولی نگین انگشتری یک ملت شد. با خدمات و فروتنی و لبخند زیبایش و جوهر ذاتی و اصالت واقعی مستحق داشتن تاج خسروی را بر سر، با دست شاهنشاه کشور شد.

ملکه فرح، تاج را بر سر زن ایرانی نهاد، و شد دردانه یک ملت بزرگ و تاریخی و دوش به دوش پادشاه مملکت وظایف شهبانوئی را به حد کمال و با خستگی ناپذیری انجام داد. خدمات این بانوی صبور ایرانی بر دوست و دشمن آشکار است و من هم به سهم خودم با اینکه خون ملکه ثریا در بدن فرزندانم جاری است، اعتراف می‌کنم ایران در زمانی که شهبانو عنوان همسری شاهنشاه را زینت بخش زندگی پرافتخار خود نمود، بیش از دو ملکهٔ سابق ایران، آنچه در توان و قدرت داشت برای زنان، کودکان،

---

[۲۸] والری ژیسکار دستن (Valéry Giscard d'Estaing) رئیس جمهور وقت فرانسه در زمان اقامت روح الله خمینی در پاریس بود.

محیط زیست، آموزش، فرهنگ، و بزرگداشت سنت‌های ما انجام داد، و تا حد امکان هیچ گونه کوتاهی در خدماتش نبود. هیچ فرد ایرانی نمی‌تواند رفتن ملکه فرح پهلوی را در میان هموطنان جذامی ما فراموش کند. او پس از بازدید و مهر فراوان و تماس دست ایشان با بیماران بدون ترس، با داشتن ایمان قوی و نزدیکی بسیار با آنان، دستور ساختن یک دهکده و تمام وسائل رفاه آنان را صادر کرد و تا پایان نظاره گر ساختش بود. شهبانو با فروتنی بذر مهرش را در سرزمین آریائی ما پاشید ولی افسوس که با چشمانی پر از اندوه کشورش را ترک گفت. از کشورش رفت، ولی یادش و بزرگواریش در دل‌های مردم ایران و نامش در تاریخ سرزمین ما ماندگار شد.

ناسپاسی‌ها و بدی‌ها را دید، شاید بخشیده باشد ولی مسلماً فراموش نکرده است و هرگز لب به شکایت و توهین نگشود. با تمام مصیبت‌های شخصی و عاطفی که روحش را مکدر، و جانش را به شدّت فرسوده کرده است، چون سروی استوار ایستاد و در مقابل نامردمی و حوادث تلخی که در زندگی‌اش اتفاق افتاد، خم به ابرو نیاورد. هنوز چشمانی پر از امید برای آینده بهتر کشورش دارد و تکیه کلامی دارد که به دل می‌شیند: «روشنائی بر تاریکی غلبه خواهد کرد».

در این قسمت از دل نوشته‌هایم قصدم مقایسه بین سه ملکه ایران نبود، و نباید فراموش کرد در زمان ملکه ثریا اوضاع مملکت حال خوبی نداشت و درآمد ملّی هم بسیار اندک بود وضعیت اقتصادی و سیاسی مملکت آشفته بود، و درآمد نفتی محدود. و شاید بیش از آنچه علیاحضرت ثریا انجام داد، امکانات فراهم نبود که بتواند انجام دهد. البته آن دختر خان

بختیاری هم آنچه در توان داشت کوتاهی نکرد و او هم محبوب قلب میلیون‌ها ایرانی بود، ولی قضاوت منصفانه این است که قبول داشته باشیم شهبانو فرح نقش بسیار مهمی در آبادانی و عظمت و شناخت کشور کهنسال ایران داشت. و جشن‌های ۲۵۰۰ ساله را می‌توان یکی از آن خدمات نام برد و نباید از یاد برد که سران دنیا در جلوی آرامگاه کورش بزرگ به پا خواسته و با احترام ایستاده بودند. از دید دنیا در آن زمان، شهبانو فرح تنها ملکه ایران نبود بلکه دختری از دختران کورش بزرگ بود، و همسر شاهی از جانشینان آن پادشاه پیامبر صفت و عدالت گستر.

بگذریم. سرانجام پس از دو سال دربدری و آوارگی و از این مسافر خانه به آن مسافرخانه رفتن، و در یک خانه کوچک یک اطاقه به سر بردن در کشور هند، در اطاق شیک و مرتب خانهٔ پسر خاله‌ام نشسته بودم. قطره‌های اشک از ترس و بی‌کسی به روی صورتم غلتان بودند. به یاد حرف بابا تقی افتادم که همیشه می‌گفت: «خدا هیچ عزیزی را ذلیل و درمانده نکند» و باز در خیالم سری به فیلم برباد رفته زدم. و اسکارلت زیبا، و مغرور از طبقه اشراف را دیدم که با دست‌های ظریف و نازکش سیب‌زمینی از زمین در می‌آورد که خوراک خودش و خانواده‌اش کند. کشورش در خون و آتش می‌سوخت و او دست از تلاش برنمی‌داشت. وقتی احساس می‌کرد دارد از پای به در می‌آید، به امید درمانی پناه می‌برد و می‌گفت: «برای امروز کافی است. فردا به این موضوع فکر می‌کنم». من هم آن شب اول در آمریکا، در رویای فردا آرام آرام به خواب فرو رفتم. صبح که بیدار شدم، خانه را ساکت دیدم. میز صبحانه چیده شده بود و صدای کتری و بوی خوش چای من را دوباره به ایران برد. چقدر دردناک

است که آدمی ماندن در سرزمینش را به خاطر ایده و عقیده‌اش نتواند تحمل کند، و مجبورش کنند برای زنده ماندن دور شود. چقدر سخت است که انسان وارد کشور میزبانی شود که با وجود سفرهای قبلی‌اش، هیچ از آداب و رسوم و فرهنگش نمی‌داند. بدتر اینکه به میان سالگی هم رسیده باشد و قدرت و توان جسمی و روحی جوانی هم کم شده باشد.

قبلاً در جایی خوانده بودم و می‌دانستم که مهاجرت‌ها در طول تاریخ به دو علت بوده‌اند: سیاسی و یا اقتصادی. در زمان‌های قدیم و جنگ، عده‌ای به کشورهائی از جمله هند پناهنده شده بودند ولی در زمان‌های بعد مهاجرت از کشور ما مرسوم نبود. معمولاً جوان‌ها می‌رفتند و بعد از پایان تحصیلات خود به ایران باز می‌گشتند. در حال حاضر حدود شش میلیون ایرانی خواسته یا ناخواسته، تن به مهاجرت داده‌اند، و جای تاسف این است که پربهاترین افراد مفید برای خدمت به ایران را، این حکومت مهاجرنشین کرده است. از شروع بهمن ماه ۵۷ به علت ترس نداشتن امنیت و آزادی، فرار مغزها و از دست دادن ثروت‌های ملی ما آغاز گشت.

هنگامی که در جلسات ایرانی بین صد نفر، هفتاد نفر را در عالی‌ترین درجه دانشگاهی می‌بینیم. هم احساس غرور می‌کنم، و هم دلم به آتش کشیده می‌شود. وقتی ایرانی‌هائی را نام می‌برند که در ناسا کار می‌کنند، و یا یک پای چرخندهٔ کشور پرعظمت آمریکا هستند، افتخار میکنم، ولی یک آه بلند هم از سینه‌ام بیرون می‌دهم و لعنت به دست‌ها و افکاری می‌فرستم که ایران زمین را به ویران زمین تبدیل کردند.

مسلمان بودیم یا نبودیم، کسی با ما کاری نداشت. هرکسی عقیده و باور مذهبی‌اش در قلبش بود، و از طرفی همهٔ نیایش‌ها به طرف پروردگار

بود. کجا بودند این دغل کاران و دعا نویسان که در لباس مقدس روحانیت پیدایشان شد؟ همان روضه خوان‌هائی که بین ما زندگی می‌کردند، ولی چشمان ما آنها را نمی‌دید، و یک احترام خاص هم برایشان قائل بودیم. کجا پنهان شده بودند این اجانب که در سفره ملّت نشستند، و نمکدان را شکستند. پیراهن عثمان را به تن جوانمردان و سلحشوران غیور، نظامی و غیر نظامی کردند، و با هزار تهمت و افترای دروغین، با یک دقیقه محاکمه قد و بالای مردانه چون سروشان را خون‌آلود بر زمین انداختند، و سپس الله واکبر سر دادند؟ این یک اسلام نوظهور بود در کشور ما. ما این نوع اسلام را نمی‌شناختیم. اسلام قبل از انقلاب، فرمان مهر و دوستی و کمک بود. می‌گفت همسایهٔ خود را دوست بدار ولی اسلام بعد از انقلاب فرمان می‌دهد همسایهٔ خود را بی‌رحمانه به دست جلادان ما بسپار، تا خودت در امان باشی و لقمه نانی پیدا کنی که مجبور نشوی در سطل آشغال دنبال تکه نانی بگردی.

نباید فراموش کنیم که ما ملت ناسپاس، دو بار شانس داشتن یک رئیس دلسوز مملکت را از دست دادیم و به جای مردم ترکیه که قدرشناس خدمات آتاتورک هستند، و هر روز در ساعاتی معین درگذشت سردار ملی‌شان را گرامی می‌دارند، و برای دقیقه‌ای ملت با احترام سکوت می‌کنند، با نامهربانی دو پادشاه ایران ساز را روانهٔ تبعید و دربدری کردیم، و یک جمهوری اسلامی (نه یک کلمه کم و نه یک کلمه بیش) را، در زمان هرج و مرج و لجام گسیختگی به مردم هیجان‌زده تحمیل کردیم، که نتیجه‌اش را امروز همه به چشم دیده‌ایم و هرروزه هم شاهد و ناظر عقب ماندگی وطن، از تمدن امروزه جهان هستیم.

در زمان‌های گذشته حتّی دوران سلطنت قبل از پهلوی‌ها کجا شنیده بودیم که مرد یا زنی به کلیه فروشی تن در داده باشد؟ یا زیباروئی مجبور به تن فروشی شود؟ نمی‌دانم و نمی‌دانیم آیا مردم به خواسته‌های انقلابی-شان رسیدند؟ آیا توانستند با فنا کردن یک امپراطوری پادشاهی چندین هزار ساله و تاریخی، مرواریدی در صدف این جمهوری اسلامی پیدا کنند؟ آیا باغبانی دلسوز تر و گل پرست‌تر از آن پدر و پسر، برای باغ پرگل و ریحان ایران پیدا کردند، که کشور را مترقی‌تر و امروزی‌تر کند؟ آن رجل سیاسی و دانشگاهی، آن روزنامه‌نگاران و خبرنگاران که پیشاپیش سنگ انقلاب را به سینه می‌زدند و نوارها را تکثیر و پخش می‌کردند و هرشب گوش به رادیو بی‌بی‌سی می‌دادند این روزها را آیا پیش بینی کرده بودند؟

تصور نمی‌کنم. روزگار به قیمت گرانی این تجربه‌ها را به آنها آموخت، ولی دیگر دیر شده بود. اگر دل به ایران بسته داشتند، باید فکر آخر را اول می‌کردند و به این روزها هم می‌اندیشیدند. کی و کجا دیده‌اید زنبور به خودش نیش بزند؟ اگر به زنبور نیش زده شود از عقرب است. البته نباید فراموش کنیم که ما همیشه عقربی نیش‌دار و جرار چون حکومت فخیمهٔ انگلستان را در آستین، و روباه مکار روسیه را در کمین داشته‌ایم. ولی بالاخره روزی جوانان غیور سر این دو عقرب را با اراده و مشت‌های گره خوردهٔ خود، خرد و خاکشیر خواهند کرد. و بنا به سرودهٔ سیمین بانو فریاد خواهند کشید: «دوباره می‌سازمت وطن، اگر چه با خشت جان خویش/ ستون به سقف تو می‌زنم، اگر چه با استخوان خویش».

به هر حال روزهای اولیهٔ اقامت من در آمریکا با شیرینی و تلخی می‌گذشتند. زمان مثل اینکه برای من متوقف شده بود. از نظر احساسی

خشت روی خشت بدنم قرار نمی‌گرفت. بند بند بدنم با من نافرمان شده بود و بدون اینکه دردی داشته باشد از پای افتاده بود. در آن دوران من تسلیم محض شده بودم ولی طولی نکشید و به زودی بر خود مسلّط شدم و از اینکه توانسته بودم این بار سنگین را یک تنه به مقصد برسانم احساس غرور می‌کردم.

به خوبی درک کرده بودم که در شرایط ناخواسته انسان ناچار به تغییر است. باید بند ناف عادات گذشته را برید و دلهره را از دل بیرون کرد. امروز همان فردائی بود که با امیدش از ایران، با ترس و لرز، گریخته بودم، و در هند برای مدّت دو سال که برایم به مانند بیست سال می‌مانست، انتظارش را کشیده بودم. امید درمانی برایم کارساز شده بود.

آرام آرام به محیط اطرافم بیشتر آشنا شدم و توانستم خانهٔ مستقلی را برای خودم و فرزندانم فراهم کنم. ما ایرانیان زود آشنا هستیم، ولی برای برقراری رابطه اول باید همدیگر را خوب بشناسیم و اعتماد را به وجود آوریم، تا بتوانیم به هم گره عاطفی محکمی داشته باشیم. توانستم با چند نفری دوست شوم، و لبخند را بر روی لبانم بیاورم، و در تمام این سال‌ها همان زن ایرانی باقی مانده‌ام. به سنن و آئینم پایبند هستم، و پرچم سه رنگ شیر و خورشید نشانم را زینت بخش خانه‌ام کرده‌ام. دل در گرو ایران دارم و آرزوی پای گذاشتن به وطنم همیشه با من است. مثل مسافری هستم که در هتل اقامت دارد و باید به خانه برگردد.

زندگی با سختی‌ها و راحتی‌هایش می‌گذشت و شیرین زبانی‌های نوه‌ام دلخوشی زندگی‌ام شده بود تا اینکه همان دوست دکتر جراح که همیشه یار و یاور خانواده من بود سفری از کانادا به آمریکا کرد و به دیدار

ما آمد. او همیشه برای من نمونهٔ یک انسان مولانا صفت بود، که فریاد می‌زد «از دیو و دد ملولم، و انسانم آرزوست». هفت سال بود که او را ندیده بودم. دیدن چهرهٔ آشنا و پرمهرش، برای روحیه‌ام بسیار خوب بود. کمی تکیده شده بود و رنگ و روئی پریده داشت، ولی استوار و محکم بر جای مانده بود. همیشه می‌دانستم دلبستگی فراوانی به من دارد ولی هرگز به طور جدی و رسمی سخنی نگفته بود مثل همیشه ساکت و آرام بود.

پس از چند روز بودن در آمریکا، در نهایت ادب و مهر از من تقاضای ازدواج کرد. البته با ذکر اینکه من دیگر آن جراح در ایران نیستم، و توانایی و بودجهٔ کافی برای ادامه درس در آمریکا را هم ندارم. یکی دو روز جوابی ندادم و تمام جوانب را سنجیدم فکر کردم و فکر کردم. البته خودم هم از تنهائی هفده ساله‌ام خسته شده بودم و احتیاج به یک ندیم پر مهر و حقیقی داشتم. با پسرم این جریان را در میان گذاشتم و او مرا تشویق به ازدواج کرد ولی با مخالفت دخترم روبرو شدم. امّا به غیر از او، همهٔ فامیل و خواهر و برادرم در کنارم، و موافق این امر بودند، و از آنجائیکه همگی با دکتر منوچهر پرتو آشنائی قبلی داشتند، و او را مثل یک دوست خانواده دیده و شناخته بودند، مُهر تائید همه آنها در کنار اسم او زده شده بود.

در آن موقع پنجاه ساله شده بودم، و از ازدواج مجدد شرمسار، و آن را دور از سن و سال یک مادر بزرگ می‌دانستم. فکر نمی‌کردم هرگز تن به یک دوران زناشوئی دیگر بدهم. همان تجربهٔ اول برایم به حد کافی دردناک بود ولی دل به دریا زدم، و جواب مثبت دادم، و حالا فکر می‌کنم این بهترین تصمیمی بود که در زندگی‌ام گرفتم چون او توانست تکّه‌های شکستهٔ روحم را جمع‌آوری کند، و ماهرانه به هم وصل کند، و در واقع با

دست معجزه‌گرش روح و روانم را جراحی کرد، و از من چیزی ساخت که الان هستم. مجدداً مرا همان کرد که بودم. به من اعتماد به نفس را برگرداند و با صحبت‌هایش راه زندگی را نشانم داد. فقر را برایم آسان کرد و با سخاوت روحی‌اش به من توان ادامه زندگی داد. مشکلات را یک تنه به دوش گرفت و با وجود نداشتن امکاناتی که هر دوی ما زمانی از آن برخوردار بودیم، و در رفاه کامل قبل از انقلاب به سر می‌بردیم، توانست زندگی آرامی را به من هدیه کند.

وجود خداوند را به من نشان داد ولی خودش که طبیب دیگران و من بود، نتوانست برای خودش دوای درد باشد، و به علت دوری از شغل، و دل‌تنگی‌اش برای اطاق عمل و جراحی کردن، آرام آرام روح حساسش دچار بیماری شد، و به بیماری آلزایمر شدید مبتلا گشت.

قبل از درگیری با فراموشی و ناتوانی دکتر پرتو، زندگی ما بسیار ساده، پرصفا، و توام با احترام و شیرینی بود؛ دور از تشریفات و تجملات اشرافی. بیماری او روز به روز وخیم‌تر می‌شد و آرام آرام قدرت تکلّم، و سپس راه رفتن را از دست داد و شناختی هم از من نداشت. زمانی که هنوز قادر به تکلّم بود، مرا مادر صدا می‌کرد و به راحتی خوراک و دارو را از دست من با اعتماد قبول می‌کرد.

آن دستان جادوئی و معجزه‌گرش در جراحی و کمک به دردمندان از کار افتاده بود و آن آزاده مرد تبدیل به یک موجود بی‌پناه شده بود که یادآوری‌اش قلبم را به درد می‌آورد. در چشمان خوشرنگ و مهربانش، جرقه‌های محبّت دیده می‌شد، ولی دیگر نگاه ثابت و پایداری نداشت، و فقط در کنار من آرامش داشت، و دستم را محکم در دست می‌گرفت و به

خواب می‌رفت. دوستان و افراد فامیل پیوسته به من می‌گفتند این ازدواج یک خواست الهی بوده است که خداوند به عهده تو گذاشته است تا تو آنچه در توان داری برای آسایش این مردی که در زمان قدرت مالی و توانائی بدنی، یار و یاور بیمارانی بود که توان پرداخت نداشتند، و همنشین دردمندان و محتاجان بود، همت به کار بری و جانانه در خدمتش باشی.

دکتر انسانی بود که در روح و روان و جان بیمارانش، با مهر و علمش نفوذ می‌کرد، و واقعاً دم مسیحا داشت. انسان بزرگ و والائی بود که روحی لطیف و قلبی پر از مهر کودکانه داشت.

او برای من مراد بود و من مرید. دکتر پرتو کتابی بود که خط خط وجودش جذابیت انسانی داشت و برای همیشه در کتابخانه زندگی من باقی ماند. حضور پراعتبار و مهربانش تأیید و تمجید هر کسی که او را می‌دید، برمی‌انگیخت.

ازدواج من با دکتر پرتو از روی شور جوانی نبود. جاه طلبی، و ظاهر بینی در این وحدت جایی نداشت. در آن زمانِ تنهائی و بی‌کسی و غربت، دیگر نمی‌توانستم فقط به خود تکیه کنم. احتیاج به تکیه گاه و حامی دیگری داشتم، و او آنقدر با صبر و آرامش، زمان طی کردن مشکلات جانگداز دز ایران، در کنارم به عنوان یک دوست مانده بود، که تکیه گاه محکمی برای من شد. در زندگی هر فردی، زمانی فرا می‌رسد که نیاز به یک معجزه دارد، و دکتر پرتو در آن زمان معجزۀ زندگی من بود. وقتی که ما با هم ازدواج کردیم، دیگر از مال دنیا آنقدرها چیزی نداشتیم، و هر دو برای خود سن و سالی داشتیم. هر دوی ما با دیدن سختی‌ها و مشکلات زندگی یاد گرفته بودیم که در زندگی، هیچ چیز مهم‌تر از داشتن فردی

مهربان و مطمئن در کنار خود نیست.

عشقی که دکتر پرتو نسبت به من داشت، عشقی بود عاری از هوس‌های دنیوی. او توانست با مهارت و استادی، از من منی بسازد که خودم را بهتر بشناسم، با خود دوست باشم، و زندگی را از دریچه دیگری هم ببینم. او به من نشان داد که احترام و عشق به همنوع تا چه حد می‌تواند والا باشد.

همیشه در مواقع دلتنگی، سری به آرامگاهش می‌زنم و عقدهٔ دل را خالی می‌کنم، و آرام می‌شوم و به خانه بر می‌گردم. آن مرد بزرگ، فرشتهٔ زندگی من بود که آرام در میان دستان من چشم‌هایش را بر روی زندگی بست، و به سفر جاودانه رفت. خاطره و مهرش را در قلبم تا ابد حفظ خواهم کرد، و دوران زندگی با او را پربارترین می‌دانم.

هر گاه که به ایران فکر می‌کنم، هنوز صدای بمب‌های عراقی‌ها و بلندگوی مسجد محل که مرتب آیات قرآن را پخش می‌کرد، و تیتر درشت روزنامه‌ها که جغد سیاه خبر آوران اعدام‌های نابجای دلاوران ایرانی بود، قلبم را فشار می‌دهد. هنوز قیافهٔ جدی، مظلوم، و متین پادشاهم را به یاد می‌آورم، که شجاعانه به دنیا اعلام کرد که او برای سربلندی کشور باج به این چشم آبی‌ها نخواهد داد، و آنها این نفت خدادادی را، برای سربلندی ایران و نسل آینده، باید به قیمت عادلانه خریداری کرده و به دست آورند، و نخست وزیرش هم، مرحوم امیر عباس هویدا می‌گفت: «چرا نباید کارگر ایرانی سیگار ونیستون بکشد؟ و هر روز چلو کباب بخورد؟ هر ایرانی حق دارد از ثروت ملی برخوردار باشد». این‌ها شعار نبود؛ خواست قلبی دست‌اندرکاران مملکت برای فرد فرد ملت ایران بود، و اگر بگوییم در آن

دوران تبعیض بسیار بین زن و مرد، و اقلیّت‌های مذهبی بود قضاوت ناعادلانه‌ای کرده‌ایم. ای بسا آرزو که بر خاک شد.

ولی غرب‌زده‌هایی که خود را در پرچم دولت فخیمهٔ انگلستان پنهان کرده بودند، چون اوضاع را کمی در هم دیدند، آب در آسیاب دشمن ریختند و چه زیرکانه با رادیو صدای بی‌بی‌سی لندن، قالیچهٔ حضرت سلیمان را از زیر پای پادشاه عاشق ایران کشیدند، و سرسپردگی خود را به اربابان خود تجدید کردند.

سال‌ها از آن روزگار شوم گذشته است ولی هنوز هم در هیئت حاکمه، شور انقلابی دیده می‌شود. هنوز دادگاه‌های انقلاب، ماشینی روشن و پرحرکت دارد. این روزها گوش من به دنبال اخبار ایران است و چشمم در جعبهٔ سیاه تلویزیون به دنبال شهرهای ایران می‌گردد. هنوز باور دارم اندیشهٔ امام به اندازه انبار باروت برای آتش فشان ایران بود. هنوز هم باور دارم که سازهای ناگوار گوش نواز نیستند، حتّی همان طنین الله و اکبر که در زمان‌های گذشته، هنگام اذان مغرب جان را نوازش می‌داد. یک ضرب‌المثل چینی می‌گوید: «از سنگ سیاه توی برنج نترس، از رنگ سفید ریگ در برنج بترس». این دین، و این روحانیت مثل همان ریگ سفید رنگی بود که ما را به سرنوشتی دچار کردند که واقعاً، سزاوار ایرانمان نبود.

هنوز باور دارم تب انقلاب، مثل تب وبا، همهٔ تن و روح جوانان ما را مبتلا به یک بیماری کرده بود، و هنوز لرزیدن پیکر دختر نوجوانم را در زیر پلکان خانه به یاد دارم. من ریشه در خاک ایران دارم و هنوز زنده هستم. شاید باز فرصت دیدن آرامگاه حضرت حافظ نصیبم شد. شاید

زاینده رودم را در اصفهان دوباره دیدم و با آبش جانم را صفا دادم، و گرد و غبار غربت را زدودم، و جوانی روحی را از سر گرفتم و فریاد زدم: «من هم به ایران برگشتم! من دیگر پناهنده یک کشور بیگانه نیستم! سرپناهم عاریه، و از راه ترحم نیست، بلکه خود صاحب خانه هستم!»

انسان در غربت و تنهائی، خودش نیست. بی پناه و ترسو و آرام می‌شود. در زمان اقامت در هند در جعبه افزار عاطفی زندگی‌ام، دیگر هیچ آچار و یا ابزاری برای محکم کردن پایه‌های زندگی، به راستی نداشتم. هند برای من یک پل بود، یک مُسَکن بود، نه یک درمان. ولی در تمام لحظات سپاسگزار مردمی هستم که اجازه دادند به مدّت دو سال، سر را در خاکشان بر زمین گذارم.

اقامت در آمریکا را بیشتر دوست دارم. خانه‌ام به کوچکی یک شکوفه بادام است، ولی پر از مهر و صفا و دوستی. با مردم مهربان این سرزمین جدیدم انس و خو گرفته‌ام. آمریکا کشوری سخاوتمند، دولت مدار، و قانونمند است، که حتّی من پناهنده را هم به چشم بیگانه ندیده است. البته من به شدّت سنت گرا هستم و دوست دارم تمام آداب و رسوم قدیم ایرانی را به جای آورم. یکی از آنها شب یلدا است که با اینکه سال‌ها است که در وطنم نبوده‌ام، هنوز با ذوق و شوق از چند روز قبل به تدارکش مشغول می‌شوم. هندوانه و انار را هر طور شده پیدا می‌کنم، و به همراه آجیل و شیرینی‌های ایرانی، بر روی میز می‌گذارم، و حتّی اگر تنها باشم این رسم را کنار نمی‌گذارم.

لذّت نوروز باستانی را هم با هیچ آداب و رسومی در دیگر کشورهای دنیا برابر نمی‌دانم. سیزده به در و سایر ایام خوش نیاکان و رفتگانم برایم

حکم تقدس دارند، و خوب که فکر می‌کنم، آنچنان عشق سرزمینم با جان و روح و سلول‌های بدن من عجین شده‌اند، که بهشت وعده داده شدۀ خدا را هم برابر با سرزمین ایران نمی‌بینم. ای کاش هیچ فرد ایرانی، در کشور بیگانه به خاک سپرده یا سوزانده نشود، و خاکسترش را در هوای بیگانه به دست باد ندهد.

در پایان می‌خواهم بدانید که جسمم اینجاست، ولی قلبم را در ایران، به خصوص در شیراز و اصفهان جای گذاشته‌ام. از وطنم گریختم، آن هم با چشم گریان و تنی لرزان و قلبی پر از خون.

سرنوشت مرا به شهری در آمریکا آورد که حتّی اسمش را هم قبلاً نشنیده بودم. کشوری پناهم داد تا از اینهمه درد، بی‌عدالتی، کشتار، اسید پاشی، مصادرۀ اموال و تجاوز، زورگوئی و زن را جنس دوم به حساب آوردن دور باشم، و بتوانم نفس را آزادانه رها کنم و به خاطر روسری تو سری نخورم.

من آمدم چون معتقدم زندگی هر فردی قیمت و ارزشی دارد، که هیچ گوهر و جواهری نمی‌تواند هم قد و قامت زندگی باشد. روز، ساعت، دقیقه، نفس کشیدن، طراوت و زیبائی خودش را در هر سن و سال و هر شرایطی در زندگی، چه بد و چه خوب دارد. ولی وقتی زندگی با تحقیر، ترس، دلهره، و واهمه دوست و یار شود، آنوقت است که آدمی را زخمی می‌کند، و دردش تا قلب هم می‌رود و بدجوری ماندگار می‌شود، و زخم این درد هم تا آخر عمر نابسته باقی می‌ماند. حرف زور شنیدن، دستت را به ناحق به زنجیر کشیدن، و متهم کردن، به جان و روح آدمی آتش می‌زند.

من دردی که انقلاب به ما تحمیل کرد، خوب به یاد دارم. به یاد دارم

که زنده بودم، ولی نفس کشیدن برایم سخت بود؛ اینک آزادانه نفس می‌کشم، ولی دور از وطن، گویی زنده نیستم. من یک ریشهٔ جدا شده از خاک، تاریخ، آب و هوا، اجداد، و سرزمینم هستم. و اگر روزی در زیر سایهٔ یک درخت سبز، یا کویر بی‌آب و علف ایرانم، وطنم، و در خاک پرگوهرش به خواب ابدی فرو نروم، روح من تا ابد ناآرام خواهد بود. با این وجود هنوز به آیندهٔ کشورم خوش‌بین هستم. من می‌دانم که کشور باستانی ما توسط این حکومت نابود نخواهد شد. به یاد داشته باشید که فشار زغال سنگ را تبدیل به الماس می‌کند.

با این افکار است که من هر شب، با دلی پر امید به زیر پتوی مخمل قرمزم می‌روم، و به یاد بابا تقی عزیزم می‌افتم که می‌گفت: «ببم نا امید نشو. تا ریشه در آب است، امید ثمری هست».

پایان